Pierre de Witt

Une invasion Prussienne en Hollande en 1787

Pierre de Witt

Une invasion Prussienne en Hollande en 1787

ISBN/EAN: 9783337169367

Printed in Europe, USA, Canada, Australia, Japan

Cover: Foto ©ninafisch / pixelio.de

More available books at **www.hansebooks.com**

UNE
INVASION PRUSSIENNE

EN HOLLANDE EN 1787

PAR

PIERRE DE WITT

PARIS

LIBRAIRIE PLON

E. PLON, NOURRIT ET Cie, IMPRIMEURS-ÉDITEURS

10, RUE GARANCIÈRE

—

1886

L'invasion de la Hollande par les Prussiens, en 1787, est un épisode entre deux drames. Elle suit de près la guerre de l'indépendance américaine, elle devance peu la Révolution française. Mais c'est un épisode important, et qui se rattache à la guerre d'Amérique comme à la Révolution.

Le 13 septembre 1787, l'armée prussienne envahit la république des Provinces-Unies, sans déclaration de guerre, au mépris du droit des gens, malgré les menaces répétées et les protestations solennelles du gouvernement français.

Le 10 octobre, la conquête est terminée, Amsterdam est aux mains de l'ennemi. L'Angleterre promet de soutenir la Prusse, en tout état de cause.

Le 27 octobre, la cour de Versailles déclare « ne conserver aucune vue hostile relativement à ce qui s'est passé ». La joie est grande à Londres et à Berlin. A Paris, l'humiliation est profonde. L'étonnement est général en Europe.

Quelles sont les causes, quelles furent les conséquences de cet événement?

Parmi les causes, il faut placer au premier rang le désir qu'ont les Anglais de venger l'échec subi en Amérique par leur politique. L'invasion de la Hollande par les Prussiens est un des incidents de la lutte séculaire entre la France et l'Angleterre.

Un moment suspendue dans le nouveau monde, elle reprend dans l'ancien. La république des Sept-Provinces sert de théâtre à ce combat diplomatique, qui menace de mettre l'Europe en feu.

M. de Vergennes, enhardi par le succès, veut opposer à l'Angleterre une république riche et prospère, amie de la France et son alliée naturelle. « Il regarde l'alliance hollandaise comme l'un des événements les plus importants du règne de Louis XVI. » Les Pays-Bas seront les États-Unis d'Europe.

C'est un but tout contraire que poursuit, avec une obstination réfléchie, sir James Harris, ministre d'Angleterre auprès des Provinces. Replacer les Pays-Bas sous la domination anglaise, venger à la Haye l'affront subi à New-York par le drapeau britannique, telle est la volonté du diplomate courageux, qui voit dans la France « l'ennemi héréditaire de la Grande-Bretagne ».

Dans les Provinces mêmes, deux partis luttent pour le pouvoir. Les vieux républicains patriciens ont soutenu la cause des colonies américaines, ils désirent l'alliance française et s'efforcent de la resserrer.

Le stathouder Guillaume V, neveu du roi d'Angleterre, élevé par une mère anglaise, s'obstine d'autant plus à soutenir la politique de la cour de Saint-James que ses adversaires cherchent à la combattre.

Ce qui est un fait nouveau, c'est l'intervention décisive de la Prusse dans les affaires des Pays-Bas. La France et l'Angleterre se disputent la suprématie dans les Provinces, et la Prusse résout le problème. La Prusse qui n'a plus le Grand Frédéric et qu'hier encore les diplomates français ne traitaient pas sans dédain, la Prusse tranche le nœud gordien.

Cette victoire de la Prusse, cet effacement de la France causent en Europe une émotion profonde. On sent la monarchie qui s'ébranle, on prévoit sa chute prochaine. La nation même est malade, on la croit mortellement atteinte. L'empereur Joseph II s'écrie : « La France est tombée, je doute bien qu'elle se relève. » Catherine de Russie déplore qu'on laisse sans réponse les provocations de la Prusse et de l'Angleterre. Le duc de Brunswick croit déjà ses soldats maîtres du monde, et ses illusions, que Valmy ne peut pas détruire, ne doivent tomber qu'à Iéna[1].

En France même, l'opinion publique n'accueille pas sans indignation une humiliation nationale. « L'honneur français se fait entendre[2]. » Lafayette, qui vient de combattre en Amérique pour la liberté, écrit à Washington pour se plaindre de n'avoir pu jouer aux Pays-Bas le même rôle qu'aux États-Unis. Mirabeau proteste, avec éloquence, contre l'oubli des

---

[1] Voir : *Der Preussische feldzug in Holland in* 1787, par M. DE TROSCHKE.

[2] « Il faut avouer pourtant qu'au moment où l'on apprit la conquête de la Hollande, l'honneur français se fit entendre. » SÉGUR, *Mémoires*, III, 246.

traditions glorieuses de la monarchie, et son pamphlet sur le stathoudérat se termine par une déclaration des droits de l'homme et du citoyen.

Ce n'est point là le seul lien entre la révolution française et les troubles des Pays-Bas. Pendant que le Stathouder et les *patriotes* se font la guerre, un nouveau parti se forme qui bientôt sera menaçant. Les démagogues révolutionnaires qui, six ans plus tard, doivent bouleverser la France, s'organisent pour la première fois et font entendre leurs brutales revendications. Leurs pamphlets, leurs discours, leurs journaux, s'ils étaient traduits, pourraient servir de texte aux apôtres de la Terreur.

Les révolutionnaires français eux-mêmes, encouragés par les preuves trop évidentes d'une faiblesse qui doit perdre le pouvoir royal, apprennent à ne plus craindre un prince qui ne sait pas prendre un parti. Le roi Louis XVI qui ne s'est pas décidé en 1787, ne se décidera pas davantage en 1789 ou en 1792. Également incapable d'accepter franchement la Révolution dans ce qu'elle a de nécessaire et de la combattre hardiment dans ce qu'elle a d'odieux, il ira d'incertitude en incertitude jusqu'à la ruine; honnête homme et bon père de famille, qui a su mourir en martyr sur l'échafaud, qui n'a pas su monter à cheval.

Ce n'est pas tout que d'être vertueux. Il faut qu'un roi de France soit le chef de son armée. Il faut qu'il ait une politique étrangère, qui ne change pas avec ses ministres. Jusqu'à la mort de Vergennes, la France a une politique extérieure; politique plus ou moins grande, plus ou moins hardie, mais qui ne manque ni d'habileté ni de suite. Vergennes mort, tout semble aller au hasard. On attend les événements, sans rien faire pour les prévenir. On s'étourdit pour ne pas voir approcher l'orage. M. de Montmorin, ministre timide d'un maître indécis, craint de prendre un parti, quand le Roi hésite. M. de Loménie de Brienne, prélat très-peu religieux, ne retrouve sa charité chrétienne que pour accepter humblement un sanglant outrage, et la question se trouve résolue en Hollande, avant même qu'on ait achevé de la poser à Versailles.

Il était difficile pour la France de faire la guerre en 1787. Le pays était divisé et troublé, l'armée affaiblie et désorganisée, le trésor obéré et appauvri.

Mais on aurait pu éviter la guerre en se préparant à la soutenir. Le duc de Brunswick l'a formellement déclaré, si le camp de Givet eût été formé, l'armée prussienne n'eût point envahi les Provinces.

Quand on lit les dépêches des diplomates étrangers, avant et après 1787, on ne peut se défendre d'un sentiment de tristesse, en constatant les effets d'une politique indécise et déjà troublée par les idées révolutionnaires. En 1786, ces diplomates parlent de la France avec jalousie, de son influence avec inquiétude; elle fait des pas de géant à travers le monde. En 1788, la jalousie n'existe plus, et l'ironie la remplace.

En 1786, la France et la monarchie semblent fortes. En 1788, la France et la monarchie sont abaissées et diminuées.

Depuis 1786, la France a traversé bien des crises, retrouvé bien des gloires, reçu bien des humiliations.

Elle reste elle-même, quoi qu'on dise. Toujours capable d'élans héroïques et de honteuses faiblesses, elle n'a pas renié son histoire. Le même pays a suivi Jeanne d'Arc et subi Marat.

Aujourd'hui, on parle beaucoup de décadence. On peint la génération qui s'élève comme frappée d'impuissance, on la dit vieillie d'avance. Prophéties trop faciles et que l'avenir dément parfois.

Après les crises de la Terreur et les hontes du Directoire, la France a repris son rang dans le monde, elle a revu de grands généraux, de grands poëtes, de grands hommes d'État.

N'oublions pas ce glorieux passé dans les tristesses de l'heure présente. Dans la vie des peuples comme dans celle des individus, « c'est encore un bonheur que d'avoir possédé les biens que l'on a perdus ».

Jacques de Bourbon avait raison, lorsqu'au lendemain d'Azincourt, il donnait pour mot d'ordre à des soldats vaincus cette fière devise : « Espérance! »

Pierre DE WITT.

Val Richer.

P. S. — Quand j'ai commencé cette étude, j'ai voulu faire de l'histoire, et non pas de la politique. Le prince d'Orange n'était pas mort. Le voisinage de l'Allemagne semblait moins menaçant pour les Pays-Bas.

Dès cette époque pourtant, beaucoup de bons esprits, en Hollande, ne se rappelaient pas sans inquiétude la campagne de 1787, et ne constataient pas sans émotion la lente invasion des Pays-Bas par les employés et les négociants allemands.

Un sentiment dominait la crainte : celui de l'union profonde de tous les Hollandais devant un danger national. Ils n'ont point oublié la faute commise en 1787.

Après des luttes séculaires, les Pays-Bas ont retrouvé le calme, sous un gouvernement monarchique et moderne, qui défend l'ordre contre tous et donne à tous la liberté. Les Hollandais ont su comprendre les leçons de l'histoire. Ils ne parlent plus de proscription ni d'expulsion. Ils se rappellent que les *patriotes* chassés en 1787, déclarés à jamais incapables de servir la République, rentraient bientôt dans leur patrie et reprenaient le pouvoir tombé des mains de leur adversaire. Ils ne voudraient pas, si la Hollande était menacée, refuser le droit de combattre pour elle à quelques-uns de ses plus glorieux défenseurs.

Si l'on se souvient en Hollande de l'invasion prussienne, en Prusse même, la question n'est pas oubliée. Le *Journal militaire officiel* publiait, il y a dix ans, un long et curieux travail du général baron de Troschke, sur l'occupation de la république des Provinces-Unies.

Il n'est peut-être pas sans intérêt, dans les circonstances présentes, de rappeler comment, grâce aux luttes de la France et de l'Angleterre, la Prusse a pu jouer, il y a près d'un siècle, aux Pays-Bas, le rôle du troisième larron.

INTRODUCTION

Sir James Harris, ministre d'Angleterre à la Haye, écrivait, le 2 février 1785, au marquis de Carmarthen, secrétaire d'État de Sa Majesté Britannique pour les affaires étrangères : « L'existence des Pays-Bas a toujours été considérée comme essentielle aux intérêts de l'Europe en général et à ceux de l'Angleterre en particulier. »

Le marquis de Vérac, ambassadeur de Sa Majesté Très-Chrétienne auprès des États-Généraux, recevait, au mois d'avril 1786, de M. de Vergennes, ministre des affaires étrangères à Versailles, une dépêche ainsi conçue : « Le Roi considère les intérêts de la République comme les siens propres, il prend et prendra de tout temps la part la plus sincère et la plus active à son indépendance tant intérieure qu'extérieure. » Comment deux puissances également intéressées au maintien de la république des Provinces-Unies ont-elles pu arriver toutes deux à menacer son indépendance et son existence?

Comment les cabinets de Saint-James et de Versailles ont-ils manœuvré de manière à faciliter l'entrée en scène du cabinet de Berlin et l'intervention décisive des armées prussiennes? C'est ce que je voudrais raconter en m'appuyant sur beaucoup de pièces imprimées et quelques documents inédits[1].

---

[1] Bien que l'invasion de la Hollande par les Prussiens, en 1787, n'ait donné lieu qu'à peu d'ouvrages spéciaux, le nombre des volumes qui s'y rapportent est très-considérable.

Il faut citer en première ligne :

Diaries and correspondence of James Harris, first earl of MALMESBURY. London, 1844, 4 volumes in-8°. Le tome II est consacré à la mission de sir James Harris à la Haye, et contient les renseignements les plus précieux sur la politique anglaise.

Décade historique, ou Tableau politique de l'Europe depuis 1786 jusqu'en 1796, par M. le comte DE SÉGUR. 3 volumes in-8°. Paris, 1828. Le tome III, qui est consacré aux événements de Hollande, a été rédigé, sur la demande de M. de Ségur, par M. Caillard, chargé d'affaires à la Haye, au moment de l'invasion prussienne. M. Caillard s'est beaucoup servi des dépêches adressées au ministre des affaires étrangères par l'ambassadeur de France à la Haye. Son récit est la contre-partie de la correspondance de sir James Harris.

Les *Mémoires du baron de Kinckel*, publiés avec une intéressante préface de M. de Jonge, donnent d'intéressants détails sur l'organisation du parti orangiste et l'état d'esprit des soutiens fidèles du stathoudérat.

Memorials and times of Pieter Philip Jurian Quint Ondaatje; étude publiée à Utrecht en 1870, par Mrs DAVIES, peint assez exactement l'existence d'un patriote, un peu démocrate.

Quint Ondaatje avait publié lui-même en 1792, à Dunkerque,

Dans sa remarquable étude sur Frédéric II et Marie-Thérèse, M. le duc de Broglie, avec cette rare finesse d'analyse qui n'est pas l'un des moindres charmes de son talent si divers, parle de la vive jouissance intellectuelle réservée à ceux qui se consacrent à l'étude des correspondances et des

où il était réfugié, deux volumes de documents intitulés : « Bijdragen tot de geschiedenis der onwenteling, in 1787, in-8°.

Mandrillon, *Mémoires pour servir à l'histoire de la révolution des Provinces-Unies.* Paris, 1789.

Pièces authentiques relatives à la négociation confiée au comte de Goertz et à Rayneval. (En français et en hollandais.) Nimègue, 1787.

L'ouvrage de Mirabeau *Sur le stathoudérat* contient quelques renseignements intéressants. Paris, 1788, in-8°.

Les *Lettres écrites de Berlin*, par Mirabeau, Paris, 1789, renferment quelques faits curieux.

Les nombreux pamphlets et brochures politiques publiés en Hollande, à l'époque même, ne sont pas non plus à négliger ; et les articles ou les livres de biographie ou de critique écrits par les auteurs hollandais, à l'occasion des événements de 1787, mériteraient une bibliographie spéciale.

La *Gazette de Leyde* de 1787 et le *Courrier du Bas-Rhin* de la même année, pour ne citer que deux journaux, doivent être lus par quiconque veut se faire une idée vraie de la violence des passions politiques aux Pays-Bas.

La *Gazette de France* de la même époque contient un certain nombre de notes sur la Hollande.

Enfin, pour le récit même de l'invasion et des faits qui s'y rattachent, il faut consulter :

Geschichte des preussichen feldzuges in der provinz holland im jahre 1787, von Theodor Philipp von Pfau, Koniglicher general major und general-quartier-meister. Berlin, 1790, grand in-8°. Il existe du même ouvrage une édition en français, Berlin, 1790, et en hollandais, Amsterdam, 1792.

Le général Karl Von Clausewitz a consacré à la campagne de

documents originaux. Nul mieux que l'historien du *Secret du Roi* ne pouvait peindre ce plaisir, «auprès duquel n'est rien celui de la chasse pour un amateur passionné ». Mais l'étude des lettres jaunies et des vieux papiers, pour attachante qu'elle soit, ne

1787 plus de 80 pages dans son grand ouvrage sur la tactique militaire.

Le baron de Troschke a publié en 1875, dans le *Militair wochenblatt*, un ouvrage qui a été imprimé à part sous le titre de : *De preussische feldzug in Holland* 1787. Berlin, in-8°, 1875. La *Revue d'Édimbourg* lui a consacré la même année un article intitulé : *A prussian campaign in Holland*.

M. de Troschke, qui s'est beaucoup servi du travail du général de Pfau, a eu entre les mains de nombreux documents provenant des archives allemandes, mais il n'a pas connu beaucoup de pièces d'origine française et hollandaise, et il exagère la force des troupes *patriotes*, pour grandir le succès de l'armée prussienne.

Parmi les documents originaux consultés par moi, je citerai avant tout :

La correspondance de Hollande au Ministère des affaires étrangères. Les volumes 569 à 573 de cette correspondance renferment de nombreuses pièces intéressantes classées avec le plus grand soin. On se rend compte de l'importance attribuée par la cour de France à la question hollandaise, en voyant l'ordre qui règne dans ces volumes. Les volumes de la correspondance de Berlin, conservés aux Archives des affaires étrangères, ne sont pas non plus sans intérêt.

Le texte original des lettres écrites par Mirabeau, de Berlin, et les pièces annexes m'ont aussi servi.

Tous les documents qui pouvaient m'être utiles pour ce travail m'ont été communiqués aux Affaires étrangères avec une obligeance que je ne saurais oublier.

J'ai trouvé le même accueil aux Archives royales des Pays-Bas, et à la Bibliothèque de la Haye, où j'ai pu consulter beaucoup de documents et de très-nombreux ouvrages.

doit pas faire perdre de vue ce qui a été raconté et imprimé sur l'époque et à l'époque même que l'on étudie.

Tout n'est pas faux dans les récits qui nous ont été transmis sur le dix-huitième siècle, et tout n'est pas, comme le dit de Maistre, « une longue conspiration contre la vérité ».

Si l'histoire doit sans cesse être refaite, ce n'est pas seulement parce qu'elle est mal faite, mais parce qu'elle est sans cesse oubliée.

I

Les diplomates français et anglais qui constataient avec tant de netteté, à la fin du siècle dernier, le rôle utile de la Hollande dans l'équilibre européen, ne manquaient pas à la politique ancienne et traditionnelle de leurs pays. Depuis le jour où les nobles des Pays-Bas, réunis sous le nom de « Gueux », ont juré par un serment solennel de rester fidèles au roi d'Espagne jusqu'à la besace, mais de préférer à tout la liberté et l'indépendance, la France et l'Angleterre ont pris une part active et souvent prépondérante dans les affaires des Provinces-Unies.

Plus qu'aucun autre homme d'État, Henri IV est persuadé de l'utilité des bons rapports avec la

République. « Les États-Généraux, dit-il, sont intéressés avec nous, comme nous avec eux, à la commune et réciproque conservation et prospérité de nos couronnes, pays et sujets. » Et si le Gascon de génie qui régnait alors sur la France laisse parfois percer quelque dépit de la prudence avec laquelle ses fidèles alliés répondent à ses protestations, il n'en persiste pas moins à regarder l'union avec les Pays-Bas comme naturelle et essentielle pour la France.

La reine Élisabeth n'est pas moins prodigue de ses témoignages d'amitié; elle saisit toutes les occasions de parler en termes aimables aux envoyés des États-Généraux, et la fille altière de Henri VIII s'applique à jouer, vis-à-vis d'eux, ces rôles de grande coquette souple et impérieuse qu'elle savait prendre avec tant d'art dans la vie privée.

Même à cette époque, la France et l'Angleterre se trouvent sans cesse en désaccord au sujet des Pays-Bas, mais les politiques des deux royaumes se seraient bien gardés de faciliter l'ingérence d'une autre puissance dans les affaires de la République. On ignorait alors, à vrai dire, ce que c'était que la Prusse. Le petit électeur ambitieux et pauvre qui gouvernait le Brandebourg n'aurait pas osé, dans ses rêves les plus hardis, prévoir la fortune de sa maison; on n'avait pas encore inventé dans les universités allemandes la savante théorie des races germaniques, et l'on eût bien étonné un Hollandais du seizième siècle, en lui disant que la géographie et la linguistique s'unissaient pour condamner sa nation à n'être qu'une annexe ou une province du grand empire.

La situation géographique des Pays-Bas, leurs richesses proverbiales, leurs flottes nombreuses et bien équipées, leurs colonies étendues et prospères contribuaient à attirer et à justifier l'attention des grandes puissances. La constitution compliquée des provinces, leur jalousie réciproque, l'ambition des stathouders concouraient à faciliter le rôle actif des ministres de la France et de l'Angleterre.

II

Une série de fédérations agissant les unes sur les autres par des rouages savamment construits, mais toutes jalouses de leur indépendance et de leur souveraineté, tel était en résumé l'état de choses établi le 23 janvier 1579, et connu dans l'histoire sous le nom d'« Union d'Utrecht ». Les États-Généraux, formés de députés représentant chacune des sept provinces et nommés par elles, étaient souverains sur tous les points intéressant l'ensemble du pays. C'étaient eux qui déclaraient la guerre et qui faisaient la paix, qui envoyaient des ambassades et recevaient les ministres des autres puissances, qui votaient les impôts et administraient les finances dans leur rapport avec l'ensemble de la confédération, et pour subvenir aux frais de l'armée, de la marine, de la diplomatie.

Les États provinciaux, composés de membres délégués par les villes ou par la noblesse, étaient souverains pour tout ce qui regardait l'administration de leur province, pour régler ses recettes et ses dépenses, mais sans avoir plus le droit de diriger les affaires intérieures de chaque ville que les États-Généraux n'étaient autorisés à se mêler des affaires intérieures de chaque province.

Les Conseils ou Régences des villes comprenaient des membres généralement nommés à vie et qui se recrutaient souvent eux-mêmes. C'étaient eux qui nommaient à tous les emplois, distribuaient toutes les charges, établissaient les budgets, jouissaient, dans la plupart des cas, du pouvoir exécutif et judiciaire, qu'ils confiaient à des bourgmestres pris dans leur sein ou parmi les familles patriciennes.

Est-il besoin de dire que cette machine politique était trop compliquée pour ne pas être sujette à de fréquents et graves accidents? Tout était ou pouvait devenir matière à conflits entre tant de souverainetés distinctes. Les habitants des villes accusaient leur conseil d'usurpation; les villes renvoyaient ce reproche aux provinces, qui l'adressaient à leur tour aux États-Généraux.

Comme pour ajouter à de si nombreuses causes de difficultés et de désunion, la Constitution reconnaissait un autre pouvoir encore, et donnait au Stathouder un rôle imparfaitement défini, dans le maniement des affaires publiques. Mirabeau a publié contre le stathoudérat un pamphlet éloquent et violent, où il rappelle tous les maux causés par l'ambition des princes d'Orange.

Il eût dû, pour être juste, placer en face de ces maux les services rendus par la maison de Nassau à sa patrie d'adoption. Sans l'ambition courageuse et la calme intrépidité du Taciturne, les efforts héroïques des provinces pour secouer le joug de l'Espagne n'eussent pas rencontré le même succès ; sans la froide habileté et la ténacité invincible de Guillaume III, la République eût peut-être fini par succomber sous les attaques de Louis XIV. Ce n'est pas seulement par reconnaissance que les États-Généraux avaient confié au Stathouder le commandement de l'armée et de la flotte, sous le nom de capitaine et d'amiral général. Les républiques, pas plus que les monarchies, ne peuvent se passer de soldats pour les défendre et de généraux pour conduire ces soldats à la bataille. La naissance des princes d'Orange, leurs alliances avec les maisons royales de l'Europe, leurs talents militaires, leur courage les désignaient à l'attention de leurs concitoyens. C'est ce que les signataires de l'Union d'Utrecht avaient bien compris. Mais il eût fallu déterminer d'une manière précise les devoirs et les droits du Stathouder, établir avec netteté sa part dans le gouvernement et fixer ses prérogatives. Des circonstances fâcheuses ou de coupables négligences ne le permirent pas, et, pendant deux siècles, les Pays-Bas furent troublés par des luttes de parti toujours violentes et parfois sanglantes.

Pour maintenir ou grandir leur influence dans l'État, les stathouders profitèrent de toutes les occasions et furent utilement servis par les divisions intérieures de la République. L'union ne régnait pas toujours entre les provinces. La Hollande était pour les six autres un objet constant de jalousie et souvent de haine. La part prépondérante qu'elle avait prise à la lutte contre l'Espagne, ses richesses immenses, sa célébrité excitaient contre elle l'envie de provinces moins connues ou moins fortunées. On l'accusait tantôt de prétendre à une domination tyrannique, tantôt de se confiner dans un égoïste isolement; toujours de diriger dans son propre intérêt les affaires de toute la généralité.

La Hollande, de son côté, ne considérait pas sans quelque mépris ses six alliées qui, ne parvenant pas entre elles toutes à fournir au budget de la République un contingent aussi considérable qu'elle seule, avaient pourtant chacune dans les États-Généraux un droit de vote égal au sien. Elle leur reprochait de se montrer trop sensibles aux avances intéressées des stathouders, et combattait ces symptômes de défection par la distribution de beaucoup de charges dont elle était maîtresse et qui lui conciliaient les suffrages. « Elle peut, disait-on, donner en bénéfice des provinces entières, et elle a des appâts pour attirer à elle les renards qui savent flairer le profit. » Pendant deux cents ans, et avec des alternatives diverses, la situation des partis resta à peu près la même.

D'un côté, le Stathouder s'appuyant sur l'armée et sur six des provinces, servi par la majorité de la noblesse, adoré par la populace, protégé par l'Angleterre.

De l'autre, la province de Hollande, alliée naturelle et héréditaire de la France, gouvernée par une aristocratie municipale riche et puissante, soutenue par la marine qu'elle favorisait, suivie par un bataillon de villes, en tête desquelles se plaçait Amsterdam.

Mais quelles que fussent les difficultés, les querelles, les divisions dont souffrait la République, un même sentiment noble et généreux se réveillait dans toutes les grandes crises, et possédait toutes les classes comme tous les partis : l'amour passionné pour un pays créé par la main de l'homme et arraché par d'héroïques efforts à la domination étrangère.

Pour défendre le sol natal et la liberté nationale

contre l'ennemi commun, le faisceau un moment rompu se resserrait glorieusement, et les Provinces-Unies, levant fièrement le drapeau légué par les Gueux, ne reculaient devant aucun sacrifice pour « maintenir » leur indépendance.

UNE
INVASION PRUSSIENNE
EN HOLLANDE
EN 1787

CHAPITRE PREMIER

Frédéric le Grand et sa nièce. — La princesse Wilhelmine de Prusse croit monter sur le trône en devenant la femme du Stathouder. — Le Stathoudérat héréditaire. — Portrait de la princesse d'Orange et de son mari. — Rôle joué par le duc de Brunswick, tuteur du prince. — L'influence anglaise devient souveraine aux Pays-Bas. — M. de la Vauguyon, ambassadeur de France à la Haye, s'efforce de reconstituer un parti français. — Succès de cette tentative. — Le duc de Brunswick doit quitter la Hollande. — La question de Maëstricht et de l'Escaut.

« Vous êtes heureuse, ma nièce ; vous allez vous établir dans un pays où vous trouverez tous les avantages attachés à la royauté, sans aucun de ses inconvénients. »

Telles furent, raconte-t-on, les dernières paroles adressées, au mois d'octobre 1767, par Frédéric le Grand, roi de Prusse, à sa nièce Frédérique-Sophie-Wilhelmine, qui venait d'épouser Guillaume V, stathouder des Pays-Bas.

Une révolution profonde s'était, en effet, opérée dans les Provinces, vers le milieu du dix-huitième siècle. Le stathoudérat supprimé en 1702, après la mort de Guillaume III, et sous l'influence du vieux parti aristocratique, avait été rétabli en 1747, à la suite de l'invasion française et des troubles qu'elle avait amenés. Bien plus, le 16 novembre de cette année, les États de Hollande et de Westfrise, « comprenant que la République ne pouvait exister sans un chef éminent », avaient déclaré cette charge héréditaire dans la maison d'Orange-Nassau, au profit des descendants légitimes des deux sexes du stathouder Guillaume IV.

La médiocrité des successeurs politiques de Barneveldt et de Jean de Witt avait permis et facilité ce changement.

« Par cette révolution, dit Voltaire, les Pays-Bas devinrent une sorte de monarchie mixte. » Mirabeau va plus loin : « Maintenant des femmes allaient devenir généralissimes par droit de naissance ! Et les Bataves, ces fiers Bataves, qui avaient cimenté leur liberté de tant de sang, consentirent à rendre héréditaire leur première magistrature militaire et civile, et courbèrent la tête sous le plus fatal désordre, sous la prérogative la plus humiliante de la monarchie même illimitée [1]. »

Malgré Voltaire et malgré Mirabeau, les patri-

[1] *Aux Bataves sur le Stathoudérat*, par le comte DE MIRABEAU, 1788, page 91.

ciens hollandais, et avec eux la cour de France, s'obstinèrent à ne voir dans M. le prince de Nassau-Dietz que le « premier citoyen et le premier serviteur de la République ».

Mais la jeune princesse prussienne qui venait de s'unir à Guillaume V n'entrait pas dans ces distinctions constitutionnelles.

Nièce d'un grand roi, élevée dans un État où la monarchie était absolue, malgré la philosophie de son souverain, elle croyait très-sincèrement monter sur les marches du trône, et n'eût peut-être pas consenti sans cette conviction à devenir la femme du Stathouder.

La princesse Wilhelmine de Prusse a été l'objet d'admirations sincères et de haines également violentes ; les écrivains du parti orangiste l'ont représentée comme une héroïne et comme une martyre ; les adversaires de la maison de Nassau l'ont montrée sous des couleurs non moins vives, mais moins favorables. M. Henri Martin s'est fait leur écho quand il parle de « l'odieuse femme du Stathouder ».

Je ne voudrais tomber ni dans l'un ni dans l'autre des excès que je signale.

Le musée royal de la Haye possède deux portraits de la princesse d'Orange, peints à deux époques différentes.

Dans le premier, la princesse, toute jeune encore, paraît un peu naïve sans beaucoup de franchise, et quelque peu roide sans beaucoup de tenue. C'est une Allemande assez gauche, bien élevée et mal habillée, qui ne sait pas porter encore ses vêtements de femme et qui semble gênée par la grande robe verte que vient de lui mettre une de ses dames d'atour.

Dans le second, œuvre remarquable de Tischbein, les années sont venues, la princesse n'est plus un enfant, ses traits se sont formés ; elle est devenue belle, d'une beauté sévère, mais non sans charme. Son visage impérieux et digne a de la grandeur, mais on y devine plus l'autorité et l'obstination que la douceur et la bonté. C'est une femme et une mère, qui a vécu et qui a souffert, qui croit connaître les hommes et qui les méprise.

Elle semble contempler, non sans dédain, le portrait qui fait pendant au sien et qui représente son mari. Guillaume V n'avait, il faut l'avouer, aucun des charmes qui peuvent attirer ou fixer l'attention d'une femme passionnée et ambitieuse. Successeur, mais non descendant des héros qui avaient servi la République tout en voulant l'asservir, le prince d'Orange avait pu remplir leurs charges sans hériter de leurs vertus. Ce représentant déchu d'une grande race nous apparaît sans noblesse et sans majesté dans deux portraits qui se trouvent aussi à la Haye. Petit-fils de George II d'Angleterre, il était comme lui de petite taille et avait comme lui le nez retroussé, les yeux ronds et trop saillants ; de grosses joues où le sang coulait mal, des lèvres épaisses, mais sans caractère ; un regard maussade sans animation et fixe sans profondeur achevait l'ensemble d'une physionomie à laquelle manquait le prestige.

Non pas que Guillaume V fût sans morgue, et qu'il ne réclamât avec une passion puérile tous les honneurs qu'il se croyait dus. Pour lui, comme pour son grand-père, les questions d'étiquette jouaient un grand rôle, et son esprit minutieux s'attachait à découvrir dans tous les actes de ses adversaires l'intention d'outrages à sa dignité.

Quant à ses qualités intellectuelles et morales, que nous disent ses contemporains, ses amis comme ses adversaires?

Interrogeons-les, sans nous arrêter aux nombreux pamphlets qui le comparent à Néron et à Philippe II.

M. de Vérac, ambassadeur de France à la Haye, revient sans cesse sur son manque d'esprit, sa maladresse, sa faiblesse, ses raffinements d'hypocrisie : « La dissimulation et la fausseté, écrit-il, sont la base de son caractère. »

M. de Bérenger déclare « qu'il semble avoir résolu de ne négliger aucune occasion de perdre toute estime et toute confiance ».

M. de Rayneval, envoyé en mission spéciale par M. de Vergennes, assure que le Stathouder sera conduit à sa perte par son opiniâtreté ; il parle de ses « résolutions vraiment inconcevables », de « sa morgue ou de son imbécillité », de « sa démence » et de « sa déraison ¹ ».

Sir James Harris, ministre d'Angleterre, et serviteur passionné de la cause orangiste, affirme dans une dépêche « qu'il est impossible de voir sans en être frappé jusqu'à l'abattement, le manque d'énergie et de vigueur d'esprit du prince ; un tel homme ne peut gagner à aucun jeu. Si on ne lui administre pas une potion endormante, la ruine est inévitable ². »

Le comte de Goertz, chargé par la cour de Prusse de régler les affaires de Hollande, est quelque peu arrêté par la considération due au neveu du grand Frédéric ; mais ce roi qui ne se sent pas retenu par le même scrupule « s'étonne de l'entêtement et de l'imbécillité ³ » de Guillaume. La femme du Stathouder elle-même « ne prononce jamais son nom qu'avec l'apparence du respect, mais elle ne se fie pas plus en lui que lui en elle », et va jusqu'à dire à sir James Harris, dans un moment d'abandon : « Il peut m'arriver de souhaiter au prince des vertus qu'il n'a pas et de désirer le voir

---

¹ M. de Rayneval, 3 janvier 1787. Affaires étrangères. Hollande.

² Sir James Harris au marquis de Carmarthen, 28 janvier 1785. *Diaries and Correspondence*, II, 97.

³ Le marquis de Vérac, 26 février 1785.

privé de beaucoup de défauts, mais je cache ces sentiments dans mon cœur[1]. »

« Je crains que ce manque d'union ne s'étende plus loin que sur les sujets publics », ajoute mélancoliquement son interlocuteur.

« Il faut prendre l'esprit de son état », écrivait un jour Frédéric II à Voltaire. Guillaume V ne sut jamais prendre l'esprit de son état.

L'éducation du prince l'avait, il faut le dire, mal préparé à accomplir son rôle. Orphelin à trois ans, par la mort de son père, il avait dans sa première enfance, jusqu'à onze ans, été élevé par sa mère, Anne d'Angleterre, gouvernante légale des Provinces pendant la minorité de son fils. Passionnément attachée à sa contrée natale, la fille de George II avait tout fait pour maintenir et grandir aux Pays-Bas l'influence britannique. Fermement convaincue de ses droits quasi monarchiques, elle s'était efforcée de réduire par les menaces ou par la force les villes qui réclamaient leur indépendance.

Restée fidèle à la politique constante des stathouders, elle avait été jusqu'à répondre à un discours sur l'état précaire de la marine par ces mots : « Je me suis fait un point d'honneur de ne consentir à aucun armement maritime, sans avoir

---

[1] Sir James Harris au marquis de Carmarthen, 2 septembre et 16 septembre 1785. *Diaries*, II, 139 et 147.

obtenu l'augmentation que j'ai demandée dans les forces de terre. »

La princesse avait d'abord été aidée, puis remplacée dans sa tâche par le duc Louis de Brunswick-Wolfenbüttel [1], chargé de la tutelle du Stathouder et nommé, en 1759, son représentant comme capitaine général de l'Union, sous la promesse « qu'il ne se mêlerait absolument d'aucunes affaires concernant la religion, la police, les finances ou la justice [2] ».

Le duc de Brunswick, ambitieux et intrigant, avait bien vite oublié le serment solennel qu'il avait prêté ; son action directe et permanente dans le gouvernement n'avait pas même pris fin avec la minorité de son pupille [3]. Il avait cessé d'être son représentant comme capitaine général. Il avait reçu avec émotion les félicitations des États et la promesse qu'une pension de 60,000 florins lui serait maintenue. Il avait même accepté la somme de 611,000 florins que les Provinces et le Stathouder lui avaient offerte, en reconnaissance de ses services [4] ; mais il avait persisté à prendre part à la politique, à se mêler de tout, à donner ou à imposer son avis sur tout.

[1] Louis-Ernest de Brunswick-Wolfenbüttel, né en 1718, était l'oncle du duc Charles-Guillaume, général en chef de l'armée prussienne en 1790.

[2] Instructions de L. H. P., article VII.

[3] Le 8 mars 1766.

[4] Le Stathouder avait contribué à cette œuvre pour 200,000 fl.,

Il avait été plus loin encore. Par un acte secret, mais « confirmé de leurs signatures réciproques et du sceau de leurs armes[1] », le duc et le Stathouder « s'étaient accordés de la manière que voici, sur les points suivants » : Le duc de Brunswick « s'était engagé et obligé à assister le prince de conseil et d'effet, dans la direction des affaires qui appartiennent tant au département militaire qu'à tous les autres départements quelconques, qui sont du ressort de notre autorité ; et de nous seconder en toute chose et dans tous les temps, et aussi souvent que nous l'en requerrons, en avisant et agissant ainsi qu'en bonne conscience il croira devoir le faire pour la conservation de notre dignité, de notre prérogative et de nos droits ».

Le prince, de son côté, s'était « engagé et obligé, de la manière la plus efficace, à garantir pleinement et parfaitement le duc de tout reproche, recherche et responsabilité quelconque, ne voulant pas qu'à ce sujet il rende aucun compte et réponde à qui que ce soit autre qu'à nous-mêmes, sans qu'il soit tenu, au cas qu'il nous arrivât de subir le sort de la mortalité, de donner aucune ouverture à qui que ce soit de nos héritiers, successeurs ou ayants cause ; beaucoup moins de leur rendre aucun compte ». C'était un blanc-seing que le duc

---

la Hollande pour 200,000 fl., les autres provinces réunies pour 211,000 fl.

[1] En date du 3 mai 1766.

avait reçu, et il sut en profiter. Sans aller jusqu'à dire comme un pamphlétaire de l'époque « que ce vieillard, indigne d'avoir existé, réunissait en lui tous les vices d'un esprit pervers et d'un cœur corrompu[1] », il faut reconnaître qu'il ne laissa guère à son ancien pupille que l'ombre du pouvoir, et qu'il dirigea seul pendant dix-huit ans toutes les affaires, sous le nom du Stathouder. Je n'ai garde de me perdre dans le récit détaillé de son administration ; je ne veux étudier aujourd'hui que les rapports des Pays-Bas avec la France, l'Angleterre et la Prusse, et l'action diverse de ces trois puissances sur la République à la fin du siècle dernier.

« On pourrait croire », écrivait de la Haye sir James Harris, en décembre 1784, « que l'influence prussienne dans ce pays date du mariage de la princesse d'Orange, qui, déjà très-bien disposée pour sa famille, fut accompagnée par une demoiselle Danckelman qui l'a élevée, et qui est toute dévouée à Sa Majesté Prussienne ; mais ce n'est que lorsque la France commença à former un parti en opposition à celui du Stathouder, que cette influence se fit sentir. Depuis lors, les intérêts des cours de Versailles et de Berlin ont grandi par un mutuel support.

« Pendant notre dernière guerre avec la République, les avis venant de Potsdam n'ont cessé de

---

[1] Dumont-Pigalle, *Esquisse d'un grand tableau*, XIV.

dire au prince d'Orange que ce n'était qu'avec l'aide de la France et le concours de la ville d'Amsterdam qu'il pouvait maintenir son pouvoir et sa dignité. Le prince était alors trop bien conseillé pour ne pas voir la dangereuse tendance de ces conseils. Mais, le 6 décembre 1782, quelques-uns de ses amis, plus zélés que sages, essayèrent de faire naître des troubles en sa faveur. Leurs mesures mal concertées eurent un résultat tout contraire à celui qu'ils attendaient, et animèrent à tel point le peuple contre le Stathouder qu'il se crut en danger et fut assez faible pour en appeler au roi de Prusse, qui lui promit son concours, mais sous une condition, celle de ne plus s'opposer aux vues de la France sur la République. Depuis ce temps, il est sous la dépendance de la Prusse, comme le parti *patriote* est sous celle de la France. Mais les intérêts et les opérations des deux puissances sont restés distincts, tant que l'on n'a pas connu les prétentions de l'Empereur sur l'Escaut. Le roi de Prusse, dont le premier objet depuis beaucoup d'années est l'alliance française, a regardé le moment comme favorable, et n'a pas cru la payer trop cher en sacrifiant le Stathouder[1]. »

Cette dépêche de sir James Harris est intéressante et vaut la peine d'être étudiée. A la suite de la guerre de Sept ans, l'influence française avait

[1] Sir James Harris au marquis de Carmarthen, 17 déc. 1784. *Diaries*, II, 81.

été ruinée aux Pays-Bas ; le duc de Brunswick dans sa toute-puissance avait dirigé, sans varier, le gouvernement dans le sens de l'Angleterre et des intérêts anglais ; et quand, en 1776, le duc de la Vauguyon fut envoyé à la Haye par la cour de Versailles, la France pouvait encore compter dans les Provinces quelques amis restés fidèles à d'anciens souvenirs, elle n'avait plus de partisans. Mais M. de Vergennes avait eu la main heureuse en choisissant pour cette mission le fils de l'ancien gouverneur de Louis XVI.

M. de la Vauguyon[1], intelligent, énergique et modéré, mit tout son honneur à reconstituer un parti français, et il y réussit. Dès le début de son ambassade, après une tentative infructueuse de conciliation, il comprit que le Stathouder ne pouvait être ramené, et se décida à agir malgré lui et presque contre lui. C'était en Hollande et à Amsterdam, « cette grosse cloche de la province », que se trouvaient les rares politiques encore bien disposés pour la cour de Versailles ; ce fut à la Hollande et à Amsterdam que M. de la Vauguyon réserva ses soins les plus empressés et ses plus aimables attentions. Sans faire beaucoup de bruit de ses projets, sans dépenser beaucoup d'argent,

---

[1] Paul-François de Quelen de Stuer de Caussade, duc de la Vauguyon, successivement ambassadeur auprès des États-Généraux des Provinces-Unies en 1776, ambassadeur à Madrid, ministre des affaires étrangères.

habileté rare chez un diplomate au dix-huitième siècle, il sut faire respecter la France et montra qu'il fallait de nouveau compter avec elle. Sa maison hospitalière devint le centre d'un véritable groupe ; et tous ceux qui regrettaient de ne voir dans le Stathouder qu' « un vice-roi de l'Angleterre aux Pays-Bas » apprirent à venir chercher chez lui des conseils et des instructions.

M. de la Vauguyon n'eut pas seulement recours aux belles paroles et aux bons dîners pour séduire les Hollandais. Il connaissait trop bien les hommes pour ne pas savoir qu'un chef de parti doit favoriser l'ambition et protéger les intérêts de ceux qui le suivent.

Le pensionnaire d'Amsterdam, M. Van Berckel, était un homme actif et énergique, dévoué à la ville qu'il représentait, opposé au Stathouder, aimant le pouvoir et désireux de se faire connaître. L'ambassadeur de France lui inspira confiance par sa loyauté, et lui persuada que la France seule pouvait servir utilement la province de Hollande, la ville d'Amsterdam et son pensionnaire. Du jour où l'alliance entre M. de la Vauguyon et M. Van Berckel fut définitive, l'influence anglaise fut menacée dans les Pays-Bas, tant était grande l'action d'Amsterdam sur la Hollande et par la Hollande sur les États-Généraux.

Quand, en 1779, la guerre éclata entre la France et l'Angleterre, si les Pays-Bas restèrent neutres, ce fut grâce à l'habileté et à la prudence de M. de la Vauguyon, qui, rappelant à tout propos l'importance des bons rapports commerciaux entre les deux pays, n'hésita pas à demander au conseil du Roi de favoriser Amsterdam et de suspendre les priviléges des autres villes dans les ports français tant qu'elles ne se rallieraient pas au même système. Cette mesure fut couronnée d'un plein succès, qu'augmentèrent encore la morgue hautaine et l'insolence presque brutale du chevalier Yorke, alors ministre d'Angleterre à la Haye.

Cette dernière puissance, mécontente d'avoir vu la République accéder à la Ligue formée par Catherine II pour faire respecter les pavillons neutres, en vint bientôt à lui reprocher de vivre en trop bons termes avec les États-Unis d'Amérique. L'ambassadeur du Congrès auprès des Provinces, Henry Laurens, ayant été fait prisonnier par les Anglais pendant la traversée, ses malles furent visitées, ses papiers examinés, et l'on y trouva un traité entre les deux Républiques.

On raconte que quelques années auparavant, lorsque la nouvelle d'une alliance entre la France et les Américains s'était répandue, lord Stormont, ambassadeur d'Angleterre à Paris, s'en plaignit avec amertume au ministre d'État, M. de Maurepas : « Cela a été dit dans les carrosses du Roi », ajouta-t-il pour prouver la vérité de ses assertions « Et moi, je vous assure que le contraire a été dit dans les carrosses de la Reine », répondit finement Maurepas.

Les diplomates des Pays-Bas s'efforcèrent de résoudre cette difficulté, à la manière du spirituel et frivole épicurien « qui jouait le rôle de premier ministre, pour apprendre au Roi à s'en passer ». Le traité, dirent-ils, n'a été signé que par Van Berckel, pensionnaire d'Amsterdam, et sans autorisation. Les États ne l'ont jamais approuvé.

Bien que lord Stormont reconnût que la « transaction semblait l'œuvre de quelques individus », et que le comte de Hillesborough[1] voulût bien admettre le bien fondé de la réponse des Provinces-Unies, le gouvernement britannique ne se laissa pas arrêter dans ses désirs belliqueux par de telles considérations. Henry Laurens, enfermé à la Tour, fut mis au secret, sans pouvoir même obtenir des plumes et de l'encre pour se défendre; et les ministres de George III, se résolurent à faire « pour la guerre le meilleur usage possible » des papiers de l'envoyé du Congrès. Le chevalier Yorke n'écrivait-il pas que « la République était dépourvue de tout moyen de défense, qu'elle n'avait ni flottes ni armées », que ses colonies semblaient abandonnées? « Saint-Eustache est la mine d'or du moment », ajoutait-il. Les négociations traînèrent pendant quelques jours, le temps de permettre à la

---

[1] Secrétaire d'État pour les colonies.

flotte anglaise de se préparer à l'expédition. Quand tout fut prêt, le cabinet de Saint-James répondit par une brusque déclaration de guerre aux offres conciliantes de la Hollande.

Yorke reçut l'ordre de quitter la Haye, sans prendre congé; les amiraux de l'escadre royale s'emparèrent de près de deux cents navires portant pour quinze millions de florins de marchandises ; les colonies de Saint-Eustache, Saint-Martin et Saba furent enlevées au mépris de tous les traités.

Ces procédés violents ne furent pas de nature, on le conçoit facilement, à réconcilier les esprits avec l'Angleterre. Le sentiment patriotique se réveilla comme dans toutes les crises, mais Guillaume V ne sut pas s'en servir, comme avaient su en profiter Guillaume Ier et Guillaume III. Indolent et maladroit, il ne fit procéder qu'avec lenteur aux armements et aux approvisionnements nécessaires, et choisit avec soin parmi les officiers de marine ceux qui passaient pour les moins favorables à l'alliance française. Quand, enfin, l'escadre fut prête à partir, il invoqua ou fit invoquer mille prétextes pour la retenir dans les ports, et rendit facile, par sa négligence ou sa mauvaise volonté, les attaques et les accusations du parti qui lui était contraire. Les *patriotes,* ainsi qu'ils s'appelèrent, ne perdaient aucune occasion de proclamer la trahison » du Stathouder. Par leurs discours, par leurs écrits, par mille brochures répandues à profusions, par de nombreux journaux, ils s'efforcèrent d'exciter l'attention publique.

Le 6 août 1781, la flotte hollandaise, commandée par Zoutman et Kinzbergen, remporta sur les Anglais, au Doggerbank, une importante victoire qui fut accueillie avec enthousiasme à Amsterdam et dans toutes les villes de la Hollande. Le Stathouder ne prit point part à l'allégresse générale et sembla presque regarder comme une défaite personnelle la retraite des ennemis. Est-il besoin de dire que les *patriotes* surent exploiter cette maladroite froideur? Ils répétèrent partout qu'en apprenant le résultat du combat, la première parole de Guillaume V avait été : « J'espère au moins que les Anglais n'ont rien perdu. »

Pour détourner l'esprit public, les partisans du Stathouder eurent recours à un vieux moyen, qui leur avait souvent réussi, et n'hésitèrent pas à susciter des émeutes.

Le 4 décembre 1782, la *Gazette de la Haye*, organe des orangistes, annonça qu'on souscrirait une adresse de remerciments à Son Altesse Royale, pour les explications qu'elle avait bien voulu donner sur sa conduite comme amiral général de l'*Union*. On devait aller de porte en porte recueillir les signatures. Cette manifestation donna lieu, le 6, à des troubles nombreux et regrettables aux cris d' « Orange au-dessus de tout! » sans que la garnison crut devoir intervenir pour réprimer ce que le prince appela « une gaieté » et que les États de Hollande déclarèrent « une sédition ».

Les mêmes faits se produisirent à Leyde et à Amsterdam, mais ces tentatives de désordre échouèrent et ne purent causer une révolution. Guillaume V, effrayé de l'autorité que prenaient chaque jour les *patriotes*, et craignant qu'on en vint à lui reprocher d'avoir fomenté ou laissé commettre les troubles, se décida à implorer l'appui et les avis de son oncle Frédéric le Grand. Le Roi lui répondit, ainsi qu'on l'a vu plus haut, en lui recommandant l'accord avec la France et la ville d'Amsterdam ; conseil désagréable à un prince qui détestait Amsterdam et la France. La paix, signée en 1783 entre la République et l'Angleterre, donna lieu aux récriminations des deux partis ; les stathoudériens déclaraient que si l'on n'avait pas bravé l'Angleterre, on n'aurait pas perdu des établissements à la côte de Coromandel ; les *patriotes* attribuaient cet échec à l'incurie du prince, et rappelaient que sans la flotte française, le Cap serait tombé entre les mains des ennemis. Des deux côtés, la violence du langage et des écrits devint extrême. Le *Courrier du Bas-Rhin*, organe inspiré par le duc de Brunswick, se distinguait par la violence de ses attaques contre les *patriotes* que, « d'après des preuves irréfragables [1] », il accusait de

---

[1] *Courrier du Bas-Rhin*, 13 septembre 1783.

vouloir anéantir le stathoudérat et d'avoir vendu leur patrie à la France, pour s'assurer l'appui de cette puissance dans l'exécution de ce projet.

« Le Patriote de la vieille roche », *De Ouderwetse patriot,* rédigé en hollandais et plus véhément encore, harcelait sans relâche le parti dont il avait adopté le nom, pour mieux le combattre. L'or français jouait un rôle constant dans la polémique de cette feuille ; c'était par l'or français que les régences d'Amsterdam et de Harlem avaient été corrompues ; c'était à l'or français que l'on devait attribuer tous les malheurs et toutes les tristesses de l'époque. De nombreuses brochures, que l'on avait bien soin d'indiquer comme imprimées « chez le libraire de Son Altesse le Prince stathouder », étaient distribuées gratuitement ou presque gratuitement sous les auspices du duc, et s'adressaient aux différentes classes de la société, pour outrager ou menacer les adversaires de la cause orangiste.

Les patriotes résolurent de répondre par un coup droit à cette guerre de plume. Grâce à un hasard inespéré, le fameux « acte de consultation » passé entre le Stathouder et Brunswick était venu à leur connaissance ; ils savaient que le pensionnaire de Hollande Bleiswyck avait participé à la rédaction de cet acte, et tenaient depuis longtemps cet homme d'État dans leur dépendance par la crainte de voir sa collaboration divulguée.

Le moment leur parut bon pour publier la

preuve du pouvoir occulte du duc. Cette mesure leur réussit. L'étonnement, la colère, l'indignation contre ce tuteur du prince, qui maintenait indéfiniment la minorité de son pupille, furent grands et presque universels. C'est en vain que Guillaume V entreprit, par une lettre aux États-Généraux, de défendre la conduite du duc; en vain que le duc lui-même chercha à se justifier par la publication de sa propre apologie, et qu'il fit chanter ses louanges par ceux que ses adversaires appelaient « les scribes de sa cabale »; l'effet produit avait été général. Le duc dut finir par le comprendre; il quitta les Pays-Bas et renonça en apparence au rôle qu'il avait joué jusqu'alors. Mais l'empire qu'il avait su prendre sur l'esprit du Stathouder était trop grand pour disparaître aussi subitement. Guillaume resta fidèle à son ancien maître et ne cessa pas de le consulter, non pas publiquement et ouvertement, mais par une correspondance aussi cachée qu'assidue, et dont la publication, sous le titre de : *Secret du Stathouder*, ajouterait un curieux chapitre à l'histoire des négociations secrètes au siècle dernier.

Par une coïncidence étrange, et que l'on n'a peut-être pas assez remarquée, ce fut au moment même où le duc de Brunswick, fort bien en cour à Vienne, se trouva menacé dans sa puissance aux Pays-Bas, que l'empereur d'Autriche s'avisa de produire sur la libre navigation de l'Escaut et la possession de la ville de Maëstricht des prétentions, au sujet desquelles il ne pouvait guère invoquer d'autres droits que la raison du plus fort.

L'émoi fut grand dans les Provinces et même à Paris. Les déclarations de Joseph II étaient injustes et parurent inadmissibles ; mais fallait-il recommencer une guerre, alors qu'on venait d'en terminer une ? Le duc de la Vauguyon répondit à une ouverture des États-Généraux en leur proposant la médiation de la cour de Versailles, qui fut acceptée. Le conseil du Roi se réunit et discuta longuement la question. Non pas que les ministres ne fussent unanimes à blâmer la conduite de Joseph II. Il n'avait d'autre but, disait-on, que de faire avorter le traité d'alliance projeté entre la France et les Pays-Bas, et de rétablir l'influence anglaise ébranlée. Mais la France elle-même avait été éprouvée par la dernière guerre ; elle venait de mécontenter l'Empereur en s'opposant à ses vues sur le partage de la Turquie. M. de Calonne déclarait « que l'administration des finances ne pouvait former des vœux que pour la paix ». Vergennes remit au Roi, le 14 octobre 1784, un mémoire où, après lui avoir conseillé d'engager avec l'Empereur une correspondance personnelle sur ce point, il ajoutait ces réflexions que les politiques français n'ont que trop oubliées depuis trente ans : « On s'est si souvent engagé dans la guerre sans avoir calculé le poids des dépenses à porter que l'épuisement des moyens a presque toujours dicté des paix peu honorables. Si c'est une erreur de paraître quelquefois négliger des intérêts de quelque considération, c'en est une bien plus capitale d'entreprendre au delà de ses forces et de finir par mettre à découvert l'épuisement de ses moyens et son impuissance. »

Mais ces vues sages et modérées n'empêchaient pas le ministre du Roi de savoir tenir, au besoin, un langage dont la calme dignité ne peut qu'étonner ceux qui nous gouvernent aujourd'hui : « En résistant à la demande de l'ouverture de l'Escaut », disait une déclaration remise à l'Empereur le 17 novembre, « les Hollandais n'ont fait que soutenir un droit qu'ils exercent sans trouble depuis près d'un siècle et demi, qui leur est assuré par un traité solennel et qu'ils regardent comme la base même de leur existence ». Si l'Empereur se refuse à « établir une discussion dont le résultat devra naturellement dépendre des titres respectifs, il est à craindre qu'il n'excite une inquiétude générale, et que la plupart des puissances ne se croient dans le cas de prendre les précautions et les mesures que les événements pourraient exiger de leur part. Le Roi lui-même ne pourrait se dispenser d'assembler des troupes sur ses frontières. D'ailleurs, dans aucune hypothèse, Sa Majesté ne pourrait être indifférente au sort des Provinces-Unies, et les voir attaquer dans leurs droits et dans leurs possessions. Sa Majesté le peut encore bien moins aujourd'hui qu'elle est au moment de consommer avec la République une alliance, dont les bases étaient arrêtées avant le dernier différend. » L'effet produit en Europe par la fermeté de ce langage fut considérable. L'impératrice Catherine II fit conseiller à Joseph « de ne pas aller trop loin » dans cette affaire de Hollande, et « d'accepter la conciliation ». Dans les Provinces, les *patriotes* et le parti français reçurent une force nouvelle de cette manifestation diplomatique, et M. de la Vauguyon vit grandir, chaque jour, le nombre de ses adhérents. Son influence et l'action qu'il exerçait allaient sans cesse croissant, quand il fut rappelé de la Haye et envoyé en Espagne comme ambassadeur, avant d'avoir pu terminer cette affaire, et d'avoir pu conclure le traité d'alliance entre le Roi et les Pays-Bas qu'il préparait depuis longtemps, et qu'il pouvait à bon droit regarder comme son œuvre propre.

On raconte que Frédéric le Grand, causant avec le ministre de Hollande des revendications de Joseph II, lui dit un jour : « Je vois déjà comment se finira toute cette affaire ; vous donnerez un pourboire à l'Empereur, et il ne sera plus question de rien. »

Frédéric le Grand ne se trompait guère dans son impertinente prédiction.

CHAPITRE II

Le marquis de Vérac et sir James Harris. — Plan de sir James Harris pour détruire l'influence française aux Pays-Bas. — Le rhingrave de Salm, sa jeunesse agitée, son rôle politique. — Les difficultés entre l'Empereur et les Provinces-Unies sont aplanies, grâce à l'intervention de la France. — Le *pourboire* donné à l'Empereur. — Traité d'alliance offensive et défensive entre la France et les Provinces-Unies. — Efforts de sir James Harris pour empêcher la ratification de ce traité. — Succès de la politique française.

M. de Vérac, le nouvel ambassadeur du Roi auprès des États, n'avait pas l'activité hardie et la sage modération du duc de la Vauguyon. Homme d'esprit et homme du monde, maréchal de camp, lieutenant général du Poitou [1], c'était un épicurien aussi aimable qu'instruit, et qui ne manquait pas de certaines qualités de représentation.

Il les poussait même trop loin. L'usage était

---

[1] Charles-Olivier de Saint-George, marquis de Vérac, né en 1743, mort en 1828, fils, petit-fils, arrière-petit-fils de lieutenants généraux du Poitou. Il avait épousé à seize ans la fille du duc d'Havré. Tour à tour colonel des grenadiers de France, mestre de camp, ministre plénipotentiaire à la cour de Hesse-Cassel, en Danemark et en Russie, il avait passé, comme sir James Harris, du poste de Saint-Pétersbourg à celui de la Haye. Émigré en 1791, il rentrait en France en 1801, mais sans servir Napoléon Ier.

alors de ne pas s'enrichir dans les ambassades ; M. de Vérac suivait cette mode jusqu'à l'excès. Il aimait le luxe, les longs dîners, le bon vin, les conversations faciles, et regardait son cuisinier comme l'un des principaux employés de son ambassade ; ce dont son maître d'hôtel profitait pour le voler suivant les règles. Le marquis de Vérac n'y regardait pas de si près ; il se ruinait galamment pour le service du Roi, et laissait à son intendant le soin de ne pas payer ses dettes. Quant aux affaires, insouciant, paresseux, négligent, non sans une certaine faconde, il se passionnait volontiers pour une cause, quitte à ne rien tenter pour la faire triompher.

Sir James Harris [1], ministre d'Angleterre, nommé

---

[1] James Harris, fils de James Harris, secrétaire de la reine Charlotte, fut élevé à la pairie le 19 septembre 1788, sous le titre de baron Malmesbury. Le 29 décembre 1800, il fut créé vicomte Fitz Harris et comte de Malmesbury. Son petit-fils, le troisième comte de Malmesbury, a publié de nombreux extraits des journaux et de la correspondance de son aïeul, sous le titre de : « *Diaries and Correspondence of James Harris, first earl of Malmesbury.* » Londres, 4 vol. in-8°. Il a aussi donné : « *A series of letters of the first earl of Malmesbury.* » Londres, 2 vol. in-8°. — Secrétaire à l'ambassade d'Espagne en 1767, puis chargé d'affaires auprès de la même cour, M. Harris obtenait à vingt-quatre ans le poste de ministre à Berlin ; à trente ans il devenait ministre à Saint-Pétersbourg. En 1782, Fox offrait à Harris l'ambassade d'Espagne ou la légation de la Haye. Harris n'hésitait pas à choisir ce dernier poste, preuve évidente de l'importance attachée alors aux affaires de Hollande. La chute de Fox empêcha M. Harris de se rendre au poste qu'il avait préféré ; mais en 1787, M. Pitt, ayant besoin d'un homme

au même poste quelques jours à peine avant M. de Vérac, avait, malheureusement pour nous, des qualités plus importantes chez un diplomate en temps de crise. Fils d'un littérateur distingué, il possédait toutes les connaissances nécessaires aux gens bien élevés ; il y joignait une grande habitude des affaires et l'expérience acquise dans plusieurs missions antérieures. Passionnément dévoué à sa patrie, il voyait dans la France l'ennemie héréditaire de la Grande-Bretagne : « Je n'écrirais plus jamais une dépêche si je recevais l'ordre de plaire à la France, de l'approuver ou de coopérer avec elle », affirmait-il, dans un mouvement d'enthousiasme gallophobe. Sir James Harris eût tenu parole. Il avait pour la vérité le ferme respect qui caractérise la race anglaise. Partisan dévoué de Fox, il n'avait consenti à accepter la légation de la Haye, sous le ministère Pitt, que sur l'avis formel de tous ses amis politiques. Le grand homme qui gouvernait alors l'Angleterre ne croyait pas que pour bien servir son pays il fût nécessaire de penser comme lui sur toutes les questions d'ordre inté-

---

de grande valeur pour défendre les intérêts anglais à la Haye, résolut de s'adresser à sir James Harris, qui accepta cette mission sur l'avis formel de M. Fox et du duc de Portland. (*Diaries*, t. I, xiii.) Les négociations de sir James Harris à Berlin, à Saint-Pétersbourg, et en France pendant la révolution, ont donné lieu à deux séries d'articles dans la *Revue des Deux Mondes*, l'une de M. John Lemoinne en 1846, l'autre de M. Casimir-Périer en 1863.

rieur. Il s'était fait honneur en donnant cette marque de confiance à un adversaire. Sir James Harris se fit honneur également par la manière dont il remplit sa mission.

Peu de jours après son arrivée, il écrivit au marquis de Carmarthen, ministre des affaires étrangères : « Il semble peu douteux que la France ne soit décidée à soutenir ce pays contre les réclamations de l'Empereur. Pour ce qui regarde la République, son sort est actuellement entre les mains de MM. Zeeberg[1], Gyslaër[2] et Van Berckel[3], pensionnaires de Harlem, Dordrecht et Amsterdam. Ils dirigent à eux trois le grand pensionnaire Bleiswyck[4], qui ne joue maintenant qu'un rôle secondaire. Le premier objet du triumvirat est de renverser

---

[1] Adriaan Van Zeeberg, né en 1746, mort en 1824. Pensionnaire de Harlem.

[2] Cornelis de Gyslaër, né en 1751, d'une famille patricienne de Gorichem, pensionnaire de Dordrecht en 1779, mort en 1815.

[3] Engelbert-François Van Berckel, fils d'un bourgmestre d'Amsterdam, né en 1726, avait déjà acquis une grande réputation comme avocat, quand il devint, en 1762, pensionnaire d'Amsterdam. Il devait remplir cette charge pendant vingt-cinq ans, et mourut en 1796.

[4] Pieter Van Bleiswyck, né en 1724, pensionnaire de Delft, grand pensionnaire de Hollande en 1772, mathématicien remarquable et politique distingué, mais dont la faiblesse de caractère était grande. Il avait minuté de sa main l'acte par lequel le Stathouder s'était placé sous la dépendance du duc de Brunswick. Les *patriotes* ayant eu connaissance de ce fait, contraire aux devoirs professionnels du Pensionnaire, firent comprendre à Bleiswyck que son sort était entre leurs mains. Le Grand Pen-

le Stathouder. La cour de Versailles et le roi de Prusse lui prêtent volontiers concours ; mais ce dernier, par suite de sa parenté avec la princesse d'Orange, n'est pas pour la destruction absolue de cette charge. Il propose, me dit-on, de prononcer le prince d'Orange incapable de la remplir, et de faire nommer sa nièce *gouvernante*, avec un conseil choisi parmi les patriotes. Le prince d'Orange m'a reçu avec de nombreuses marques de satisfaction. Il m'a dit qu'il ne voyait dans l'avenir pour lui et pour ses enfants que « malheur et disgrâce » ! Je lui ai répondu que le courage et la patience pouvaient beaucoup [1]. »

Sir James Harris ajoutait peu après : « Les patriotes sont les instruments de la France ; la princesse d'Orange par suite de l'amour qu'elle porte à son pays natal, le prince par suite de son extrême faiblesse, sont les instruments de la Prusse. L'Angleterre conserve certainement un parti, mais composé d'hommes abaissés, opprimés, divisés. On pourrait faire quelque chose si l'on avait un chef. Le chef devrait être un prince d'Orange, mais non un prince d'Orange comme celui-ci..... Il faut voir si *le peuple lui-même* ne peut pas être *poussé* à voir la situation et à produire par une

---

sionnaire, partagé entre sa sympathie naturelle pour la maison d'Orange et la crainte pour sa sûreté personnelle, joua un rôle équivoque dans les événements de 1787. Voir Caillard, *Décade*, page 25.

[1] 7 décembre 1784. *Diaries and Correspondence*, II, 75.

insurrection ce qu'une insurrection seule peut produire [1]. »

Dans sa réponse, en date du 14 décembre, le marquis de Carmarthen recommandait au ministre d'Angleterre de « saper autant que possible l'influence usurpée et despotique de la France, mais de ne pas acheter même ce résultat en soutenant à tout prix les restes affaiblis et appauvris d'un pays divisé et en détresse [2] ».

« La Hollande a peur de tout, souffre tout, se plaint de tout et ne se garantit de rien », avait dit, quelques années auparavant, le comte de Broglie, devançant l'opinion de lord Carmarthen.

M. de Vergennes ne méprisait pas tant la Hollande que lord Carmarthen ou M. de Broglie; comme M. de la Vauguyon et avec sir James Harris lui-même, il croyait à la grande vitalité de ce petit pays, et tenait pour sa patrie à l'alliance des Provinces-Unies.

Dans ses instructions à M. de Vérac, en date du 4 janvier 1785, il n'avait garde d'oublier « l'intérêt qu'avait la France à s'assurer une coopération très-précieuse dans les guerres futures contre la Grande-Bretagne », et recommandait à l'ambassadeur d'insister sur l'importance de cette alliance pour les Pays-Bas eux-mêmes, « auxquels elle as-

---

[1] Sir James Harris au marquis de Carmarthen. La Haye, 10 déc. 1784. *Diaries and Correspondence*, II, 78.
[2] *Diaries*, etc., II, 80.

surait un appui pour la guerre dont ils sont menacés de la part de l'Empereur ». Il avertissait M. de Vérac « d'avoir un œil attentif sur la marine hollandaise, parce que sans ses forces maritimes, la République serait non-seulement un allié inutile, mais même embarrassant pour la France ». Quant aux luttes des partis, « aussi longtemps que Sa Majesté verra M. le stathouder bon républicain, il pourra compter sur l'affection la plus constante de sa part ». Mais il ne faut pas oublier « que c'est au courage et à la persévérance des vrais républicains que le Roi est redevable du changement qui s'est opéré dans la République en faveur de la France ».

Dès son arrivée à la Haye, le marquis de Vérac reçut la visite de M. Thulemeyer, le ministre de Prusse. Il venait lui déclarer que son maître désapprouvait le Stathouder, et voyait avec satisfaction l'intérêt que la France prenait à la République[1]. « Sa Majesté n'ignorait pas que M. le stathouder avait eu des torts, et surtout celui de se laisser guider par le prince Louis de Brunswick ». M. de Vérac reçut poliment ces ouvertures, mais répliqua que si quelque chose pouvait ramener le prince et lui faire impression, ce serait sans doute les conseils que Sa Majesté Prussienne voudrait bien lui donner. Frédéric le Grand avait deviné cette

[1] Du marquis de Vérac, 11 février 1785.

remarque de M. de Vérac. Il répondit par beaucoup « d'observations, mais peu de promesses », à l'émissaire que lui avait envoyé son neveu pour demander « secours et assistance [1] ».

« Le rhingrave de Salm », c'était l'envoyé du prince, « a plu infiniment à Sa Majesté Prussienne par son esprit, ses connaissances et l'énergie de son caractère. Les principes patriotiques auxquels il est constamment attaché ont obtenu l'entière approbation du roi de Prusse », écrit M. de Vérac [2].

Sir James Harris était moins flatteur dans ses appréciations : « On a poussé le prince à envoyer, il y a quelques semaines, à Berlin le rhingrave de Salm, homme adroit et sans principes. Votre Seigneurie n'ignore pas le nom et le caractère du Rhingrave. En trahissant le prince d'Orange, en flattant le parti français, il s'est élevé de sa position d'officier inconnu et insignifiant jusqu'à être chargé d'une importante mission [3]. »

La figure du Rhingrave est assez originale, sans être sympathique; son rôle dans les événements qui font l'objet de cette étude est assez considérable sans être glorieux, pour mériter à ce personnage étrange quelques lignes d'introduction.

---

[1] Sir James Harris au marquis de Carmarthen, 11 mars 1785. *Daries*, etc., II, 111.
[2] M. de Vérac, 26 février 1785.
[3] Sir James Harris, 17 déc. 1784 et 11 mars 1785.

Frédéric III, wild et rhingrave de Salm-Kirbourg [1], n'avait pas besoin de se forger une généalogie pour invoquer une naissance illustre. Descendant de l'ancienne famille des comtes du Rhin, il avait rang parmi cette foule de petits souverains dont les propriétés se trouvaient situées entre la France et l'Allemagne, et qui servaient tour à tour les armées françaises et les armées allemandes. L'un de ses ancêtres, blessé et prisonnier après la bataille de Nerwinde, avait dit au maréchal de Luxembourg qui lui rendait des soins empressés : « Quelle nation êtes-vous ! Il n'y a pas d'ennemis plus à craindre dans une bataille, ni d'amis plus généreux après la victoire. » Le jeune héritier de

---

[1] Frédéric-Jean-Othon, prince de Salm-Kirbourg le 9 juin 1779, né le 11 mai 1745, marié le 29 novembre 1781 à Jeanne-Françoise de Hohenzollern-Sigmaringen. (*Almanach royal* de 1787, page 52.)

Il était fils de Philippe-Joseph, prince de Salm-Kirbourg, et de Marie-Thérèse, princesse de Hornes. (*Almanach royal*, 1779, page 49.)

Frédéric de Salm, par ses aventures étranges et son caractère compliqué, mérite de faire l'objet d'une biographie. Ses principes démocratiques ne le défendirent pas contre l'échafaud révolutionnaire. Il fut décapité à Paris, en 1794. Sa sœur, princesse de Hohenzollern, fit faire partout des recherches pour découvrir l'endroit où son corps avait été enterré, et c'est à cette sollicitude qu'est due l'œuvre de Picpus.

Le fils du prince de Salm, Frédéric-Ernest Otto de Salm-Kirbourg, servit dans les armées françaises, et fut l'un des plus vaillants généraux de Napoléon 1er.

L'ancien palais de la Légion d'honneur brûlé sous la Commune avait été bâti, vers 1789, par le rhingrave de Salm.

la principauté de Salm eût pu mener des jours paisibles au milieu d'une petite cour ; mais au dix-huitième siècle comme aujourd'hui, c'était à Paris seulement que l'on était réputé s'amuser, et Frédéric de Salm voulait s'amuser. Aimable, bien fait, riche, spirituel, allié à beaucoup de familles considérables, il se fit bientôt remarquer de la société polie et galante qui entourait Marie-Antoinette. Sa considération n'y fut pas de longue durée ; bien que l'on ne fût pas très-sévère à Trianon, on y trouva rapidement que le Rhingrave était trop facile en morale et trop peu difficile sur le choix des gens qu'il fréquentait. Une querelle de jeu, suivie par un duel où son rôle laissa à désirer, n'ajouta pas à sa considération.

Madame du Deffand raconte tout au long cette anecdote dans une lettre à Walpole[1]. M. de Lanjamet, officier au régiment du Roi, issu d'une bonne famille de Bretagne, avait perdu contre le Rhingrave une somme importante qu'il devait payer à terme. Le terme n'était pas échu, que celui-ci mettait publiquement en doute la solvabilité de son débiteur.

M. de Lanjamet « chercha de l'argent, s'acquitta, et rencontrant le prince dans les Tuileries, il le traita fort mal ; ils sortirent pour s'aller battre sur

---

[1] *Letters of the marquise du Deffand to the hon. Horace Walpole.* London, 1810. Vol. III, page 109, 6 mars 1771.

le rempart où il y avait beaucoup de monde ». Le Rhingrave se fit accompagner de son valet de chambre et de son maître d'armes. Son adversaire lui demanda pourquoi ses gens le suivaient. Frédéric de Salm tira son épée sans mot dire, et sans lâcher un gros manchon qu'il tenait devant lui. M. de Lanjamet lui proposa de se déshabiller, le prince ne lui répondit qu'en marchant sur lui. Le combat s'engagea, M. de Lanjamet tomba. Le maître d'armes du Rhingrave lui cria : « Plongez votre épée! » « Le prince l'eût tué par terre, si Lanjamet ne s'était saisi de son épée et ne l'avait brisée. Se relevant alors, il courut sur le prince qui n'avait plus d'épée et le poursuivit; il était comme un enragé. Le prince a eu quelques légères blessures. » La conclusion du récit est amusante : « Une madame de Créqui, amie de la princesse de Salm, fut lui rendre visite, ne sachant rien de l'aventure de son fils. Sa mère lui dit qu'il était incommodé. Elle demanda à le voir; on lui fit quelques difficultés; elle insista. Le prince étant dans son lit, elle lui demanda pourquoi l'on avait fait des difficultés à la laisser entrer : « C'est qu'il y « a des tableaux obscènes dans ma chambre », dit-il. « Bah! dit-elle, qu'est-ce que cela fait? je suis « si vieille! Je sais que ce sont les impuissants qui « aiment les peintures malhonnêtes, et que ce sont « les poltrons qui veulent toujours se battre. » Madame du Deffand ajoute : « Elle ne savait rien de l'aventure, ce qui a rendu ce propos plaisant. » L'aventure peint le personnage ; il sut s'en tirer avec esprit et avec aplomb, et parla beaucoup des malveillants qui avaient dénaturé sa conduite, mais sa considération en resta atteinte. Pas pour bien longtemps, cependant, et le Rhingrave ne se crut pas déshonoré. L'ambition lui vint avec l'âge, sans lui faire perdre le goût des plaisirs. Il désira jouer un rôle politique, non sans cesser de donner de nombreuses rivales à sa femme, et partit pour la Hollande. Ce Gil Blas princier, moins honnête que son modèle, voulut devenir un personnage politique ; il y réussit.

Veut-on une preuve nouvelle de l'aplomb du Rhingrave ? elle est tirée des *Lettres de sir James Harris :* « L'autre jour, dans une compagnie mêlée, il assurait que le roi de Prusse lui avait dit que le duc Louis de Brunswick avait une correspondance secrète et traîtresse avec la garnison de Maëstricht, pour livrer cette ville à l'Empereur. Mandé devant le prince d'Orange, il ajouta que le roi de Prusse l'avait chargé de faire connaître tout ceci. Interrogé par le comité secret, il répéta non sans embarras et sans hésitation ce qu'il avait dit, mais avec cette différence sensible, que le roi de Prusse lui avait permis, mais ne l'avait pas chargé de parler. Et comme on lui demandait pourquoi il s'était ainsi avancé dans une compagnie mêlée et non devant le Stathouder ou devant les ministres de la

République, il répondit : « C'était par délica-
« tesse[1]. »

Sir James Harris ne s'occupait pas seulement à relever les mensonges du rhingrave de Salm. Il s'était depuis son arrivée à la Haye persuadé de trois vérités : la première, c'est que l'Angleterre, pour regagner la confiance perdue des Hollandais, devait agir « avec précaution et circonspection[2] ». La seconde, c'est que « jamais mortels ne furent composés d'argile aussi inanimée, aussi dénuée de toute étincelle du feu de Prométhée que les amis du prince d'Orange[3] » et le prince lui-même, « qui par suite de cette jalousie méprisable, qui va presque jusqu'à l'imbécillité, aimerait mieux être perdu par sa mollesse que sauvé par l'habileté de sa femme[4] ». La troisième, « c'est que pour résister aux Français ou pour les vaincre », l'accord des cours de Berlin et de Londres était nécessaire.

Ayant établi ce qu'il regardait comme des axiomes, convaincu « que le nœud gordien pouvait être défait aussi bien que tranché, et qu'à défaut d'Alexandre on pouvait trouver un Fabius[5] », dé-

---

[1] *Diaries and Correspondence*, 11 mars 1785, II, 111.
[2] 4 janvier 1785. *Diaries*, II, 91.
[3] Sir James Harris au marquis de Carmarthen. La Haye. 15 février 1785. *Diaries*, etc., II, 108.
[4] Sir James Harris à M. Ewart, secrétaire de la légation anglaise à Berlin, 28 février et 19 avril 1785. *Diaries*, etc., III, 113 et 119.
[5] Sir James Harris au marquis de Carmarthen, 15 février 1785 *Diaries*, etc., II, 109.

cidé à être lui-même le « temporisateur » destiné à déjouer la politique française, sir James Harris mit tout en œuvre pour parvenir à ses fins. Pour plaire aux Hollandais, il se décida à signer pour sa maison un bail de cinq ans. « Il n'est pas convenable pour un ministre de roi de loger dans une auberge. Si je veux ne rien faire de remarquable, je dois me servir de la broche aussi bien que de la plume. Les cœurs hollandais sont près de leurs estomacs[1]. J'habitue mon esprit à la monotonie et à la gravité, mes yeux aux dents noires et aux lèvres blanches, mon nez à l'odeur du tabac et des pieds malpropres, mon estomac au fromage, au beurre et aux harengs. » — « J'en serai quitte pour quelques indigestions morales et physiques », ajoute-t-il dans une lettre adressée « non au secrétaire d'État, mais à mon ami[2]; mais dans cinq mois, j'espère devenir aussi carré, aussi solide de corps et d'esprit que le bourgmestre le plus massif de la République. »

Pour réveiller le courage du parti orangiste, il se décida à entrer en relations suivies et constantes avec la princesse elle-même : « Elle m'a parlé avec beaucoup de sagesse et de bon sens de sa situation, écrit-il. Avec beaucoup d'adresse, mais sans rien perdre de sa dignité, elle s'est efforcée de m'inspirer un intérêt profond pour sa position. Je

---

[1] Du même au même, 28 janvier 1785. *Diaries*, II, 98.
[2] Du même au même, 15 février 1785. *Diaries*, II, 109.

n'ai pas épargné mes peines quant à moi, pour gagner sa confiance et lui persuader que je ne souhaitais que du bien à elle et à sa maison[1]. » Sir James Harris ajoutait quelques jours plus tard : « Je reviens d'une longue et secrète entrevue avec la princesse d'Orange, dans les jardins du bois à la Haye. Je lui ai dit que ne rien faire parce que l'action paraissait hasardeuse et difficile était une apologie que la postérité accepterait avec peine d'un prince d'Orange marié à une princesse de Brandebourg. Elle fut si troublée par les idées que mon langage fit naître dans son esprit qu'elle fut quelque temps avant de pouvoir me répondre. » — « Ma seule crainte est de perdre le prince pendant que je tourne autour de la princesse. Il est si jaloux, non de sa vertu, mais de son bon sens et de son autorité, qu'il n'irait pas au paradis grâce à elle[2]. »

Pour amener l'entente entre l'Angleterre et la Prusse sur les affaires des Pays-Bas, sir James Harris n'eut pas recours au ministre de Prusse à la Haye, M. de Thulemeyer, qu'il regardait comme vendu à la France, et sur la fausseté et la médiocrité duquel il revient souvent. Il s'adressa à M. Ewart, secrétaire de l'ambassade d'Angleterre

---

[1] Sir James Harris au marquis de Carmarthen, 19 août 1785. *Diaries*, II, 138.

[2] Sir James Harris au marquis de Carmarthen, 2 et 9 septembre 1785. *Diaries*, II, 139 et 145.

à Berlin, homme intelligent et fin, connaissant bien l'Allemagne et la cour de Prusse, et qui, sous la direction apparente de lord Darlymple, titulaire du poste, menait effectivement les affaires. « Je dois vous dire que c'est moi seul qui parle », disait sir James Harris. « Nos chefs sont trop occupés par la Chambre des communes pour faire attention à ce qui se passe sur le continent. Si l'Angleterre et la Prusse sont d'accord, la République et la maison d'Orange peuvent être sauvées [1]. » ..... « Si nous pouvons rendre les Français impopulaires en Hollande, ils se feront bientôt détester. La sécurité les rend toujours insolents [2]. » « Si Sa Majesté Prussienne veut servir sa nièce, c'est maintenant qu'elle doit le faire. Si elle ne le fait pas, ses assurances d'affection ne sont que des mots, et ses offres de secours dans un lointain futur, une pure dérision. Je ne puis pourtant attribuer sa froideur à l'âge et aux infirmités [3]. » Sir James Harris concluait en recommandant à M. Ewart de beaucoup soigner M. de Hertzberg [4], le chef du parti opposé à la France, et de ne pas perdre une occasion de voir le prince Frédéric-Guillaume [5], héri-

---

[1] Sir James Harris à M. Ewart. *Diaries*, II, 112.
[2] Du même au même, 19 avril 1785. *Diaries*, II, 121.
[3] Du même au même, 5 septembre 1785. *Diaries*, II, 142.
[4] Ewald-Frédéric, comte de Hertzberg, premier conseiller privé du roi de Prusse, et l'un des diplomates les plus distingués du dix-huitième siècle.
[5] Il devait régner sous le nom de Frédéric-Guillaume II.

tier du trône et frère de la princesse d'Orange.

Que faisait pendant ce temps M. de Vérac ?

M. de Vérac devenait de jour en jour partisan plus décidé de la politique des *patriotes* et adversaire plus résolu du prince d'Orange qu'il déclarait « vendu à l'Angleterre ». « Quelle idée peut-on avoir d'un stathouder qui continue à avoir avec Brunswick la correspondance la plus suivie et le consulte sur tout [1] ? » « Brunswick, qui s'est malheureusement rendu si odieux à la nation, et qu'on regarde généralement comme l'unique cause des malheurs de la République [2]. » Moins sceptique que sir James Harris, quant à l'influence de l'Angleterre aux Pays-Bas, l'ambassadeur de France accusait ouvertement ce ministre de jouer double ; tantôt affirmant son dévouement à la cause orangiste, tantôt faisant dire « aux patriotes que l'Angleterre, loin de désapprouver les réformes qu'ils voulaient faire dans la Constitution, en verrait avec plaisir le succès. » Pour combattre ces intrigues, M. de Vérac voyait beaucoup les trois pensionnaires, sans avoir grande estime pour leurs talents politiques, et sans savoir se servir d'eux comme M. de la Vauguyon : « Ils n'aiment guère le travail, disait-il, mais ils aiment les longs dîners et à bien boire. Le soir ils s'assemblent entre eux et chez leurs amis, ils y fument et y boivent encore copieu-

---

[1] Marquis de Vérac, 4 mars 1785.
[2] Du même, 13 mai 1785.

sement. Le ventre plein et le cerveau obstrué, ils se mettent très-tard au lit et par conséquent ne se lèvent pas matin. Très-peu de temps est donné à la lecture des papiers essentiels et à la méditation sur les affaires de l'État. » Sans donner lui-même beaucoup de temps à la méditation des affaires d'État, le marquis de Vérac avait assez d'esprit pour blâmer chez M. Van Berkel et ses collègues une paresse qu'il imitait. Il réservait pour le rhingrave de Salm toute son admiration. Faut-il beaucoup s'en étonner, quand on voit Voltaire lui-même s'extasier sur l'instruction et la modestie du prince Frédéric qui était venu le complimenter à Ferney, en 1771 ? Comme Voltaire, M. de Vérac trouvait le Rhingrave très-aimable et digne d'un meilleur siècle : « Il fait profession ouverte d'être l'ami des patriotes, de penser comme eux pour le bien de l'État [1] », écrivait l'ambassadeur de France à Vergennes, et quelques mois plus tard : « L'importance de la mission qu'il est chargé de remplir près de vous, suffit, Monsieur le comte, pour vous prouver l'étendue de la confiance qu'ont en lui les patriotes. Ils comptent sur sa prudence et son zèle. Ils sont également sûrs de son entier dévouement à leur cause [2]. »

Le temps n'était plus où le rhingrave de Salm étonnait la cour et la ville par ses aventures d'en-

[1] Le marquis de Vérac à M. de Vergennes, 26 février 1785.
[2] Le marquis de Vérac, 10 août 1785.

fant prodigue. C'était en ambassadeur « d'un parti prépondérant » qu'il revenait à Versailles, « lever les obstacles que les différends de la République avec l'Empereur ont opposés jusqu'ici à la conclusion de son traité d'alliance projeté avec la France ».

Il fallait d'autres qualités que l'esprit brillant et souple de Frédéric de Salm pour régler ces différends. On ne saurait sans injustice refuser à M. de Vergennes l'honneur de les avoir terminés. On se rappelle les prétentions de Joseph II sur Maëstricht et sur l'Escaut. Il avait consenti, non sans peine, à céder sur le dernier point, mais persistait à revendiquer Maëstricht, « pot-de-vin du marché », suivant Vergennes. Les Hollandais ne se montraient pas plus disposés à renoncer à leurs droits sur cette ville, qu'à leurs priviléges sur l'Escaut. A Paris, comme à Amsterdam, l'esprit anti-autrichien s'était manifesté de la façon la plus vive. Marie-Antoinette elle-même avait déclaré : « Je ne puis oublier que je suis sœur de l'Empereur, mais je me souviens surtout que je suis reine de France et mère du Dauphin. » Mais la République était presque sans troupes, sans artillerie, sans moyen de défense et hors d'état de s'en procurer. Sur les avis de Catherine II et les menaces de la cour de France, l'Empereur, qui avait déjà fait marcher des troupes, se vit forcé de reculer, mais demanda l'envoi à Vienne d'une députation chargée de lui porter les excuses des Pays-Bas pour leur insolence. Le navire qu'il avait chargé de forcer l'Escaut n'avait-il pas été attaqué et pris par les Hollandais ? Après de nombreux pourparlers qui plus d'une fois menacèrent d'être rompus, il déclara qu'il se contenterait d'une indemnité. Il avait attaqué sans motifs, il ne voulait pas céder sans profits. Cette nouvelle demande indigna les Provinces : « Les Hollandais, écrit Vérac, sont pénétrés du sentiment exagéré, sans doute, de l'injustice des prétentions pécuniaires de la cour de Vienne, et s'ils se refusent à la satisfaction qu'elle demande, cela n'est point pour épargner leurs millions. Cela est si vrai, Monsieur le comte, que tel particulier qui s'obstine dans son refus sur cet objet souscrira demain pour les trois quarts de sa fortune, s'il est question de fournir aux frais d'une guerre contre l'Empereur [1]. »

« L'agitation extrême qui occupe les têtes des chefs de la République » n'était pas sans inquiéter Vergennes lui-même, qui ne craignait pas de parler au Roi « du peu d'égards de l'Empereur pour la médiation de Sa Majesté » et « de son défaut de ménagement pour la considération qu'il lui doit [2] ».

[1] Le marquis de Vérac, 24 août 1785.
[2] Vergennes au Roi, 13 septembre 1785, Archives nationales. Tratchevsky, *la France et l'Allemagne sous Louis XVI*. — Paris, 1880, page 61.
« Il y aurait Sire, de grandes réflexions à faire sur toute la conduite de l'Empereur, sur son peu d'égards pour la médiation

En Hollande, le parti stathoudérien, inspiré par sir James Harris, ne négligeait rien pour empêcher tout arrangement, et pour rejeter sur la France et les républicains toute la responsabilité d'une rupture. Le différend avec l'Empereur arrangé, c'était l'alliance française conclue, et tous les efforts du ministre d'Angleterre tendaient à empêcher la concordance de ces deux événements. Les stathoudériens n'eurent pas seulement recours aux journaux et aux menaces pour amener la confusion, ils se servirent de leur moyen habituel : l'émeute. Sur la nouvelle des exigences de l'Empereur, la populace orangiste de la Haye se souleva, le 5 septembre 1785. Les trois pensionnaires avaient été passer avec quelques amis la journée du dimanche à la campagne ; ils devaient revenir le soir en yacht, et le lieu de leur débarquement était connu. Dès le matin, une foule menaçante s'y rassembla, et ne cessa de s'augmenter pendant la journée, sans que le prince stathouder, commandant de la garnison de la Haye, fît aucun effort pour dissiper les mécontents. Le *Conseil député* des États de Hollande, représentant légal du souverain, en l'absence des États, se réunit aussitôt

---

de Votre Majesté, et je ne crains pas d'ajouter sur son défaut de ménagement pour la considération qu'il lui doit. Abandonner l'Empereur à lui-même, ce serait peut-être le laisser se jeter dans un précipice... Je prie Votre Majesté de m'autoriser à faire tenir à M. le comte de Mercy un langage aussi ferme qu'onctueux. »

et prit sur lui de faire marcher des troupes, pour dissiper l'émeute. Sa décision fut approuvée par les États, qui déclarèrent que le droit de commandement militaire n'appartenait pas exclusivement au Stathouder. « Il paraît constant que des gens même du prince sont fortement impliqués dans cette affaire », disait Vérac dans sa dépêche du 6 septembre. Le 10, Vergennes recevait ces nouvelles et se hâtait de les faire connaître au Roi : « Ce que j'appréhendais se vérifie, les premiers coups sont tirés. Le feu de la guerre civile est allumé. Quoique ce qui arrive semble être l'effet le plus direct des conseils de M. Harris, puisque c'est à la suite de son voyage à Loo que cette explosion a eu lieu, je ne puis penser cependant que les conseillers du Stathouder aient porté l'imbécillité jusqu'à se livrer aussi imprudemment sur la foi du ministre d'une puissance qui n'est ni en mesure ni en possibilité de protéger et de soutenir la révolution qu'elle peut être soupçonnée de susciter. »

Après s'être demandé si la cour de Berlin n'avait pas eu part à « l'étrange révolution que le Stathouder venait d'effectuer, qu'on peut qualifier, à juste titre, une véritable rébellion », M. de Vergennes ajoutait : « Votre Majesté par son traité d'alliance s'est rendue garante de la Constitution intérieure de la République comme de ses possessions. Peut-être la cour de Berlin ne se rend pas une justice assez exacte sur les bornes qu'elle doit prescrire à son influence et à son intérêt pour la famille stathoudérienne. Il peut être très-important de l'éclairer sur les suites que pourraient entraîner des offices et des démarches peu réfléchis, surtout s'ils étaient appuyés sur des démonstrations hostiles [1]. »

Ce ferme langage de M. de Vergennes n'eût pas été désapprouvé par les chefs du parti républicain. Si M. Paulus [2], l'un des plus distingués parmi les *patriotes*, l'avait prévu, il n'eût pas montré tant d'inquiétudes, dans une conversation avec M. de Vérac : « Il est venu ce matin m'exposer avec autant de vérité que d'énergie le tableau des malheurs qui menacent la République, si la crise où les patriotes se trouvent en ce moment ne devait pas être promptement terminée. Il me dit avoir les indices les plus certains que l'on prodi-

---

[1] Vergennes proposait au Roi de déclarer au baron de Goltz, ministre prussien, « que Sa Majesté est très-décidée à ne point intervenir dans la querelle qui s'élève entre les provinces et le Stathouder, en tant que d'autres provinces s'abstiendront de s'y immiscer autrement que par de bons offices; mais que, dans le cas contraire, Votre Majesté se trouverait avec bien du regret dans la nécessité de remplir les devoirs que lui impose son alliance avec la République. Je prie Votre Majesté de vouloir bien me donner ses ordres. Les moments sont précieux. » Archives nationales. TRATCHEVSKY, Pièces annexes.

[2] Pieter Paulus était originaire d'Amsterdam. Comme « fiscal » de l'amirauté de la Meuse, il avait contribué plus que personne à relever la marine de son pays, et s'était attiré par sa conduite l'animosité du parti anglais. Paulus devait, en 1795, être élevé au poste de grand pensionnaire de Hollande.

guait l'argent sous main pour soulever le peuple et opérer une révolution[1]. » Les émeutes suscitées le 5 septembre par les orangistes, et qui se renouvelèrent le 9, eurent un résultat différent de celui qu'ils en attendaient. La cour de France sentit la nécessité absolue de terminer le différend des Pays-Bas avec l'Empire et d'établir sur des bases définitives l'alliance franco-hollandaise projetée depuis si longtemps. Le Roi lui-même, qui trouvait que « l'Empereur allait bien vite, mais que les Hollandais jusqu'à présent *avaient allé* bien lentement[2] », comprit la nécessité d'en finir. Après plusieurs séances longues et confuses, le Conseil décida qu'une indemnité de 10 millions de florins serait accordée à l'Empereur, et que la France en prendrait la moitié à sa charge. Les propositions de la cour de Versailles furent acceptées par les plénipotentiaires hollandais et autrichiens; les articles préliminaires furent signés, le 20 septembre, par Vergennes exerçant au nom du Roi l'office de médiateur, et l'Empereur obtint le pourboire dont avait parlé Frédéric. Cet échec ne découragea pas sir James Harris; battu sur ce point, il s'efforça d'empêcher la ratification du traité par les États et d'arrêter la signature définitive de l'alliance. Les journaux orangistes en vinrent à déclarer « que

---

[1] Le marquis de Vérac, 6 septembre 1785.
[2] Le Roi à Vergennes, 14 septembre 1785. Archives nationales. TRATCHEVSKY, page 61.

la paix conclue, sous la médiation du Roi, était le comble de l'opprobre et du ridicule, et portait l'empreinte d'une main véritablement perverse[1] ». Sir James Harris ne se contentait pas d'inspirer la presse stathoudérienne, il s'occupait avec ardeur de l'organisation intérieure du parti. Persuadé, comme l'auteur d'un mémoire remis au roi de France en 1785, « que la République serait française si les patriotes triomphent, qu'elle serait anglaise si leur antagoniste l'emporte[2] », il faisait tout pour soutenir la cause de Guillaume V : « Le peuple de la Haye est mûr pour l'insurrection », écrivait-il le 1ᵉʳ novembre au marquis de Carmarthen; « je serais fâché toutefois que l'on en fît déjà usage. Le danger doit être plus proche. » C'était dans la province de Zélande que le ministre anglais avait concentré toutes ses espérances : « Elle convenait à mes desseins; mieux que toute autre partie de la République, elle se trouvait directement affectée par une alliance avec la France. La capacité et le zèle de mes émissaires ont dépassé toute attente. C'est à leur activité que nous devons la vigoureuse et digne protestation de la Zélande contre la paix[3]. »

Quant à l'action de la Prusse, sir James Harris

---

[1] *Courrier du Bas-Rhin*.
[2] Archives des affaires étrangères. Hollande.
[3] Sir James Harris au marquis de Carmarthen, 25 octobre 1785. *Diaries*, II, 161.

avait entre les mains le récit d'une conversation de Frédéric II avec lord Cornwallis. Le Roi avait déclaré « qu'il sentait la plus grande inquiétude, au sujet des affaires de Hollande, par suite de son alliance avec la maison d'Orange, et vu son désir d'empêcher la Hollande de devenir une province française », et sans s'inquiéter de la fin du discours où Frédéric disait craindre « que l'activité du ministre britannique à la Haye ne fût nuisible une fois découverte », le diplomate anglais écrivait à son supérieur hiérarchique : « Quelles que puissent être les vues *réelles* et l'opinion du roi de Prusse, il a certainement donné à ses ministres et à ses agents l'ordre de le peindre comme peu satisfait, et mécontent de la France [1]. » Bien que « sa vie fût une intrigue perpétuelle, que sa maison ressemblât à l'auberge d'Adam et d'Ève ou de George et du Vautour pendant les meetings du Midlesex », sir James Harris trouvait encore le temps d'écrire à M. Ewart, toujours à Berlin : « Si vous pouviez amener le roi de Prusse à se déclarer contre la conclusion de l'alliance française, cela serait d'un grand effet, et le moment serait bien choisi [2]. »

La veille même du jour où sir James Harris exprimait cette opinion et cet espoir, le traité définitif d'alliance entre la France et les Pays-Bas

[1] Sir James Harris au marquis de Carmarthen, 18 octobre 1785. *Diaries*, II, 157.
[2] Du même au même, 8 et 11 novembre 1785.

était signé à Versailles par M. de Vergennes, qui avait reçu, le 22 octobre, du Roi de pleins pouvoirs à cet effet. Les très-excellents seigneurs Mathieu Lestevenon, seigneur de Berkenrode, député de la province de Hollande aux États-Généraux, et Gérard Brantzen, bourgmestre et sénateur de la ville d'Arnheim, étaient les plénipotentiaires des Pays-Bas. Le même jour, et aussi à Versailles, l'arrangement définitif entre la République et l'Empereur recevait une consécration solennelle. Le succès était grand pour la France, M. de Vergennes et les *patriotes*. Malgré quelques hésitations et quelques timidités, le ministre n'avait cessé de déclarer que l'alliance hollandaise « était de toutes les alliances possibles la plus avantageuse et la moins sujette à inconvénients [1] », et « qu'elle était universellement considérée comme l'un des événements les plus importants du règne de Louis XVI [2] ».

Cette alliance était enfin conclue, et M. de Vergennes pouvait écrire à Vérac « que Sa Majesté, en la signant, s'était montrée très-disposée à assurer la tranquillité intérieure de la République [3] ».

[1] Mémoire de Vergennes, 1ᵉʳ février 1785. *Archives nationales.* Publié par M. Tratchevsky. Pièces annexes, 82.

« Ce n'est pas sans de grands motifs que le Roi se détermine à se prêter au désir que les Hollandais lui ont témoigné d'être admis à l'honneur de son alliance. La chose a été mûrement pesée et discutée en présence de Sa Majesté. »

[2] Vergennes au Roi, 15 mars 1785.

[3] Vergennes à Vérac, 24 octobre 1785. Affaires étrangères. Ver-

Par l'article 2 du traité, les parties contractantes promettaient « de se maintenir et conserver mutuellement en la tranquillité, paix et neutralité, ainsi que la possession actuelle de leurs États, domaines, franchises et libertés ».

Par l'article 4, le roi de France s'engageait à fournir à la République, en cas de besoin, dix mille hommes d'infanterie, deux mille de cavalerie, douze vaisseaux de ligne et six frégates; les Provinces devaient en retour, si la France était attaquée, mettre à sa disposition cinq mille hommes d'infanterie, mille de cavalerie, six vaisseaux de ligne et trois frégates; mais, disait le texte, « dans le cas d'une attaque du territoire français, les États-Généraux fourniront leur contingent de troupes en argent, lequel sera évalué par un article séparé, à moins qu'ils ne préfèrent le fournir en nature ».

L'article 7 déclarait que si les circonstances l'exigeaient, la puissance requise devrait assister son allié « même de toutes ses forces ».

Les articles séparés, après avoir fixé à dix mille florins de Hollande, par mois, pour mille hommes d'infanterie, et trente mille pour mille hommes de cavalerie, les subsides que les États pouraient payer en échange de leurs troupes, ajoutaient que les puis-

gennes avait dit quelques mois auparavant dans un de ses mémoires au Roi : « Si le parti des patriotes qui tient aujourd'hui le timon est abandonné, il succombera, et avec lui tout l'édifice que la sagesse de Sa Majesté travaille depuis quelques années à élever, et qui touche au moment de sa perfection. »

sances contractantes ne pourraient « consentir à aucun traité ou négociations qui pourraient porter du dommage à l'une ou à l'autre, et se donneraient connaissance de toutes les propositions de ce genre qui leur seraient faites ».

Le ministre de la marine en France, M. de Castries[1], avait insisté jusqu'au dernier moment pour que la Hollande promît de fournir douze vaisseaux sans troupes, et la France douze mille hommes sans vaisseaux. « Réunie à la Hollande », disait-il, « la France peut tout espérer, pour abaisser la puissance anglaise, de la combinaison de leurs forces »; mais c'est la marine des Provinces qui fait leur sûreté, l'armée ne fait que celle du Stathouder, de « la mauvaise foi duquel nous avons eu des preuves ».

« Si ce changement rencontre des obstacles », concluait-il, « on ne tirera pas moins un grand avantage des engagements que la Hollande a pris, mais à la condition : 1° de les mettre en mouvement le plus tôt possible ; 2° de former en Hollande une commission militaire de marine et des colonies, à la tête de laquelle serait placé un officier général de réputation. »

En France, comme en Hollande, ceux mêmes qui, avec M. de Castries, trouvaient à redire sur certains des points du traité en comprenaient toute

---

[1] Mémoire de M. de Castries sur la Hollande, 8 octobre 1785. *Archives nationales.* TRATCHEVSKY, Annexe 91.

l'importance. La joie des *patriotes*, en recevant la nouvelle de la conclusion de l'alliance, fut profonde. C'était leur cause qui triomphait avec celle de la France. « La satisfaction de nos amis est à son comble », écrivait Vérac, qui constatait également la tristesse des orangistes[1]. « M. Harris n'a pas été plus que les autres maître de dissimuler son chagrin. Il faut avouer que ce ministre, d'ailleurs plein d'esprit et de talent, n'est pas heureux dans ses spéculations ». Sir James Harris lui-même affectait de considérer sans trouble « des événements qui n'ont pris personne par surprise ou à l'improviste », et il ajoutait : « Cela prouve que le parti dominant a senti que pour prolonger son pouvoir et son influence, il lui fallait acheter l'appui de la France. La province de Zélande dépasse nos plus audacieuses espérances. Elle a déjà déclaré sa haute désapprobation de l'alliance française et peut, si l'on s'y prend bien, être conduite n'importe où[2]. »

— « Vos très-importantes dépêches ont été reçues et placées sous les yeux du Roi, répondit le marquis de Carmarthen; le grand, le principal objet que vous deviez vous proposer est d'empêcher la ratification du traité d'alliance entre la France et les États-Généraux. En cas d'échec, nous devons tâcher d'exciter contre le parti qui l'a conclu une

---

[1] Le marquis de Vérac, 2 décembre 1785.
[2] Sir James Harris au marquis de Carmarthen, 15 novembre 1785. *Diaries*, II, 170.

opposition assez forte pour en rendre les effets les moins dangereux pour notre prospérité et notre sécurité [1]. » Le marquis de Carmarthen concluait en approuvant l'idée suggérée par sir James Harris d'un mémoire à présenter aux États-Généraux, par lequel on donnerait « une preuve publique et convaincante des intentions amicales du Roi pour le bien de la République ». Sir James Harris espérait arriver ainsi à empêcher « la majorité des Provinces de ratifier l'alliance ». Le mémoire en question fut déposé le 22 novembre. Le ministre d'Angleterre, après avoir longuement parlé des vues bienveillantes du Roi son maître, ajoutait : « On espère du moins qu'en suite des assurances des sentiments du Roi et de toutes ses dispositions cordiales pour la République, L. H. P. jugeraient digne de leur sagesse accoutumée de ne pas se laisser impliquer dans des engagements qui pourraient les entraîner dans un système contraire aux vues de droiture. »

« Mon mémoire absorbe l'attention des deux partis », écrivait sir James Harris, non sans quelque amour-propre d'auteur; « il est le centre de toutes les conversations. Comme il a rencontré la plus chaude approbation de la part de nos amis, et qu'on le recherchait avec avidité, je l'ai fait paraître dans la *Gazette française et hollandaise*, et je

---

[1] Le marquis de Carmarthen à sir James Harris, 17 novembre 1785. *Diaries*, II, 171.

doute peu qu'il ne produise le meilleur effet sur l'esprit public[1].» — «Je compte aller très-prochainement à Amsterdam et Rotterdam. C'est en agissant sur la crainte et l'intérêt des négociants que M. de la Vauguyon a brisé les premiers anneaux de la chaîne entre l'Angleterre et la Hollande. Il n'est que juste de profiter de ses leçons et d'attaquer avec leurs propres armes nos adroits et persévérants ennemis.» En réponse à cette dépêche, sir James Harris reçut de lord Carmarthen la lettre suivante :

« Je viens de recevoir de M. Pitt une note dans laquelle il se dit porté à croire que vous devez recevoir sans délai l'instruction de *redoubler tous les efforts possibles* dans la quinzaine qui vient, si la timidité du Stathouder n'a pas déjà rendu désespérée toute opposition à l'alliance française[2].»

Les efforts de sir James Harris devaient une fois encore ne pas rencontrer le succès. Le 1er décembre 1785, le Conseil d'Amsterdam ratifiait à l'unanimité, moins une voix, le projet d'alliance avec la France ; et le ministre d'Angleterre qui, sous prétexte «d'accompagner lady Harris dans une visite à toutes les curiosités de cette ville », avait cherché à y faire signer une pétition contre le

---

[1] Sir James Harris au marquis de Carmarthen, 25 novembre 1785. *Diaries*, II, 173.
[2] Le marquis de Carmarthen à sir James Harris, 6 décembre 1785. *Diaries*, II, 175.

traité, devait renoncer à cette dernière espérance.

« La ratification a passé sans débats aux États-Généraux », se voyait-il forcé d'écrire à lord Carmarthen ; « elle sera envoyée aujourd'hui à Fontainebleau par un messager... Votre Seigneurie peut juger par les procédés insolents du parti français, combien il se sent puissant, combien il défie toute opposition, combien il m'est impossible, abandonné par le Stathouder, sans secours de mes collègues, entouré d'espions et d'émissaires, n'ayant pour m'aider personne qui unisse le jugement au courage, et la bonne volonté à l'influence, de faire la moindre impression favorable ou d'ébranler dans sa première heure de triomphe et de gloire la puissance de la faction usurpatrice. Je crois pouvoir dire qu'il n'y a rien que je n'aie tenté. » Quelques jours auparavant, sir James Harris avait déjà dit du Stathouder[1] : « L'irrésolution, la colère, le désespoir, la timidité, le gouvernent tour à tour. » Le ministre d'Angleterre avait le droit de blâmer des défauts qui n'étaient point les siens. Les luttes des partis devaient bientôt lui fournir une occasion nouvelle de déployer toute son activité et tout son courage.

[1] Sir James Harris à lord Carmarthen, 13 décembre 1785. *Diaries*, II, 177.

CHAPITRE III

Trouble général dans la république des Provinces-Unies. — Le Stathouder quitte la Haye. — Conversation de la princesse d'Orange avec sir James Harris. — Le rhingrave de Salm porte à Paris les observations des patriotes. — Importance d'Amsterdam. — Le commandement de la garnison de la Haye. — La porte stathoudérienne. — Violente émeute orangiste. — Le commandement de la Haye est retiré au Stathouder. — Découragement des orangistes. — Mort de Frédéric le Grand.

« Si la République jouissait dans son intérieur d'une tranquillité parfaite, disait M. de Vérac, notre tâche serait entièrement finie et nous n'aurions plus qu'à recueillir le fruit de nos peines et de nos soins, mais nous sommes encore bien éloignés de cette harmonie universelle. » Les Provinces-Unies étaient en effet bien loin de ressembler au Paradis terrestre. La question du commandement de la garnison de la Haye était venue se joindre à tant d'autres questions délicates, et menaçait chaque jour de faire éclater la guerre civile. On n'a peut-être pas oublié que le Stathouder ayant refusé de faire marcher les soldats contre une émeute soulevée par ses partisans, le *Conseil député* de Hollande n'hésita pas à donner aux troupes l'ordre de dissiper les rebelles. Le prince se plaignit avec aigreur de ce qu'il appelait une usurpation. La question ne fut pas définitivement tranchée, mais les États de Hollande approuvèrent la conduite de leurs délégués. Guillaume V, irrité, se décida à quitter la Haye avec sa famille. La princesse d'Orange eut, avant son départ, avec sir James Harris une conversation longue et précise, qui vaut la peine d'être racontée. Elle le reçut le soir, à la Maison-du-Bois[1]. « Le sort de la maison d'Orange va se décider vite », lui dit-elle ; « ni intervention, ni secours ne peuvent nous sauver. Je quitte la Haye pour n'y revenir peut-être jamais. Quelques jours suffiront pour dépouiller le prince de son reste d'autorité. Je lui crois trop d'élévation pour accepter le rôle d'un *stathouder en peinture*. Mes enfants sont trop jeunes pour connaître l'ambition ou pour regretter le rang qu'ils occupent. Ils seront plus heureux, je l'espère, dans une situation moins élevée. » La princesse fut obligée de s'arrêter, mais sans permettre à son émotion de l'interrompre longtemps, elle continua : « On m'a souvent conseillé, et ce matin encore, on a été jusqu'à l'importunité, de séparer mes intérêts, ceux de mes enfants de ceux du prince.

---

[1] Palais des princes d'Orange dans le bois de la Haye. Sir James Harris au marquis de Carmarthen, la Haye, 16 septembre 1785. *Diaries*, II, 147.

A cela, je ne consentirai *jamais*. Mes principes me le défendent. A défaut de principes, je ne manque pas de jugement au point d'ignorer que diviser la maison d'Orange serait la ruiner et ajouter la honte au malheur. » Ici encore, la princesse garda un moment le silence ; elle semblait hésiter à confier à son interlocuteur ce qui lui restait à dire. Elle lui apprit enfin, — non sans un visible malaise, que M. de Maillebois, envoyé, croyait-elle, par la cour de France[1], avait été assez audacieux pour lui proposer *d'abandonner le prince*[2] ; que si elle consentait à faire avoir à lui, Maillebois, le commandement de l'armée, il s'efforcerait de mettre en ses mains à elle le pouvoir stathoudérien, et pour employer ses propres expressions : « un pouvoir qui vaudrait bien celui de Stathouder ». La princesse ajouta ce « qu'elle n'avait dit à personne, que Pierre Paulus était venu la voir, sous prétexte de prendre congé, et lui avait parlé d'une coalition avec les patriotes ».

C'est un grand plaisir pour un diplomate que

---

[1] M. de Maillebois, officier français au service des Provinces-Unies, commandait une des légions étrangères engagées par les États-Généraux. La nécessité de faire des économies amena les États à décider le licenciement de cette légion. Cette mesure donna lieu à d'assez longues négociations, dont le marquis de Vérac entretint son ministre à différentes reprises.

[2] « Son oncle Frédéric lui offrait de la faire gouvernante des États, si elle voulait adopter sa politique et la politique française, mais elle repoussa noblement la tentation. » *Harris papers. Diaries*, II, 149.

d'entendre une confidence « qui n'a été faite à personne ». Sir James Harris ne laissa pas que d'être très-touché par le récit de la princesse d'Orange : « Je ne pouvais qu'écouter, admirer et plaindre », écrit-il, mais le sentiment de ses devoirs professionnels l'emporta bien vite sur une émotion qui, pour être réelle, ne lui faisait rien perdre de son sang-froid : « Je n'ai pas cherché à calmer l'indignation de la princesse contre M. de Maillebois, ni à enlever à la cour de Versailles sa responsabilité dans ce projet... J'ai déclaré que la proposition de Paulus était fausse et dangereuse, que les termes du compromis seraient humiliants et abaissants. » La princesse ne demandait qu'à être confirmée dans son opinion. « Recommandez mes enfants au Roi votre maître », dit-elle à sir James Harris, au moment où il la quittait ; « j'espère n'être jamais indigne de sa protection. » — « Je dois vous avouer, mylord », déclarait ce dernier au marquis de Carmarthen, « que je soupçonne la cour de Berlin plus que celle de Versailles d'avoir dirigé la proposition de M. de Maillebois, et non pas seulement par un calcul de probabilité, mais parce que je sais la grande intimité qui existe entre ce général et mademoiselle Dankelman, ministre de Prusse tout autant que M. de Thulemeyer lui-même. »

Sir James Harris, dans ces circonstances, prit le parti de s'adresser au prince d'Orange lui-même.

« Vous pouvez être assuré, Monseigneur, que l'intention des patriotes est de supprimer le stathoudérat, que la cour de France donne à ce plan son plein concours. L'accord était mutuel. Les patriotes ont fait la besogne de la France, la France va faire la besogne des patriotes[1] ».

Il revenait, quelques jours plus tard, sur la même idée dans une nouvelle communication au prince : « Le plan qu'on se flatte d'exécuter est d'intimider Votre Altesse, et de l'*engager* par toute sorte de mauvais traitements à abandonner de gré ou de force la régence. C'est le moment où il importe de manifester l'énergie d'une âme supérieure aux événements et digne du sang qui coule dans ses veines[2]. » Dans ses dépêches à lord Carmarthen, sir James Harris se montrait un peu moins positif sur les plans des patriotes pour détruire le stathoudérat : « Ils peuvent formuler contre le prince d'Orange des charges non sans fondement, leur adresse comme sa faiblesse leur en fournira d'autres. Ils veulent le terrifier par l'idée que sa conduite a été assez criminelle pour amener sa tête sur l'échafaud... Ils n'ont pas l'intention d'abolir l'institution héréditaire du stathoudérat, mais ils veulent se charger de l'éducation des enfants du

---

[1] Sir James Harris à Son Altesse Sérénissime le prince d'Orange, 16 octobre 1785. *Diaries*, II, 159.
[2] Cette seconde lettre qui est en français est du 6 novembre 1785. *Diaries*, II, 163.

prince, envoyer les deux jeunes princes en France, et, chose incroyable, sous la tutelle du rhingrave de Salm [1]. »

Le tuteur eût été mal choisi, il faut l'avouer. C'est une erreur commune aux politiques que d'attribuer à leurs adversaires de plus longs desseins et des projets plus fermement arrêtés qu'ils ne le sont en réalité.

Les patriotes étaient très-décidés à tout faire pour l'emporter sur le prince dans la question du commandement de la Haye; ils ne savaient pas encore quelles seraient leurs mesures pour diminuer, sur les autres points, la puissance de Guillaume V. M. de Vergennes n'hésitait pas à leur conseiller de « s'attacher plus à diminuer l'abus que le Stathouder pourrait faire d'une autorité trop étendue que les prérogatives honorifiques de sa dignité [2] ». — « Je puis vous dire d'avance qu'ils ne proposeront rien d'inconstitutionnel », répondit Vérac, « c'est un grand point, Monsieur le comte, et qui vous donnera toujours un moyen pour vous refuser aux importunités de la cour de Berlin [3]. »

Les importunités de la cour de Berlin étaient plus fréquentes que vives. Frédéric II s'était dé-

---

[1] Sir James Harris au marquis de Carmarthen, 8 novembre 1785. *Diaries*, II, 167.

[2] Lettre de Vergennes, 24 décembre 1785.

[3] Le marquis de Vérac à M. de Vergennes, 6 janvier 1786.

cidé à adresser aux États, en faveur de son neveu et à propos du commandement de la Haye, « un mémoire long et verbeux » que le ministre de Prusse était venu lire à M. de Vérac. Celui-ci s'était contenté de lui répondre, non sans malice : « que le roi de France ne croyait pas devoir se mêler des affaires intérieures de la République [1]. »

Les *patriotes* eux-mêmes n'étaient « point effrayés de l'intervention du roi de Prusse, parce qu'ils savaient que ce monarque faisait infiniment peu de cas du Stathouder, et qu'il n'était pas probable qu'il entamât jamais une guerre qui aurait pour objet de conserver le commandement de la garnison de la Haye au prince stathouder [2] ».

M. de Vérac craignait encore moins l'effet produit par le mémoire que Guillaume V avait envoyé lui-même aux États, et où « il exigeait le commandement comme un droit inhérent à sa dignité ; il menaçait de ne plus reparaître à la Haye si on ne le lui rendait pas ». Le séjour de la famille stathoudérienne en Frise préoccupait davantage l'ambassadeur de France : « L'affabilité de madame la princesse, la douceur de son caractère, ses soins et sa tendresse pour ses enfants, la présence même des deux jeunes princes, qui sont dans l'âge où ils peuvent inspirer quelque intérêt, voilà bien des

---

[1] Vérac, 9 décembre 1785.
[2] Vérac, 14 janvier 1786.

moyens pour faire impression sur l'esprit de la multitude. »

Quels que fussent les charmes de la princesse et de ses enfants, l'appui de la France pesait plus dans la balance. Les *patriotes* ne négligèrent rien pour s'attacher M. de Vergennes : « La République est décidée à vous faire un présent magnifique », écrivait au mois de décembre 1785 au ministre, M. de Grimoard, envoyé en mission spéciale à la Haye : « On vous avait d'abord destiné un diamant d'un très-grand prix, mais on m'a assuré qu'on y substituerait une vaisselle de dessert en or, à laquelle on emploiera quarante mille écus. » Et comme on savait M. de Vergennes trop honnête homme pour se laisser séduire par des dons, on y ajoutait de délicates flatteries : « Les patriotes vous regardent comme leur plus ferme appui. M. de Gyslaër m'a dit que sa vénération et celle de M. Van Berkel pour vous étaient telles qu'il me priait de lui faire acheter à Paris deux exemplaires de votre portrait, afin que l'un et l'autre puissent avoir toujours sous les yeux un visage ressemblant et cher. » Par un amusant contraste, le jour même où M. de Grimoard adressait tous ces messages au ministre, M. de Vergennes lui reprochait par une lettre sévère « d'être tout à fait sorti du cercle dans lequel il devait se renfermer ». M. Van Berkel répondit à la plainte que le Stathouder avait adressée aux États par un mémoire que sir James Harris lui-même déclarait éloquent, et qui produisit grand effet. Le pensionnaire d'Amsterdam écrivit presque en même temps à M. de Vergennes une lettre où il lui disait : « Il est de l'intérêt de la France de ne pas souffrir qu'aucune puissance ne s'ingère sous quelque prétexte que ce puisse être dans ces sortes de discussions purement domestiques. »

Le rhingrave de Salm fut chargé de porter à Paris les observations du parti patriote. « Il a une supériorité de lumières et de talent, une activité infatigable, une vigueur de caractère et une fécondité d'imagination qui lui ont mérité la confiance la plus entière », écrivait Vérac. M. de Grimoard était moins optimiste : « Le Rhingrave, malgré son esprit, a beaucoup de singularités ; il a, par exemple la manie de se croire grand homme ; souvent, il parle comme un inspiré et du même ton qu'emploierait la Providence si elle s'entretenait avec les hommes... Il est toujours botté et éperonné, porte un grand sabre, une coiffure et un vêtement extraordinaires assez semblables à ceux sous lesquels on représente Charles XII. Le Rhingrave n'a-t-il pas fait de dupes ? »

La suite de ce récit ne montrera que trop combien les craintes de M. de Grimoard étaient justes ; mais le ministre français se laissa prendre encore une fois à l'esprit et aux grâces du Rhingrave, et quand il quitta Paris, après s'y être beaucoup agité, avoir vu beaucoup de gens, rédigé beaucoup de mémoires, Vergennes eut soin de lui écrire : « Je n'ai pas laissé ignorer au Roi le zèle avec lequel vous avez suivi les intérêts de la République, et Sa Majesté ne croit pouvoir mieux vous en marquer son contentement qu'en vous assurant de sa bienveillance et de sa protection. » Sir James Harris ne laissait pas que de s'émouvoir de ce départ, et l'on eût pu croire qu'il connaissait la phrase où M. de Vérac déclarait « que la naissance du Rhingrave le rendait susceptible des plus grands emplois ». Le ministre d'Angleterre croyait toujours au plan qu'il avait dévoilé. *Pour lui*, les patriotes voulaient renverser le prince, déclarer la princesse *gouvernante* pendant la minorité de ses enfants, avec un Conseil chargé de l'administration civile et militaire : « Salm s'est modestement proposé lui-même pour présider le département de la guerre. » — « Le roi de Prusse, ajoutait sir James Harris, a connu dès le début toutes les mesures de la France et des patriotes relatives au Stathouder. La cour de Versailles l'a mis à l'aise quant à l'échange de la Bavière. On m'a affirmé que cette potion calmante lui avait été envoyée et administrée par Mirabeau lorsqu'il s'est rendu à Berlin pour être reçu membre de l'Académie. Je suis, quant à moi, fort disposé à croire que la Prusse et la France se comprennent secrètement et qu'elles sont camarades. Elles se disent comme les docteurs de Molière : « Passez-moi la rhubarbe, et je vous

« passerai le séné. » Et la France déclare : « Prusse, « laissez-moi tranquille en Hollande, et vous n'au-« rez rien à craindre en Bavière[1]. » « L'influence française est au point culminant; elle se maintient, non-seulement par l'intrigue et la cabale, mais par la corruption et l'emploi de sommes énormes. Rien que les villes de cette province lui reviennent à plus d'un million par an (50,000 l.)[2]. »

Un soldat vaincu est toujours prêt à croire à la trahison; un diplomate malheureux voit partout les trésors de son adversaire. Que M. de Vérac eût des agents et qu'il les payât mieux que ses fournisseurs, cela est certain, mais il est certain également que ce n'est que près d'un mois seulement après la dépêche du ministre anglais que M. de Vergennes autorisa, au nom du Roi, l'ambassadeur de France « à employer, si cela est absolument nécessaire, des moyens pécuniaires pour augmenter le nombre des partisans de la bonne cause ».

Les circonstances semblaient devenues graves subitement pour la France et les patriotes. Le 6 mars, le grand pensionnaire Bleiswyck, ancien orangiste devenu républicain, était venu trouver M. de Vérac pour lui déclarer que le Conseil d'Amsterdam paraissait disposé à ne pas adopter le mémoire de Van Berkel, et à voter en faveur du

---

[1] Sir James Harris au marquis de Carmarthen, 28 février 1786. *Diaries*, II, 187.
[2] 24 février 1786. *Diaries*, II, 186.

prince sur la question du commandement de la Haye. Les craintes de M. Van Bleiswyck devaient se réaliser. Le 10 du même mois, par vingt voix contre quatorze, la régence d'Amsterdam rejetait les conclusions de son pensionnaire. « Il ne faut rien se dissimuler, Monsieur le comte, cet avis est la ruine du parti patriotique », écrivait M. de Vérac dans un premier moment de découragement; « si malheureusement il passe aux États de Hollande, les patriotes sont perdus. »

L'influence séculaire d'Amsterdam sur les affaires des Pays-Bas justifiait l'émotion de M. de Vérac. Les partisans du stathoudérat se sont efforcés de tout temps d'établir un parallèle entre le gouvernement de Venise et la régence d'Amsterdam[1]. D'après eux, Amsterdam, comme Venise, était entre les mains d'une aristocratie orgueilleuse et puissante, dédaigneuse des droits et des souffrances de la nation, et ne pensant qu'à sa propre grandeur; aristocratie fermée, composée d'un petit nombre de familles, et distribuant entre quelques favoris les priviléges dont elle pouvait disposer. C'était au dix-septième siècle

---

[1] La bibliographie des livres et des pamphlets écrits sur Amsterdam, son histoire, son gouvernement, formerait un volume. Jan Wagenäar, l'un des historiens nationaux de la Hollande, a publié à la fin du siècle dernier, comme « historiographe d'Amsterdam », un ouvrage très-considérable sur sa ville natale. Son histoire d'Amsterdam forme trois gros volumes in-folio, ou treize volumes in-8°, sans compter les « suites ».

une raillerie à la mode que de prétendre les Pays-Bas menés par la vieille servante d'un bourgmestre : les Pays-Bas sont gouvernés par la Hollande, la Hollande est gouvernée par Amsterdam, Amsterdam est gouverné par le jeune bourgmestre Bicker, le jeune bourgmestre Bicker est gouverné par la vieille servante de son père. C'est donc une vieille servante qui est à la tête de la République. Conclusion logique, disait-on, et qui prêtait à de nombreux jeux d'esprit. C'était, en effet, un gouvernement aristocratique que celui d'Amsterdam.

Quelques familles, toutes liées entre elles par le sang, toutes riches, toutes orgueilleuses de leur richesse et de leur ancienneté, se partageaient les fonctions publiques et gouvernaient les affaires de la ville. Les fils occupaient les charges que leurs pères avaient remplies avant eux, et les transmettaient à leurs descendants, comme par un droit d'héritage tacite[1]. « Il n'est pas un bourgmestre d'Amsterdam qui ne soit aussi noble que tous les

---

[1] Le conseil d'Amsterdam se composait de trente-six membres nommés à vie, et qui se recrutaient eux-mêmes. En 1618, en 1672, en 1748, le conseil fut dissous par les stathouders, qui y firent entrer un certain nombre d'éléments nouveaux. Les patriciens d'Amsterdam ne refusaient point d'ailleurs l'entrée du conseil, soit aux descendants des familles patriciennes des autres villes hollandaises, soit aux bourgeois d'Amsterdam qui s'étaient élevés par leur intelligence et leur travail, mais le gouvernement de la ville n'en demeurait pas moins entre les mains d'un petit nombre de familles.

De 1578 à 1778, la ville d'Amsterdam a compté plus de

princes allemands », répondit un jour l'un des régents de la cité à une princesse qui lui demandait s'il était gentilhomme. Les rois eux-mêmes ne craignaient pas d'entrer en correspondance directe avec les magistrats d'une ville dont l'opinion avait poids dans les affaires de l'Europe.

Les stathouders qui n'aimaient pas Amsterdam se voyaient aussi forcés de compter avec elle, et recouraient tantôt à la persuasion, tantôt à la violence pour agir sur les délibérations du Conseil. Promesses, flatteries, menaces, séditions populaires, coups d'État même, ils avaient tout usé et s'étaient servis de tout. Amsterdam avait été de tout temps l'objectif des ambassadeurs de France, et grâce à l'habileté de M. de la Vauguyon était devenue le plus ferme appui du parti français. Cet appui venait soudain à manquer. Amsterdam semblait changer de camp et portait dans l'armée orangiste ses richesses et son influence. En vain,

---

400 conseillers, sortis de 204 familles différentes; mais 129 de ces familles n'ont donné chacune qu'un seul conseiller pendant ces deux siècles, tandis que 26 familles en comptaient 147.

Les Bicker, les de Graeff, les Hasselaer, les Hooft, les Van de Poll, les de Witt étaient unis par les liens du sang, et dans toutes ces familles les places de conseiller étaient devenues héréditaires.

Quand M. Jean de Witt, dont il est question dans la suite de ce récit, fut reçu comme conseiller d'Amsterdam, le vieux bourgmestre de Vry-Temminck lui souhaita la bienvenue en disant : « Vous êtes le troisième de votre sang avec lequel je siège au conseil. J'y suis entré du vivant de votre grand-père, je m'y suis trouvé avec votre père, et je vous y vois maintenant. »

M. Hooft, Bicker, de Graeff, d'autres encore, parmi lesquels mon arrière-grand-père, M. Jean de Witt, tout jeune encore, mais dévoué avec ardeur à l'alliance française, avaient conclu en faveur du mémoire de M. Van Berkel ; la majorité retournée par M. le bourgmestre Rendorp Van Marquette [1], « ambitieux, vaniteux, mais non sans talent », s'était décidée à appuyer les réclamations du Stathouder.

Chose étrange, sir James Harris ne partagea pas la joie du parti orangiste, en apprenant cette nouvelle. Il était mécontent d'avoir vu repousser par le ministère anglais sa proposition d'encourager en Zélande un mouvement séparatiste destiné à amener une sorte d'union à la Grande-Bretagne, et ne voyait pas le vote d'Amsterdam du même œil « que beaucoup des amis du prince qui en attendaient de grands avantages [2] » et la victoire définitive dans la province.

M. de Vergennes avait reçu, non sans émotion, la dépêche lui annonçant cet incident : « La perplexité où nous sommes, Monsieur », écrivait-il à Vérac, « ne nous permet pas de vous donner des instructions précises sur la conduite que vous avez à tenir dans les différentes conjonctures où vous pourrez vous trouver... Si les États de Hollande ont rendu à M. le Stathouder le commandement de la Haye,

---

[1] Marquis de Vérac.
[2] Sir James Harris au marquis de Carmarthen, 10 mars 1786. *Diaries*, II, 190.

sous des restrictions convenables, il nous paraît que les patriotes ne doivent pas pour cela se livrer au découragement, qu'ils doivent au contraire faire avec assurance tête à l'orage, et préparer avec réflexion les moyens de le dissiper et d'amener un nouvel ordre de choses. Le Roi y concourra autant que cela sera en son pouvoir. Sa Majesté désire que l'on puisse éviter un éclat. Il me reste, Monsieur, à vous parler de la sûreté personnelle des patriotes. Vous les assurerez qu'en tout état de cause, le Roi les prend sous sa protection immédiate; et vous ferez connaître partout où vous le jugerez nécessaire, que Sa Majesté regardera comme une offense personnelle tout ce qu'on entreprendra contre leur liberté. Il est à présumer que ce langage tenu avec énergie en imposera à l'audace des anglomanes, et que le prince de Nassau croira courir quelques risques en affrontant le ressentiment de Sa Majesté [1]. »

C'était trop compter sur le bon sens du prince d'Orange. Le 17 mars 1786, la ville de la Haye, théâtre de tant de séditions, fut troublée par une nouvelle émeute plus grave encore que celle de septembre 1785. Les États de Hollande, résolus à dissiper l'erreur populaire qui attribuait au Stathouder le commandement exclusif de l'armée, avaient décidé que, vu leur qualité souveraine, les

---

[1] Vergennes au marquis de Vérac, 15 mars 1786.

honneurs militaires leur seraient rendus, à l'entrée et à la sortie des séances. Par une seconde mesure, ils avaient ordonné que le drapeau des gardes hollandaises, régiment spécialement affecté au service des États, ne porterait plus l'écusson d'Orange accolé aux armes de la province, et que le lion de Hollande resterait seul sur les étendards. Ils avaient enfin résolu de se faire rendre l'usage de la célèbre porte Stathoudérienne [1].

La salle des États de Hollande se trouve former, avec celle des États-Généraux, la droite d'un grand carré, qui contient également le palais attribué au prince d'Orange. Une grande cour intérieure, fermée de tous côtés, a deux issues, l'une au nord, l'autre au midi. La porte du nord se prolonge en forme de voûte et n'a guère moins de trente pas; elle aboutit à un petit pont qui débouche sur une grande place, longée par le large vivier qui borde le palais. De leur autorité privée, les stathouders

[1] M. de Vergennes au marquis de Vérac, 15 mars 1786.

« La scandaleuse porte Stathoudérienne », dit M. Caillard. *Décade historique*, 59.

Les patriotes avaient un intérêt réel à rappeler à l'armée comme au peuple que la souveraineté appartenait aux États, et que le Stathouder n'était que leur délégué.

Le prince d'Orange avait toujours cherché à accréditer l'opinion contraire. Les honneurs militaires lui étaient exclusivement rendus, même par le régiment des gardes Hollandaises, chargé de veiller sur les États de Hollande. Quant aux étendards, les armes du prince étaient disposées de manière à cacher presque entièrement celles de la province. Ces petits faits prenaient une grande importance pour la foule.

avaient interdit aux membres des États de franchir en voiture cette porte qu'ils s'étaient exclusivement réservée. Il s'agissait de faire cesser cette usurpation que la foule regardait comme une preuve de souveraineté. Dès le 15 mars, en vertu de la décision des États, la porte avait été ouverte ; mais bien que la garde fût doublée, la foule rassemblée sur la place paraissait si menaçante qu'aucun député n'osa s'exposer à la colère populaire. Gyslaer, pensionnaire de Dordrecht, jeune, ambitieux, courageux, sentit le ridicule auquel s'exposaient ses collègues, par leur frayeur. Le 17, à quatre heures de l'après-midi, comme il rentrait en voiture après la séance, il donna l'ordre à son cocher de passer par la porte Stathoudérienne, et fit monter auprès de lui M. Gevaerts, de Haarlem. Les émeutiers, qui avaient pris possession du petit pont, refusent de laisser passer le carrosse. Le cocher veut tourner bride. Gyslaer met la tête à la portière et lui ordonne d'exécuter la décision des États. Aussitôt, une bande d'hommes armés se jette sur la voiture, l'entoure, parvient à l'arrêter et cherche à la précipiter dans le canal. Gyslaer était perdu si la garde à cheval, prévenue à temps, n'eût chargé les émeutiers et ne les eût repoussés. Sans paraître s'inquiéter du danger qu'il avait couru, le pensionnaire de Dordrecht continua sa route. Le lendemain, beaucoup de ses collègues l'imitèrent.

« Jamais plan ne fut si mal combiné et si mal exécuté », déclare philosophiquement sir James Harris dans une dépêche, datée du jour même. Il y avait là plus qu'un plan mal combiné, c'était une rébellion formelle contre le souverain. L'un des chefs de l'émeute, arrêté aussitôt, fut, sur l'ordre des États de Hollande, inculpé de haute trahison et jugé par la commission des États. Il se trouva, par un hasard malheureux, que c'était le perruquier d'un des chambellans du prince. Il était arrivé la veille du palais de Loo où se trouvait le Stathouder. Il prétendit, pour sa justification, qu'il n'avait saisi les rênes des chevaux que pour éviter d'être jeté par terre. L'instruction prouva d'une manière évidente qu'il y avait eu de sa part préméditation, et qu'après avoir proféré les injures les plus violentes contre le pensionnaire, il avait, au moment de son arrestation, reproché à la foule de l'abandonner lâchement. Le crime était évident, la condamnation fut sévère. La sentence de mort fut prononcée le 23 mars contre le coupable. Le 24, entre dix et onze heures du matin, il fut conduit jusqu'au pied de l'échafaud, à travers une double haie de troupes. L'arrêt rendu contre lui fut lu publiquement. Au moment où le bourreau allait procéder au supplice, la foule reçut connaissance d'une commutation de peine. Sur la demande de Gyslaer et de Gevaerts eux-mêmes, la peine capitale fut changée en prison perpétuelle.

Les partisans du Stathouder avaient encore une fois compromis sa cause par sa violence, et bien que sir James Harris déclarât « que l'instruction contre le perruquier avait été absolument arbitraire [1] », l'effet produit tout à la fois par le courage et l'indulgence de Gyslaer fut général. Les États de Hollande, sans trancher définitivement la question de la garnison de la Haye, la résolurent provisoirement en conférant le commandement à leur « Conseil député ». — « Il me devient bien difficile d'être renseigné, écrit sir James Harris, les amis de la vieille cause, découragés par l'insuccès, quittent peu à peu la Haye pour se retirer dans les provinces. Les plus timides n'osent même plus me parler. »

Le ministre d'Angleterre ne trouvait plus guère d'appui que dans M. Van der Spiegel, pensionnaire de Zélande, qui poussait sa province à s'unir étroitement avec l'Angleterre, et déclarait qu'en cas de difficultés diplomatiques « la France n'était en rien prête pour la guerre et ne jugerait peut-être pas l'objet assez important pour tirer l'épée [2] ».

---

[1] Sir James Harris au marquis de Carmarthen, 28 mars 1784. *Diaries*, II, 194.

Sir James Harris déclare aussi que le droit de grâce eut dû être exercé par le Stathouder, et non par les États de Hollande.

Le récit même de l'émeute ne présente pas grande différence dans les dépêches françaises et anglaises. Caillard lui a consacré un long paragraphe dans son histoire. *Décade*, 59-64.

[2] La dépêche de sir James Harris au marquis de Carmarthen, en date du 26 mai 1786, contient le récit d'une très-intéressante

Les *patriotes*, excités par leur succès, demandaient l'intervention directe de la France et son action efficace sur Amsterdam, pour obtenir une solution définitive en leur faveur, au sujet du commandement de la Haye. M. de Vergennes n'y était pas disposé. Tout en chargeant l'ambassadeur de leur transmettre les assurances d'amitié les plus positives, il ajoutait : « Le Roi n'est parvenu à arrêter le roi de Prusse qu'en lui représentant qu'il convenait de ne point gêner la République dans son indépendance. Les rapports du Roi avec la Hollande ne sont pas isolés... Ne perdons pas de vue que le Roi doit toujours se montrer comme l'allié de la République, et jamais comme le chef d'un parti... Il n'y a pas lieu de craindre que Sa Majesté Prussienne fasse plus qu'elle n'a fait jusqu'à présent. Ce souverain ne sacrifiera point sa politique et ne compromettra pas ses forces pour procurer quelque avantage au Stathouder... Ni le roi de Prusse, ni le prince royal, son neveu, n'aiment et n'estiment la personne de M. le Stathouder. Ils connaissent sa portée et ne s'occupent de lui qu'en raison de la princesse son épouse[1]. »

Sur les instances réitérées des *patriotes*, le Roi se décida pourtant à adresser aux États-Généraux un mémoire que Vergennes envoya le 17 avril à

---

conversation entre le ministre d'Angleterre et le pensionnaire de Zélande.

[1] Le comte de Vergennes au marquis de Vérac, 29 mars 1786.

Vérac, en insistant encore sur la vanité des craintes des républicains au sujet du roi de Prusse. Sans entrer dans la discussion des querelles de parti, la déclaration française disait : « Le Roi forme des vœux pour que l'on parvienne à réformer les abus qui peuvent avoir occasionné des dissentiments intestins dans la République... Sa Majesté donnerait, s'il était nécessaire, les soins les plus actifs pour empêcher que V. H. P. ne fussent troublées intérieurement comme extérieurement. » — « Nos amis sont très-satisfaits de la note », répondait Vérac[1].

Le 15 mai, le ministre de Prusse, M. de Thulemeyer, s'adressait à son tour aux États au nom de son souverain : « Sa Majesté, disait-il, applaudit et accède sincèrement aux vœux formés par une puissance amie. Elle apprendra avec la plus grande satisfaction qu'on travaille avec zèle et avec impartialité à mettre non-seulement la véritable constitution et la souveraineté de l'État, mais aussi les droits et les prérogatives du stathoudérat héréditaire, hors de toute atteinte. » — « Nous n'avons qu'à applaudir à cette démarche tant pour le fond que pour la forme », déclarait M. de Vergennes.

Sir James Harris ne voulut pas rester en arrière ; la France et la Prusse avaient parlé, il fallait que la Grande-Bretagne se fît entendre. Chaque jour

---

[1] Le marquis de Vérac, 25 avril 1786.

plus indigné de la conduite des orangistes, « dont le courage et l'ardeur s'en vont avec l'heure de l'action qui s'approche, et qui retournent à leur système favori de paresse comme le chien à ses vomissements », le diplomate obstiné continuait à tenir ferme le drapeau de l'Angleterre et de la maison d'Orange. « Le Roi croit devoir déclarer », disait le mémoire remis par sir James Harris, « que rien ne saurait être plus contraire à ses intentions, que de donner un exemple aussi dangereux à la tranquillité et à l'indépendance des Provinces-Unies, que serait celui d'une intervention étrangère dans les affaires internes de la République. » La note anglaise se terminait par une allusion à « des liens de parenté avec le prince à qui V. H. P. ont confié les charges éminentes de l'État[1] ». — « Mon mémoire a produit tout l'effet que j'en attendais, écrivait sir James Harris. Nos adversaires, pris par surprise, sont alarmés et embarrassés. » M. de Vergennes ne laissait pas que d'attacher de l'importance à une démarche[2] « qui doit prouver aux patriotes que l'Angleterre parle décidément en faveur de Monsieur le Prince, et qu'elle saisira avec empressement toutes les occasions où elle pourra le servir efficacement ». Les mémoires des cours de Berlin et de Saint-James n'empêchèrent par le succès des républicains. Le

---

[1] 11 juillet 1786.
[2] Vergennes à Vérac, 20 juillet 1786.

27 juillet 1786, à la majorité de dix voix contre neuf, le commandement de la Haye fut enlevé au prince stathouder, en faveur duquel trois voix seulement se déclarèrent d'une manière précise. Guillaume V, en recevant la nouvelle de cette décision, se livra à un violent accès de colère, et « donna des marques de dépit beaucoup plus convenables à un enfant qu'à un prince revêtu de charges aussi importantes ». Il prit son chapeau, le jeta par terre et le foula aux pieds.

« Si cette affaire a eu une issue aussi défavorable pour M. le Stathouder, c'est uniquement à lui qu'il doit s'en prendre », remarquait M. de Vérac, « et à la maxime qu'il parait s'être faite de perdre tout plutôt que de rien retrancher de ses prétentions [1]. »

Sir James Harris faisait contre mauvaise fortune bon cœur : « Cette mesure traitée par la cour avec tant d'importance ne m'a jamais produit le même effet [2]. » Il avait dit quelques jours auparavant : « Nous ne risquons rien ; je retourne à mon

---

[1] Vérac, 28 juillet 1786.
[2] Sir James Harris au marquis de Carmarthen, 28 juillet 1783. *Diaries*, II, 214.

« Ma coopération avec M. Van der Spiegel doit être soigneusement cachée au prince, au moins pour un temps, disait sir James Harris, car il est si soupçonneux et craint tant d'être gouverné que l'ombrage qu'il en ressentirait l'aveuglerait sur les avantages qu'il pourrait retirer... M. Van der Spiegel est le seul homme que les patriotes craignent, le seul qu'ils reconnaissent *universellement* comme *supérieur* à eux *tous*. »

vieux thème : la France ne combattra *jamais pour ce pays, l'Angleterre fût-elle conduite à le réduire par la force*[1]. » Malgré les prophéties de sir James Harris et les prudents avis de M. de Vergennes, les *patriotes* triomphaient. Le succès de leur cause et l'abaissement du Stathouder étaient à leurs yeux assurés. Mais la Providence ne s'inquiète pas des adroits calculs et des habiles combinaisons de la politique. Au moment même où la cause orangiste paraissait vaincue, où tout espoir semblait défendu au Stathouder, se passait un événement qui devait relever son parti et abattre le courage de ses adversaires. Le 22 août 1786, sir James Harris écrivait au marquis de Carmarthen : « Mylord, le roi de Prusse est tombé dans un état inconscient, dans la nuit du 16. Il est mort de bonne heure le lendemain matin. J'ai donné l'ordre de faire partir tout de suite d'Helvoët un paquebot extraordinaire[2]. » Ce n'était pas là une fausse nouvelle. Frédéric le Grand était mort. « Il est très-douteux », déclarait sir James Harris, en revenant quelques heures plus tard sur cet événement, « que son successeur puisse continuer le rôle qu'il a tenu avec tant d'éclat pendant tant d'années. Les jeunes filles les plus modestes sont devenues des femmes galantes, et les plus sages héritiers pré-

---

[1] Sir James Harris au marquis de Carmarthen. La Haye, 14 juillet 1786. *Diaries*, II, 210.
[2] Sir James Harris. II, 220.

somptifs sont devenus les plus faibles des rois[1]. »

Frédéric-Guillaume II ne devait pas démentir une prédiction que sir James Harris n'eût peut-être pas consenti à signer quelques mois plus tard.

---

[1] Sir James Harris au marquis de Carmarthen. *Diaries*, II, 220. Sir James Harris disait encore, et non sans raison : « Cet important événement doit éclaircir de manière ou d'autre le brouillard qui a si longtemps obscurci notre horizon politique. »

CHAPITRE IV

Impression produite par la mort de Frédéric le Grand. — Frédéric-Guillaume II. — Attitude nouvelle prise par la Prusse dans les affaires de Hollande. — Troubles en Gueldre. — Le Stathouder fait occuper militairement deux villes de cette province. — Le règlement de 1674 et la ville d'Utrecht. — Les États de Hollande donnent l'ordre aux troupes à leur solde de se réunir pour la défense de la province. — Le Stathouder est suspendu *provisionnellement* de ses fonctions. — Indignation des orangistes. — Tentatives d'accommodement. — Le cabinet anglais ne veut pas d'une rupture avec la France. — Indécision de la politique prussienne.

La mort de Frédéric le Grand laissa l'Europe et même la Prusse plus froides que l'on n'aurait pu s'y attendre. « Quelques personnes croient que l'effet n'en sera pas immédiatement senti, écrivait Jefferson, agent des États-Unis d'Amérique à Paris. Son royaume ira comme une machine, grâce au mouvement qu'il lui a imprimé. Le monde politique jouit ici d'un calme profond. » A Berlin, d'après Mirabeau, « tout était morne, personne n'était triste; tout était occupé, personne n'était affligé; pas un regret, pas un soupir, pas un éloge. C'est donc là que devaient aboutir tant de batailles gagnées, tant de gloire, un règne de près d'un demi-siècle rempli d'une multitude de prodiges ! On en était fatigué jusqu'à la haine », ajoute dans une éloquente apostrophe le grand orateur.

Rousseau raconte, dans la *Nouvelle Héloïse*, que le duc de Marlborough, charmé de la bonne mine d'un soldat français, fait prisonnier à Blenheim, ne put s'empêcher de lui dire : « S'il y eût eu cinquante mille hommes comme toi à l'armée française, elle ne se fût pas ainsi laissé battre. » « Eh ! parbleu ! répliqua le grenadier, nous avions assez d'hommes comme moi, il ne nous en manquait qu'un comme vous. »

J'aime à opposer cette réponse au sang-froid des habitants de Berlin devant le cercueil de leur roi. Quand un grand homme vient à disparaître, la foule n'est que bien rarement capable d'apprécier la perte qu'a subie l'esprit humain. L'instinct jaloux qui la domine est plus puissant que l'admiration. Il faut parfois de dures leçons et de cruels revers pour lui apprendre à regretter ceux dont la mort peut la surprendre sans l'émouvoir.

Frédéric-Guillaume II, neveu et successeur du grand Frédéric, était né le 25 septembre 1744. Il était fils de Guillaume-Auguste, prince royal, et d'une princesse de Brunswick, sœur de la Reine. Le prince royal, aimable et spirituel, avait plus de charme que de talents militaires. « Votre mauvaise conduite a fort délabré mes affaires », lui écrivait, en 1757, le Roi son frère. « Je vais combattre, et si nous ne pouvons vaincre, nous allons tous nous faire tuer. La plus grande partie des malheurs que je prévois ne vient que de vous ; vous et vos enfants en serez plus accablés que moi. »

Frédéric le Grand ne remporta pas la victoire, ne se fit pas tuer, renonça même à ses idées de suicide, et se consola de tous ses maux en adressant à Voltaire ces vers remarquables :

> Pour moi, menacé du naufrage,
> Je dois, en affrontant l'orage,
> Penser, vivre et mourir en roi.

Mais le prince royal, moins bon guerrier, moins bon philosophe, moins bon versificateur, doué d'un moins grand courage et d'une force d'âme plus commune, avait été touché au cœur par les amères observations de son frère. Le Roi, comme pour ajouter à la dureté de ses reproches, lui donna l'ordre dans une dernière entrevue de partir, sans délai, pour Berlin, et d'avoir des enfants. « Vous n'êtes bon qu'à cela », lui dit-il en le congédiant. Il ne devait plus le revoir.

Soit remords, soit désir de se concilier l'affection de son successeur, Frédéric le Grand montra autant de sympathie à son neveu qu'il avait témoigné de sévérité à son frère. Sa bienveillance n'allait cependant pas jusqu'à la tendresse. Frédéric-Guillaume galopant un jour, à la suite de son oncle, eut son cheval frappé d'un boulet de canon et tomba dans un fossé. Le Roi s'écria, sans interrompre sa course : « Ah! voilà le prince de Prusse tué, qu'on prenne la selle et la bride de son cheval. » Le prince n'était ni tué ni blessé, il se releva, prit part à de nouveaux combats, commanda un corps d'armée, et dans la guerre de la succession de Bavière mérita par une retraite habile l'approbation de son oncle, qui, le recevant à Breslau, à l'heure de la parade et devant les généraux, lui dit : « Vous n'êtes plus mon neveu », pour ajouter en l'embrassant : « Vous êtes mon fils; vous avez fait tout ce que j'aurais pu faire à votre place. » Un an plus tard, le Roi, malade alors, revenait sur le même sujet : « On pourrait bien cette fois ne pas se tromper, il est possible que j'en meure, mais on n'y gagnera rien ; je laisse après moi un neveu qui me recommencera. »

L'accord semblait absolu entre le roi de Prusse et son successeur. Sur un point seulement, Frédéric II trouvait à redire à la conduite de son neveu qu'il accusait d'être trop sensible aux charmes trompeurs des filles d'Ève. Le prince royal avait beau s'efforcer de paraître sage, le Roi était trop bon diplomate pour se laisser prendre aux finesses un peu lourdes de son héritier. Je n'ai garde de m'arrêter au récit des conquêtes nombreuses et faciles d'un prince très-galant et peu délicat ; mais l'histoire ne peut laisser dans le silence le nom d'une femme qui, pour appartenir à la chronique scandaleuse, n'en joua pas moins un rôle politique important, à la fin du siècle dernier.

Il y avait à Berlin, vers 1760, un maître de chapelle nommé Enke qui était pauvre et qui avait trois filles. L'aînée plut au prince, qui sut le lui faire comprendre; elle ne fut pas très-cruelle, son père ne fut pas très-scrupuleux, et cette union peu légitime fut formée vers l'époque du mariage du prince d'Orange avec Wilhelmine de Prusse ; pour n'être guère orthodoxe, elle n'en fut pas moins très-orageuse. La nouvelle favorite, impérieuse et violente, traitait mal ses sœurs. Le prince royal crut devoir prendre le parti de la cadette ; ses conseils furent mal reçus, une rupture s'ensuivit. Mademoiselle Enke s'en consola bien vite ; elle retrouva un adorateur qui fut remplacé par beaucoup d'autres, et se rendit à Paris, où elle devint célèbre sous le nom de la « belle Polonaise ». Le prince royal était trop bon Allemand pour ne pas mêler la morale à ses aventures. Il s'avisa de prendre soin de la sœur abandonnée. Wilhelmine Enke, très-douce, très-aimable, semblant très-naïve, sut lui inspirer une pitié profonde, qui se changea bientôt en une véritable affection. Il résolut de se charger de son éducation, la fit élever très-sérieusement et lui donna les meilleurs maîtres. Il s'aperçut un jour qu'elle devenait belle, et le lui déclara. Elle ne s'indigna pas de cet aveu ;

mais ses goûts modestes et tranquilles disparurent avec sa vertu. Le prince dut contracter des dettes et eut sans cesse recours aux emprunts. Frédéric le Grand l'apprit et s'en indigna. Il ne comprenait guère l'amour, mais n'admettait pas l'amour ruineux. Wilhelmine Enke dut, par ordre supérieur, aller rejoindre, à Paris, sa sœur aînée, qui se réconcilia avec elle quand elle la sut chassée comme elle. Il n'y avait rien de changé en France qu'une belle Polonaise de plus. En Prusse, le prince royal ne crut pouvoir mieux se venger qu'en prodiguant à vingt personnes les hommages qu'il réservait auparavant à une seule. La morale ne profita guère de ce changement, et les richesses du vieux roi n'en furent pas moins menacées. Frédéric le Grand s'avisa que des « femmes telles que la Enke » « étaient trop ignorantes, trop apathiques, trop bonasses pour s'occuper de politique », et proposa le retour de celle qu'il avait lui-même renvoyée. Il y eut, à cette occasion, toute une négociation diplomatique à laquelle prit part, au nom du Roi, un conseiller d'État, nommé Philippi. Ce pacte de famille d'un nouveau genre fut conclu sous des formes solennelles. Pour montrer jusqu'où allait sa condescendance, Frédéric voulut bien offrir à sa nièce de la main gauche une jolie maison où, pendant quelques années, elle donna l'exemple de toutes les vertus domestiques. Le roman semble fini. Mademoiselle Enke, mère de trois enfants, se croyait assurée d'une fidélité presque conjugale, lorsque le prince se laissa toucher par les doctrines d'une secte religieuse qui n'admettait de nouveaux membres que sur un certificat de bonnes vie et mœurs. Mademoiselle Enke était un obstacle à la réception du prince royal. Il sacrifia mademoiselle Enke. Puis, pour se mettre et pour la mettre à l'abri des tentations, il la maria, en sa qualité de pontife du nouveau culte, à une sorte de valet de chambre nommé Rietz, fils, dit-on, d'un jardinier. Madame Rietz, qui n'avait cédé qu'à regret aux ordres de son royal amant, n'obéit pas pendant longtemps aux commandements du Décalogue ; le prince, une fois monté sur le trône, revint à ses anciennes amours, tout en restant *illuminé*, et ne sut pas cacher sa nouvelle flamme à celle qu'il honora du titre de comtesse de Lichtenau.

C'est bien souvent dans la vie privée d'un homme qu'il faut chercher le secret et l'explication de sa vie publique. Rien ne peint mieux Frédéric-Guillaume que sa conduite en cette aventure, et ce récit un peu long d'un épisode assez scabreux est plus propre que bien des portraits à faire comprendre son caractère et les hésitations de sa politique.

Quels que fussent les torts du nouveau roi envers sa femme, la très-estimable princesse de Hesse, son avénement au trône n'en fut pas moins regardé avec joie par ses nouveaux sujets. Le prince royal avait été populaire, le Roi devint bientôt le « bien-aimé », surnom qui semble réservé aux monarques qui ne se sont guère piqués de fidélité conjugale. L'aspect physique de Frédéric-Guillaume, sa force remarquable, son goût pour les exercices du corps et les plaisirs peu délicats, n'étaient pas pour déplaire à une nation qui préfère la violence à la finesse. « C'était le vrai type d'un roi, dit M. de Metternich ; sa taille était gigantesque, et sa corpulence à l'avenant ; dans toutes les réunions il dominait de la tête la foule qui l'entourait. » M. d'Esterno, ministre de France en Prusse, assure « qu'il avait la taille et la forme d'un cent-suisse », tandis qu'un diplomate autrichien voit en lui « une machine de chair ». Autre qualité qui plaisait fort à ses compatriotes, « il affectait de ne parler qu'allemand, de détester la France, les Français, leur frivolité, leurs principes, leur littérature, de combattre leur domination et de condamner leurs mœurs[1] ». Ajoutez que ce prince très-soucieux de la morale publique alla jusqu'à chasser de Berlin les comédiennes françaises, qu'il accusait de détruire l'innocence de ses sujets.

La mort du grand Frédéric n'avait pas troublé l'Europe, qui depuis longtemps n'avait pas joui d'un calme pareil. Les troubles de la Hollande

---

[1] M. Sorel.

semblaient seuls un grave sujet d'inquiétude. L'empereur Joseph avait pu mécontenter par ses réformes une partie de la noblesse et du clergé dans le Brabant, l'Autriche en voulait encore à la France d'avoir déjoué ses vues sur l'Escaut et sur la Bavière; en Orient, les Turcs et les Russes se reprochaient, par vieille habitude, de fréquentes infractions aux traités, mais ce n'étaient là que des nuages peu menaçants, et le ciel politique avait rarement paru plus serein. Frédéric-Guillaume II, qui venait de se séparer de madame Rietz, sembla d'abord vouloir être sage dans la vie publique comme dans la vie privée. Après avoir contemplé, non sans une émotion triste et profonde, le cadavre de celui qui l'avait élevé, il déclara qu'il ouvrirait lui-même les dépêches du feu Roi et qu'il y répondrait en personne. Par d'intelligentes réformes, par des mesures énergiques contre des agents prévaricateurs, par de nombreuses visites dans les provinces, il mérita l'approbation générale. On le félicitait un jour d'un acte de justice : « Je n'ai fait que mon devoir, se contenta-t-il de répliquer. C'est la devise de mon ordre : *Suum cuique.* » Il répondit à des courtisans ambitieux qui voulaient le diriger : « J'ai souffert seul, je gouvernerai seul », et affirma que dans ses relations avec l'étranger, comme dans l'administration de son royaume, il ne s'inspirerait que de la justice et de la probité.

Dès son avénement au trône cependant, il crut devoir prendre dans les affaires de Hollande un ton différent de celui qu'avait employé son oncle. Cinq jours après la mort du grand Frédéric, il écrivait au baron de Goltz, son ambassadeur à Paris, pour le féliciter de « son énergie et de sa dextérité dans des circonstances si critiques », et, malgré le style un peu confus d'une très-longue dépêche diplomatique, montrait clairement la part active qu'il entendait prendre dans les luttes intérieures des provinces. Pour lui, la résolution par laquelle les États de Hollande avait enlevé le commandement de la Haye au Stathouder « était aussi illégale que hardie ». Il avait été heureux d'apprendre que « Sa Majesté Très-Chrétienne désapprouvait entièrement une mesure prise par dix médiocres villes contre neuf beaucoup plus considérables, mesure entièrement contraire aux droits et prérogatives héréditaires conférés au prince stathouder, et qui ne tendait pas à moins qu'à la destruction entière du Stathoudérat ». Les cours de Versailles et de Berlin ne pouvaient-elles pas s'entendre, puisque M. de Vergennes avait cru devoir blâmer la conduite de Vérac? Ne pouvait-on pas faire changer « la susdite résolution »? Le Roi croyait avoir trouvé « un biais et expédient propre à amener ce but. » Les États restitueraient « le commandement au prince stathouder, sous la réserve que ce serait sans conséquence, et qu'ils pourraient donner eux-mêmes et directement à la garnison de la Haye les ordres qu'ils trouveraient nécessaires pour le bien public, dans les cas particuliers et présents ». Frédéric-Guillaume se portait fort pour la loyauté de son neveu : « Le prince n'abuserait jamais des prérogatives du Stathoudérat, n'aspirerait jamais à étendre ses prérogatives légitimes, suivrait exactement le système adopté par la République, et exécuterait strictement et sans aucun détour les résolutions et mesures constitutionnelles du souverain de chaque province. » Le Roi concluait en rappelant les bons et anciens rapports de la France et de la Prusse, rapports que pour sa part il désirait beaucoup continuer. « Si Sa Majesté Très-Chrétienne se trouvait dans ces dispositions, elle pourrait m'en donner la preuve la plus convaincante dans cette occasion en se prêtant, d'une manière efficace et suivie, à ce que je prends la liberté de lui proposer. Je lui en aurai la plus grande obligation et je ne manquerai pas de lui en témoigner en toute occasion ma reconnaissance aussi parfaite que sincère. Vous lirez cette dépêche au comte de Vergennes, vous pourrez même lui en donner un extrait s'il le demande[1]. »

La lettre de créance adressée le 2 septembre par Frédéric-Guillaume aux États-Généraux pour

---

[1] Affaires étrangères. Copie de la lettre écrite par le roi de Prusse à M. le baron de Goltz, le 22 août 1786.

accréditer auprès d'eux le comte de Goertz, était encore plus nette et plus explicite. Le Roi ne craignait pas de parler « des oppressions inouïes que le prince avait dû souffrir si innocemment », et rappelait « que, dans différentes missives, Son Altesse le prince stathouder héréditaire avait représenté d'une manière aussi convaincante que circonstanciée la dureté de l'infraction éprouvée dans ses prérogatives ». Dans une lettre adressée aux États de Hollande et mise à l'écart par une résolution souveraine en date du 17 août, Guillaume V, en effet, avait été jusqu'à dire : « Vos N. et G. Puissances ne doivent pas nous savoir mauvais gré, si nous persistons à regarder une résolution si déshonorante comme si elle n'avait jamais été prise à notre égard. »

Les déclarations de Frédéric-Guillaume II, comme les récriminations de son beau-frère, restèrent inutiles. Les États de Hollande ne revinrent pas sur leur première décision. Quelques jours avant la mort du grand Frédéric, sir James Harris avait écrit à M. Ewart : « Tout prouve l'utilité de l'attente. « La poire n'est pas mûre » est un dicton favori de votre vieux roi. Remercions-le de nous l'avoir enseigné[1]. » Mais la politique sage et prudente recommandée par le ministre d'Angleterre ne pouvait convenir au Stathouder, ni aux orangistes.

---

[1] Sir James Harris à M. Ewart, 8 août 1786. *Diaries*, II, 210.

L'effort constant des princes d'Orange avait toujours tendu à réduire l'autorité souveraine des provinces et des villes. En 1674, à la suite de l'invasion française, Guillaume III, grâce à de savantes combinaisons et à des mesures violentes, était parvenu à s'emparer du droit de nommer les magistrats municipaux dans la Gueldre, l'Utrecht et l'Over-Yssel, sous prétexte de punir ces trois provinces de leur trop faible résistance à l'ennemi. Ce droit du Stathouder, connu sous le nom de règlement de 1674, toujours très-contesté et contraire au texte même de la Charte fondamentale des Provinces-Unies, assurait au prince, presque en tous cas, la majorité dans trois provinces sur sept. Les successeurs de Guillaume III n'osèrent pas tenter contre la Hollande un coup d'État du même genre ; mais sous le nom de « lettres de recommandation » ils adressèrent aux villes la liste des candidats qui leur plaisaient, et les partisans de la cause orangiste transformèrent bientôt en « droit de recommandation » cet usage auquel la plupart des villes ne purent se résoudre à obéir. En Gueldre même, le règlement de 1677 rencontrait une opposition toujours vive, parfois acharnée. Dans cette province plus que dans toute autre, la noblesse avait une part considérable au maniement des affaires publiques, et l'ordre équestre, malgré les efforts de quelques familles, entre lesquelles se distinguait celle des Capellen de Marsh, était favorable en principe aux mesures proposées par le Stathouder. Le parti *patriote* ne parvenant pas à triompher dans les États, s'était décidé à provoquer dans la bourgeoisie un mouvement, qui s'était traduit par l'envoi de nombreuses adresses. Ces adresses, recouvertes de milliers de signatures, avaient pour défenseur le baron de Capellen de Marsh, auquel son courage et son ardeur attiraient la haine des orangistes. On alla jusqu'à proposer de l'exclure de l'assemblée. Le Stathouder s'opposa à cette mesure. « Il faut rester tranquille », dit-il, « parce qu'il n'y en a pas encore assez pour lui faire trancher la tête[1]. » Les États effrayés par le nombre et le ton des adresses qui leur étaient présentées, prirent une résolution, par laquelle ils supprimèrent la liberté de la presse et interdirent aux bourgeois d'adresser en corps des pétitions au souverain.

Il semble étrange de parler de la liberté de la presse en 1786. Beaucoup d'historiens font dater pour toute l'Europe toutes les libertés de la Révolution française ; beaucoup de politiques prétendent qu'avant 89 la parole et la pensée étaient partout arrêtées et emprisonnées. C'est là, je crois, une erreur profonde. Il n'est pas plus vrai de dire que tous les hommes naissaient muets et sourds sous l'ancien régime, qu'il n'est exact de prétendre

---

[1] Le marquis de Vérac, 20 juin 1786.

qu'on pouvait tout écrire et tout imprimer en 1793. La liberté parfaite n'est pas de ce monde, mais l'esclavage n'a pas toujours existé sur toute la terre. On peut douter que sous la Terreur on fût plus heureux que sous Louis XVI, et dans les Pays-Bas, même avant la période révolutionnaire, les journalistes jouissaient d'un franc parler que n'eussent assurément pas dédaigné André Chénier et Camille Desmoulins lui-même. Il suffit pour le prouver des quelques extraits déjà cités. Le *Courrier du Bas-Rhin* continuait à attaquer avec la dernière violence la France et les *patriotes*. MM. de Vergennes et de Vérac n'étaient pour lui que des stathouders au service de Louis XVI. Ce n'était pas, on le pense bien, contre le *Courrier du Bas-Rhin* qu'étaient dirigés les édits des États de Gueldre. Ils furent reçus avec indignation. La petite ville d'Elburg alla jusqu'à refuser de les publier. Hattem, une autre bien petite ville, protesta avec éclat contre la nomination d'un échevin que le Stathouder voulait lui imposer. C'était un de ses gardes du corps qu'il désirait honorer d'une magistrature civile. « Les habitants, dit Vérac, ne virent dans cette nomination qu'un abus intolérable d'autorité et refusèrent de recevoir un pareil magistrat[1]. » Le Stathouder se montra très-irrité de cette résistance. « J'ai été lundi à Loo et

[1] Le marquis de Vérac, 5 septembre 1786.

j'en suis revenu hier matin », écrivait sir James Harris[1]. « Rien ne peut être plus aimable que l'accueil reçu par lady Harris et par moi. Les États de Gueldre devaient se rassembler le lendemain à Nimègues. Presque tous les membres étaient réunis à Loo. Le Stathouder s'est enfermé avec moi dès mon arrivée. Il m'a dit les mesures qu'il avait prises et celles qu'il conseillait aux États de Gueldre. Les idées générales du prince et de la princesse sont les mêmes, mais la princesse incline vers la Prusse, et le prince est entièrement et décidément Anglais. Dans un discours de près d'une heure, avec une grande précision d'idées et une mémoire remarquable, il m'a rappelé sa conduite depuis l'année 1778. Il a signalé les fautes qu'il avait commises. J'avoue que son ton, ses manières, son énergie m'ont donné des espérances que je n'aurais jamais osé concevoir. »

Les principes décidément anglais du Stathouder amenaient, on le voit, sir James Harris à juger moins sévèrement le prince envers lequel il s'était montré si dur. C'était par la force que le Stathouder voulait réduire Elburg et Hattem, après avoir fait déclarer par les États que ces deux villes avaient violé la Constitution. Dans ce but il avait eu soin d'éloigner de la Gueldre les régiments à la solde de la Hollande, et de les remplacer par

---

[1] Sir James Harris au marquis de Carmarthen, 1er sept. 1786. *Diaries*, II, 211. Lady Harris était fille de sir George Amyand.

d'autres troupes sur lesquelles il pouvait compter. « Ces nouvelles sont arrivées ici le dimanche 3 de ce mois », écrivait de la Haye M. de Vérac, le 5 septembre 1786, « et y ont produit une impression très-vive. Les États de Hollande qui s'étaient ajournés pour jeudi prochain ont été rassemblés hier par une convocation extraordinaire[1]. » La séance des États fut longue et solennelle. Elle débuta par la lecture des pétitions en faveur des villes menacées ; ce n'étaient pas seulement de nombreux habitants d'Amsterdam, Rotterdam et la Haye qui les avaient signées[2]. M. de Capellen et cinq autres députés de la Gueldre s'adressaient eux-mêmes aux États de Hollande « qui vu leur rang dans l'Union étaient intéressés plus que tout autre à maintenir la constitution de la République ». Gyslaer se leva alors et demanda, avant de commencer son discours, que l'*acte d'indemnité* fût lu publiquement. Cet acte voté en 1663, sur la proposition de Jean de Witt, n'était rappelé que dans les plus graves circonstances. « Il autorisait tout membre, s'il jugeait les États en danger, à tenir sur tout homme et toute mesure tel langage qu'il lui conviendrait, sans que sa personne, celle de ses enfants ou des membres de sa famille pût être punie dans le présent ou dans l'avenir, en raison

---

[1] Le marquis de Vérac au comte de Vergennes.
[2] Sir James Harris au marquis de Carmarthen. La Haye, 5 sept. 1786. *Diaries*, II, 226.

des paroles qu'il prononcerait. » La demande de Gyslaer ayant été adoptée, il rappela que tous les malheurs de la République pouvaient être attribués au stathouder Guillaume V. Après s'être étendu sur la conduite du prince lors de la guerre avec les Anglais, il fit allusion à la dernière lettre par laquelle il contestait aux États leur droit de souveraineté. Puis comparant les conciliabules de Loo à ceux qu'avait tenus deux cents ans auparavant le duc d'Albe, Gyslaer conclut ce discours que sir James Harris déclarait « le plus incendiaire qui eût jamais été prononcé devant les États[1] », en proposant : 1° d'écrire aux États de Gueldre pour les engager à revenir sur leur décision, et leur déclarer que la Hollande ne pourrait se refuser à défendre la liberté publique menacée; 2° d'adresser une lettre aux autres provinces pour leur demander de se joindre à la Hollande; 3° de demander en termes énergiques à Guillaume V quelle était son opinion et quelle conduite il entendait tenir[2]. Les deux premières propositions passèrent sans difficulté, la troisième qui obtint quinze voix rencontra l'opposition momentanée du corps équestre et de trois villes, parmi lesquelles Amsterdam. Elle fut votée le lendemain.

La réponse du Stathouder ne se fit pas longtemps attendre. Sans s'arrêter aux prières des députés de

---

[1] *Diaries*, II, 226.
[2] Vérac, 5 sept. 1786.

l'Over-Yssel « qu'il reçut, dit Vérac, avec une grossièreté dont on ne se fait pas d'idées, en jurant et en leur donnant des épithètes dont je me garderai bien de salir le papier », il donna l'ordre aux troupes de châtier les villes rebelles.

Sous les ordres du général Sprengelaer, les soldats stathoudériens se mirent en marche le mardi, vers les onze heures du matin, la cocarde orange à leurs chapeaux, aux cris de : « Vive Orange ! Orange au-dessus ! Patriotes au-dessous ! » Les habitants d'Elburg ne se sentant pas assez forts pour résister se décidèrent à l'émigration. Les femmes, les enfants, les vieillards se mirent en marche sous la direction des hommes en état de porter les armes, et quittèrent leur ville natale, abandonnant leurs demeures et leurs biens à la colère de l'ennemi. Quand les troupes stathoudériennes parurent devant Elburg, elles le trouvèrent sans défense ; une compagnie d'infanterie s'empara sans lutte des maisons désertes, et occupa, au nom des États de Gueldre, une ville qui semblait morte [1].

Les bourgeois d'Hattem voulurent tenter la résistance. Ils répondirent à l'envoyé du général Sprengelaer qui ne leur donnait que trois heures pour se rendre, qu'ils se défendraient jusqu'à la

---

[1] Sir James Harris, 8 sept. 1786. *Diaries*, II, 229.
Le marquis de Vérac, 8 sept. 1786.
Cuillard, *Décade*, page 71.

dernière extrémité, et que plutôt que de se soumettre, ils mettraient eux-mêmes le feu à leur ville. L'attaque commença aussitôt. Les canons stathoudériens furent braqués sur la ville, qui répondit par la décharge de quelques petites pièces. La porte principale fut bientôt enfoncée, et le commandant des troupes orangistes donna l'ordre de lancer quelques obus. Les défenseurs d'Hattem, sentant l'inutilité de leurs efforts et d'une plus longue résistance, s'empressèrent de faire passer leurs familles dans la province d'Over-Yssel, dont ils n'étaient séparés que par un pont, et se déclarèrent prêts à capituler. La ville fut immédiatement livrée au pillage ; les quelques habitants qui n'avaient point voulu quitter leurs demeures furent violemment maltraités ; les maisons forcées et dévastées ; les caisses publiques enlevées. Ce glorieux fait d'armes, qui n'avait coûté que quelques hommes, exalta l'orgueil des orangistes, indigna les *patriotes* et la France.

Sir James Harris pouvait bien parler « de la grande humiliation imposée à la faction », l'effet produit par cette première tentative de guerre civile ne fut pas favorable à Guillaume V. Les habitants d'Elburg et d'Hattem adressèrent aux États de Hollande une requête solennelle où, après avoir rappelé « qu'il serait difficile de trouver dans ce siècle parmi les nations policées, même en guerre », un autre exemple de violences semblables à celles qu'ils avaient subies, ils concluaient en ces termes : « Nous supplions Vos N. et G. P. par le sang de vos pères et des nôtres, par les froides reliques des fondateurs de notre République, les vainqueurs de Philippe et du duc d'Albe, d'accourir à temps à notre secours, de prendre nous, nos épouses, nos enfants, nos possessions sous votre protection particulière, expresse et efficace. » Au reçu des nouvelles de Hollande, M. de Vergennes ne craignit pas d'écrire au marquis de Vérac : « Vous pouvez ajouter, Monsieur, que je n'hésite pas à regarder la démarche de M. le prince de Nassau comme une véritable rébellion, et que la conduite qui a été tenue aux États de Hollande me paraît être de la plus grande sagesse[1]. » Le jour même où les États avaient appris les événements d'Elburg et d'Hattem, ils avaient adressé au prince d'Orange une lettre pour lui déclarer que s'il ne « se désistait pas de ses mesures violentes, ils seraient forcés de le suspendre de toutes ses charges ». C'était la lutte définitivement engagée. Sir James Harris ne pouvait plus se plaindre de la lâcheté et de la mollesse des stathoudériens. La cour de Prusse elle-même, malgré ses déclarations pacifiques à Versailles, semblait disposée à une action décisive. Lord Darlymple, ministre d'Angleterre à Berlin, écrivait à son collègue de la Haye le récit d'une

---

[1] Vergennes à Vérac, 11 sept. 1786. Hollande, 569, n° 61.

conversation qu'il avait eue avec le duc de Brunswick, non l'ancien tuteur de Guillaume V, mais le brillant compagnon d'armes du grand Frédéric : « Il m'a parlé », disait lord Darlymple, « des mesures à prendre dans le cas où l'emploi de la force serait nécessaire. Il désire savoir si l'on pourrait susciter en Hollande une insurrection en faveur du prince. Si on le pouvait, il croit qu'un coup *soudain et inattendu* frappé de suite avec *une petite force*, ferait plus d'effet que si l'on attendait de former une nombreuse armée, en donnant le temps à la France et à la Hollande de se préparer à la résistance[1]. » Le comte de Goertz, envoyé à la Haye par le roi de Prusse, ne quittait guère sir James Harris : « Les intentions de la cour de Berlin sont devenues si alarmantes », écrivait Vérac, « que l'influence prussienne et l'influence anglaise sont mises sur la même ligne et excitent autant l'une que l'autre la crainte et la vigilance des patriotes[2]. » M. de Vergennes, en réponse à cette dépêche, recommandait à l'ambassadeur de France de se tenir sur la réserve vis-à-vis de M. de Goertz, et de lui déclarer « que le Roi croirait froisser la République en s'immisçant dans une querelle purement domestique, querelle, d'ailleurs, dans laquelle M. le prince de Nassau a des torts que rien ne sau-

[1] Lord Darlymple à sir James Harris, 2 sept. 1786. *Diaries*, II, 224.
[2] Vérac, 12 sept. 1786.

rait justifier ni même affaiblir[1] ». Quelle que fût la réserve de M. de Vérac, il ne pouvait refuser de recevoir M. de Goertz, qui vint bientôt le trouver pour « se jeter dans des lieux communs et des déclamations vagues contre les États de Hollande et le parti républicain. J'ai reconnu dans tout ce qu'il m'a dit l'inspiration anglaise de stathoudérienne[2] », ajoutait M. de Vérac. L'ambassadeur de France ne se trompait pas. Avant de venir le voir, comme après sa visite, M. de Goertz avait eu une conférence avec sir James Harris qui se hâtait d'en informer le cabinet britannique. « Le comte de Goertz m'a quitté pour aller chez l'ambassadeur de France », écrivait-il, « et est revenu chez moi, le soir, pour me faire un récit de ce qui s'était passé entre eux. Il a parlé en termes très-clairs à M. de Vérac; il lui a dit qu'il était envoyé pour examiner avec calme et modération la conduite des patriotes vis-à-vis du prince d'Orange. M. de Vérac lui a répondu qu'il n'avait pas à lui donner d'autre réponse que celle qu'il venait de recevoir par le courrier : Que le roi de France ne voulait pas s'immiscer lui-même dans le gouvernement intérieur de la République, mais qu'étant devenu son allié, il était garant de sa liberté, de son indépendance et de sa constitution, aussi bien que de ses possessions. Le comte de Goertz lui a

---

[1] Vergennes à Vérac, 18 sept. 1786.
[2] Vérac à Vergennes, 19 sept. 1786.

répliqué que ce langage impliquait plus qu'un refus, et qu'il craignait que sa première conférence avec Son Excellence ne fût la dernière. L'ambassadeur a répliqué qu'il espérait le contraire[1]. » Les rapports se tendaient, on le voit, même entre la France et la Prusse.

La question d'Elburg et d'Hattem n'était pas la seule qui amenât un profond désaccord entre le prince et les États de Hollande. Dans la province d'Utrecht, comme dans celle de Gueldre, les corps de bourgeoisie supportaient avec peine le règlement qui donnait ou Stathouder le droit de choisir les magistrats municipaux ; ils demandaient la réforme d'une mesure qui leur paraissait contraire à la liberté. Sous la direction d'un jeune jurisconsulte nommé Quint Ondaatje, les patriotes d'Utrecht saisissaient toutes les occasions de réclamer leurs anciens droits. Ils allèrent, un jour, jusqu'à se rassembler au nombre de cinq mille devant l'hôtel de ville d'Utrecht. Ils étaient tous calmes et sans armes, mais déclarèrent qu'ils ne se sépareraient pas avant d'avoir obtenu ce qu'ils désiraient. Pendant treize heures, avec un flegme et une patience vraiment remarquables, ils restèrent sur la place, sans faire de bruit, sans causer le moindre désordre. Le Conseil d'Utrecht, ému de cette manifestation pacifique, consentit à accéder aux pro-

---

[1] Sir James Harris au marquis de Carmarthen, 15 sept. 1786. *Diaries*, II, 232.

positions de la bourgeoisie, mais sous la réserve que les États de la province devraient accepter la réforme. Les conseillers d'Utrecht étaient prudents, mais n'étaient pas très-loyaux. Ils cherchèrent bientôt à revenir sur leurs concessions. La bourgeoisie eut de nouveau une réunion publique ; elle créa un corps de commissaires chargés de défendre ses droits, auxquels elle délégua ses pouvoirs, et publia une déclaration par laquelle elle annonçait sa ferme intention d'abolir le règlement de 1674. Elle alla plus loin encore. Le 7 août 1786, en présence d'un immense concours d'habitants et d'étrangers venus pour assister à un spectacle aussi curieux que nouveau, elle se forma en assemblée populaire sur la grande place de la ville, qu'occupaient huit compagnies rangées en cercle. Les conseillers de la ville furent invités à pénétrer dans ce cercle et à adhérer au nouvel ordre de choses. Trente refusèrent, sept seulement acceptèrent les changements proposés. Par une décision solennelle, la bourgeoisie destitua les trente opposants, mais sans les priver des autres charges qu'ils occupaient, et installa en grande pompe le collége des commissaires destinés à protéger ses intérêts. Tous ces événements se passèrent dans le calme le plus profond.

Les États d'Utrecht ne virent pas d'un œil indifférent cette révolution pacifique. Composés de trois ordres : l'un représentant la noblesse, l'autre le clergé et le troisième les villes ; ils ne s'opposaient que rarement aux prétentions du Stathouder. « Je crois », écrivait sir James Harris, le 12 septembre, « que la conférence entre les États de Gueldre et ceux d'Utrecht se terminera par la résolution d'attaquer sans perdre de temps la ville d'Utrecht. La conduite des *corps francs* témoigne d'autant de crainte que de désir de se défendre. Ils ont détruit tous les ponts, sauf deux, et se sont réunis au nombre de huit mille[1]. » Ces *corps francs* dont parle sir James Harris étaient une sorte d'armée volontaire recrutée parmi les *patriotes* et soutenue par eux. Les orangistes s'étaient efforcés sans grand succès de copier cette organisation. « La France et la faction se livrent à un travail incessant dans les Provinces », continue sir James Harris, « l'Over-Yssel et Groningue sont perdues pour nous, je le crains. La France a prodigué l'argent à pleines mains. Elle a dépensé plus de trois millions de livres dans les trois dernières semaines. » On eût, sans doute, un peu étonné M. de Calonne, contrôleur des finances, en lui disant que le Trésor était assez riche pour verser aussi souvent d'aussi fortes sommes aux fonds secrets. Sir James Harris ignorait peut-être que les patriotes, en dehors de l'organisation des *corps francs*, avaient imaginé une souscription destinée à rem-

---

[1] Sir James Harris au marquis de Carmarthen, 12 sept. 1786. *Diaries*, II, 201.

plir les caisses du parti. On pouvait être souscripteur ou donateur de l'œuvre. Les souscripteurs étaient tenus de verser de un à cinq florins. Les donateurs n'étaient pas taxés et pouvaient fixer eux-mêmes le chiffre de leur contribution.

« C'est une manière très-adroite d'exciter la générosité des riches », remarquait M. de Vérac. Avant même la fondation de la caisse, M. de Berkenrode[1], fils de l'ambassadeur des États à Paris, avait mis sa grande fortune à la disposition des *patriotes,* en autorisant la petite ville de Wyck à tirer sur son banquier toutes les sommes qui seraient nécessaires au parti.

Avant de statuer définitivement sur le sort du Stathouder, les États de Hollande avaient ordonné aux troupes à leur répartition de quitter les autres provinces et de se réunir pour leur propre défense. On entendait alors par troupes à la répartition d'une province, les troupes spécialement entretenues par elle. Les États-Généraux étaient chargés de faire cette distribution.

La Hollande, contribuant pour près de 60 p. 100 aux dépenses militaires, avait par cela même à sa répartition plus de la moitié de l'armée commune. « On se demande beaucoup », dit sir James Harris, à la date du 8 septembre, « si les comman-

---

[1] Willem-Anne Lestevenon, sieur de Berkenrode, député aux États-Généraux. Son père fut, pendant quarante-deux ans, ambassadeur des Provinces-Unies à Paris.

dants des régiments obéiront à ces ordres. J'ai, quant à moi, déclaré à plusieurs militaires qui me consultaient sur ce point, qu'en cas d'obéissance, les officiers me semblaient passibles de la loi martiale et du piquet d'exécution. » Les États de Hollande, pour ne pas s'exposer à des refus, n'hésitèrent pas à en appeler aux États-Généraux, qui leur accordèrent douze régiments cantonnés dans la Généralité. Les stathoudériens regardèrent cette démarche de la Hollande comme un triomphe pour leur cause. Cette fière province, pour se faire obéir, était forcée d'avoir recours aux États-Généraux. Sir James Harris, dont le ferme bon sens voyait les choses de plus loin, n'était pas de cet avis. Il regardait l'acquiescement des États-Généraux à la requête des États de Hollande, comme une mesure de faiblesse et de mauvais conseil. L'attitude de la Prusse lui plaisait fort au contraire : « Il n'est pas à présumer qu'elle se rétracte », écrivait-il à son collègue de Berlin, lord Darlymple ; « la dignité du Roi est en jeu. Le caractère de son règne sera fixé par cette première et importante mesure. S'il n'y a pas quelque accord entre la France et l'Autriche, si l'échange de la Bavière n'est pas en quelque sorte conclu contre la promesse de l'Empereur de laisser la Hollande à la France, cette dernière joue un jeu qui n'est pas moins dangereux que faible. » Malgré ces assertions, sir James Harris ne cessait d'insister sur les progrès des *patriotes*.

La Zélande elle-même, sur laquelle il avait fondé tant d'espérances, semblait hésiter et paraissait favorable à la France. C'était toujours à de nombreux louis d'or distribués à propos, que le ministre d'Angleterre attribuait ce changement. En Hollande, malgré une lettre du Stathouder, « pleine de dignité et de bon sens », d'après sir James Harris, où il se déclarait prêt à obéir aux ordres des États-Généraux, mais déclinait toute responsabilité quant à la défense de frontières dépourvues de troupes, les États avaient maintenu leur première décision. « C'est la troisième fois depuis dix jours », déclare sir James Harris, « que les patriotes doivent leur triomphe, non à la supériorité de leur talent, mais à la faiblesse et à la timidité de leurs adversaires[1]. »

« Le parti républicain, malgré l'obstacle qu'il s'occupe à surmonter, n'est pas loin d'atteindre le but qu'il s'est proposé[2] », écrivait de son côté M. de Vérac au comte de Vergennes. Le vendredi 27 septembre, les États de Hollande donnaient raison à l'ambassadeur de France, « en suspendant provisionnellement M. le prince de Nassau de ses fonctions de capitaine général de la Province. Cette résolution a passé à la majorité de seize voix contre deux. » La ville d'Amsterdam,

---

[1] Sir James Harris au marquis de Carmarthen, 19 sept. 1786. *Diaries*, II, 236.

[2] Vérac, 12 sept. 1786.

bien revenue de ses velléités stathoudériennes, alla jusqu'à proposer de déclarer cette mesure prise « pour les attentats sans exemple et pour le détestable emploi que le Stathouder fait des troupes[1] ». Cette rédaction ne fut pas adoptée.

« Dimanche a eu lieu chez l'ambassadeur de France une réunion des chefs du parti », disait sir James Harris, dans sa dépêche du 26 septembre. « J'ai toute raison de croire qu'ils ont l'intention de déclarer le Stathouder ennemi de la République, et non-seulement de le priver de sa haute fonction, mais encore de déclarer qu'elle n'est plus héréditaire dans sa famille[2]. » Sir James Harris ajoutait que M. de la Coste, gendre du marquis de Vérac, et secrétaire de l'ambassade, n'avait pas craint de « tenir à peu près ce langage au comte de Goertz, à la grande indignation de celui-ci. Loin de chercher à déguiser les intentions de la France ou à modifier ses expressions, M. de la Coste semble avoir choisi celles qu'il savait devoir offenser le ministre de Prusse. Il a appelé le prince d'Orange, M. de Nassau ; il a dit que le stathoudérat héréditaire était trop nouveau pour avoir acquis une sanction constitutionnelle, qu'il n'avait jamais eu l'approbation de toute la République, et que, créé par une révolution, il pouvait être détruit par une révolution. Le comte de Goertz a été justement

---

[1] Vérac, 20 sept. 1786.
[2] Sir James Harris au marquis de Carmarthen. *Diaries*, II, 238.

irrité de ce langage inconvenant. » M. de la Coste allait peut-être un peu loin dans l'ardeur de ses sentiments patriotes ; M. de Goertz dépassait certainement la mesure en appelant la résolution des États « une insulte faite à son maitre ». — « Il prend le ton absolument comminatoire », écrit Vérac à M. de Vergennes, « fait disséminer le bruit de cent mille Prussiens prêts à fondre sur la République et persévère dans ses liaisons exclusives avec M. Harris[1]. » L'intimité absolue des ministres de Prusse et d'Angleterre était trop grande, aux yeux mêmes du marquis de Carmarthen. L'élégant Carmarthen, ainsi que l'appelait Wilberforce, n'avait guère le goût des aventures. « C'est un homme aimable et modeste », remarquait le ministre d'Amérique, John Adams, « fort poli avec tout le monde et fort estimé par les ministres étrangers autant que par sa nation, mais ce n'est pas un ministre entreprenant[2]. »

« Quelque ardeur qu'apporte le comte de Goertz à amener une alliance plus intime entre les deux cours », écrivait lord Carmarthen, « il est, quant à présent, impossible de nous jeter dans un engagement d'où pourraient résulter pour ce pays les circonstances les plus embarrassantes. Pour ce qui regarde le Stathouder, je ne vois pas moyen de le servir auprès des Provinces, alors que ceux sur le concours desquels il pouvait compter semblent

---

[1] Le marquis de Vérac, 26 sept. 1786.
[2] STANHOPE, *Vie de Pitt*, I, 319.

avoir adopté cette lâcheté et cette faiblesse que si souvent ils ont condamnées en lui. C'est à la France de décider si la maison d'Orange doit être sacrifiée, plus encore pour plaire à la vengeance que pour contribuer à la sécurité de persécuteurs, qui doivent toute leur puissance à la cour de Versailles. Quelque intérêt que le Roi porte à l'indépendance et au bien réel de la République, *il ne peut risquer de se compromettre par des mesures qui pourraient conduire à une guerre immédiate*[1]. » En répondant à son supérieur hiérarchique, sir James Harris avait bien soin de se défendre contre l'accusation d'une trop grande intimité avec M. de Goertz : « Je crois que la fin lui prouvera que je n'ai pas été sa dupe, et mieux que le vieux Danois en parlant à la mer, je puis lui dire : Tu iras jusque-là, et pas plus loin[2]. »

Ce n'est pas seulement dans le caractère conciliant du marquis de Carmarthen qu'il faut chercher la raison du langage modéré de la cour de Saint-James. Le jour même où l'aimable ministre de George III adressait à sir James Harris des conseils de prudence, le traité de commerce, depuis longtemps négocié par M. Pitt, était signé par M. Eden et M. de Rayneval, plénipotentiaires de la France et de l'Angleterre. C'était un succès

---

[1] Le marquis de Carmarthen à sir James Harris. Whitehall, 26 sept. 1786. *Diaries*, II, 239.

[2] Sir James Harris, 3 octobre 1786. *Diaries*, II, 240.

réel pour le grand homme d'État qui dirigeait les affaires de l'Angleterre; il en reçut la nouvelle avec une vraie joie, bien qu'il fût profondément attristé par la mort toute récente de sa sœur lady Harriot[1]. Ce traité de commerce, qui resta en vigueur pendant douze ans, avait pour but d'abolir, dans la mesure possible, la prohibition et les droits prohibitifs. Il fut violemment attaqué par les partisans de la protection en France et en Angleterre. Tandis que les négociants de Normandie et de Picardie se déclaraient trahis par le gouvernement et accusaient le ministre du Roi d'avoir tout cédé à l'Angleterre, M. Pitt était dans son pays l'objet de récriminations ardentes et acharnées. Les pamphlétaires anglais accusaient le fils de lord Chatham de mentir à son origine et d'abandonner la cause que son père avait si éloquemment défendue. « Ce qui fait la gloire de lord Chatham[2], c'est la résistance qu'il a opposée aux forces réunies de la maison de Bourbon. Le ministre actuel a choisi une autre route pour marcher à la renommée, et la France, objet de toute l'hostilité politique de lord Chatham, est la *gens amicissima* de son fils. » Fox allait plus loin encore : « Non-seulement je doute des bons sentiments de la France à notre égard, mais je n'y crois pas. La France est naturellement l'ennemie politique de la Grande-Bretagne. » A

---

[1] STANHOPE, *Vie de Pitt*, I, 324.
[2] Pamphlet de Philip Francis.

toutes les attaques inspirées par les haines de parti, M. Pitt opposait le langage de la raison saine et sérieuse : « Je n'hésite pas à m'élever contre cette opinion trop souvent exprimée que la France est et doit rester l'ennemie irréconciliable de la Grande-Bretagne. Mon esprit se refuse à cette assertion comme à quelque chose de monstrueux et d'impossible. C'est une faiblesse et un enfantillage de supposer qu'une nation puisse être à jamais l'ennemie d'une autre. » Langage remarquable assurément et bien digne du grand orateur qui l'employait. En présence de telles paroles, Macaulay a raison de s'étonner de l'injustice des historiens français représentant M. Pitt comme un second Annibal, voué sur les genoux de son père à une haine éternelle pour la France. M. de Viel-Castel n'est pas tombé dans cette erreur. Dans un livre publié il y a quarante ans, il a soin d'indiquer ce fait étrange : Pitt défendant avec conviction l'alliance française que Fox condamne avec âpreté. On eût quelque peu étonné, en 1792, les révolutionnaires français, en leur apprenant que leur grand adversaire avait été jadis plus favorable à la France que leur éloquent défenseur.

Le prince d'Orange, qui n'avait pas les mêmes motifs que le gouvernement anglais pour désirer rester en bons rapports avec la cour de Versailles, et qui comptait chaque jour davantage sur l'appui de son beau-frère, protesta, dans une lettre quelque peu déclamatoire, contre la mesure prise à son égard par les États de Hollande. Après avoir déclaré qu'il n'avait jamais rien fait qui pût lui enlever leur confiance, il croyait devoir ajouter : « Nous pouvons témoigner devant Dieu et devant V. N. et G. P., devant tout le peuple des Pays-Bas, devant tout l'univers, que nous avons une conscience nette » sur ce sujet. Le Stathouder avait beau protester, l'effet produit par son langage n'était pas très-considérable ; et sir James Harris, qui voulait à tout prix « engager la France et la Prusse dans une lutte à main armée [1] », était forcé de reconnaître que les moyens employés par les adversaires de Guillaume V « pour rendre la Hollande maîtresse de la République et la France souveraine en Hollande semblaient leur donner toute chance de succès ». Le rhingrave de Salm, aidé d'officiers français sans nombre, mettait les fortifications d'Utrecht en état de défense régulière. Ils avaient déjà élevé une forte batterie du côté de la Gueldre. « Pendant que sir James Harris observait avec tant de soins les préparatifs militaires de la Hollande, M. de Vergennes déclarait au marquis de Vérac que la conduite de M. le comte de Goertz, diamétralement opposée au plan qui avait été communiqué par la cour de Berlin, était étrange, et exposait tellement la considération du roi de Prusse, que

---

[1] Sir James Harris au marquis de Carmarthen, 3 octobre 1786. *Diaries*, II, 240.

l'on ne saurait se persuader qu'elle eût l'approbation de ce monarque [1]. » Il revenait quelques jours plus tard sur le même sujet : « Vous pourrez, Monsieur, faire aux principaux des patriotes une lecture confidentielle de la réponse de la cour de Berlin, mais vous ne leur en remettrez ni copie ni extrait, et vous exigerez d'eux le secret le plus absolu sur cette communication... Nous désirons que notre langage à Berlin soit en tout conforme à leurs vues, et que les propositions d'accommodement que nous pourrons faire n'éprouvent pas de contradictions de leur part [2]. » La réponse de la cour de Berlin était assurément moins comminatoire que le ton de M. de Goertz : « Sa Majesté est très-éloignée de vouloir traverser le moins du monde le système et les liaisons établis entre la cour de France et la République des Provinces-Unies. Elle prie Sa Majesté Très-Chrétienne d'être très-persuadée qu'elle n'a d'autre but dans les démarches qu'elle a faites que le rétablissement de la tranquillité de l'État et le maintien du Stathoudérat dans ses parties les plus essentielles. » Sir James Harris, qui, de son poste de la Haye, suivait avec une grande finesse d'observation toutes les fluctuations du baromètre politique à Berlin, s'était bien vite rendu compte d'un temps d'arrêt dans le progrès des idées stathoudériennes à la cour

---

[1] Vergennes, 29 sept. 1786.
[2] Vergennes, Fontainebleau, 15 oct. 1786.

de Prusse. « Le parti français à Berlin dépasse le parti contraire en talent et en habileté », écrivait-il à lord Carmarthen. « Je ne veux pas dire que le comte Finck ne soit très-inférieur à M. de Hertzberg, ou que le duc de Brunswick ne soit au moins l'égal du prince Henri, mais nous n'avons pour nous ni Mollendorff, ni Kniphausen, ni Schullenberg, ni beaucoup d'autres qui, sans être des chefs, font partie de l'état-major du clan français [1]. » Il ajoutait bientôt : « Soit quelque division dans le cabinet prussien, soit quelque hésitation dans l'esprit de Sa Majesté Prussienne ont complétement empêché la mission du comte de Goertz de réussir. » La cour de Berlin est plus préoccupée de sauver sa dignité que de ressentir les outrages faits au Stathouder. Le comte de Goertz a affecté d'être très-mécontent et triste de ce manque de fermeté. Le roi de Prusse lui a écrit de Breslau le 12 octobre : « J'approuve vos efforts pour établir sur des conditions raisonnables et supportables un accommodement en faveur de ma sœur, mais je ne puis ni ne dois rien entreprendre qui puisse troubler la paix de mon royaume. » M. de Hertzberg, chef du parti antifrançais à Berlin, disait lui-même au comte de Goertz : « On dit, monsieur le comte, que vous négligez l'ambassadeur de France et le Grand Pensionnaire, et ne vivez qu'avec le ministre d'An-

---

[1] Sir James Harris au marquis de Carmarthen, 10 octobre 1786. *Diaries*, II, 243.

gleterre et le parti anglais. Le Roi est persuadé que ce n'est qu'un bruit suscité par vos ennemis[1]. » Et pour ajouter à toutes ces observations, pour ne pas dire tous ces reproches, Frédéric-Guillaume, à son retour de Silésie, réprimandait, en termes très-roides et sévères, son ministre à la Haye d'avoir employé des expressions plus fortes que ses instructions ne l'y autorisaient.

« Le triomphe du parti français est complet », écrit à ce moment sir James Harris au marquis de Carmarthen, « et le caractère de ses membres ne les portera pas à en jouir avec modération et tolérance. » En s'adressant à M. de Kinckel, l'un des principaux agents du parti orangiste en Zélande, le ministre d'Angleterre n'est guère plus encourageant : « La mission prussienne fausse dans son principe sera funeste dans ses effets. Le roi de Prusse préfère sacrifier en entier les intérêts de ce pays-ci, que de risquer une partie des siens propres. La France l'intimide et le berce tour à tour... Je vois de l'incertitude et de la crainte à Loo. On ne veut ni accepter, ni rejeter un accommodement ; on cherche de toucher la France et le cher frère, de parler avec *sensibilité*, mot qui n'existe à Paris que dans les romans et dans les bouches de femmes qui veulent dire tout autre chose[2]. » Après avoir

---

[1] Sir James Harris, *Diaries*, II, 245.
[2] Sir James à M. de Kinckel, 25 octobre 1786. Mémoires du baron de Kinckel, page 108.

parlé de divers projets, mis en avant par les adversaires du Stathouder, sir James Harris continue : « Vous sentez que la France est le père de tous ces bâtards, qui ne voient le jour que pour embrouiller les affaires et pour lui laisser le temps de consommer son ouvrage... En relisant ma lettre, j'y vois plus de noir que de blanc, n'en tirez pas cependant de là que c'est la nuance dominante de mon caractère ; je ne puis pas m'empêcher de voir les choses comme elles sont, mais je ne désespère pas ; au contraire, je reviens à mon axiome favori, qu'on ne fera jamais le possible si l'on n'entreprend pas quelquefois l'impossible. » Cette lettre peint assez bien, ce me semble, le caractère et l'esprit de celui qui l'a écrite. On comprend que dans la violence de ses sentiments antifrançais, sir James Harris ne racontât pas sans indignation une entrevue qui venait d'avoir lieu entre M. de Goertz et les *patriotes :* « Le comte Goertz a eu sa réunion attendue avec les Pensionnaires. Ils lui ont dit qu'il ne convenait pas à un souverain d'entrer en discussion avec son *serviteur ;* que si le comte Goertz s'intéressait au prince, il ferait bien de lui conseiller de ne pas chercher à s'opposer à la révolution ou à la retarder. Ils ont nommé le Stathouder : M. le prince. Gyslaer a dit que M. le prince avait une conduite abominable. Ils ont appelé les nobles de Gueldre, ses domestiques, et son représentant en Zélande, son valet. Jamais le ministre d'un grand roi n'a été exposé à entendre un langage aussi insolent et aussi insupportable [1]. » Les Pensionnaires avaient tort assurément de se départir de la modération en parlant du Stathouder ; ils ne faisaient que suivre les exemples du prince lui-même, des orangistes et de M. de Goertz.

Pour bien juger une époque et bien la comprendre, il ne faut pas toujours rester dans les sphères sereines de l'histoire ; il faut se transporter par la pensée dans le temps que l'on étudie, et chercher à pénétrer les sentiments de ceux dont on raconte les actes. La lutte des partis en Hollande était devenue trop vive pour que les paroles ne se ressentissent pas de la violence des passions. M. de Vérac était moins persuadé que sir James Harris de l'indécision du roi de Prusse, et la princesse d'Orange ne doutait pas que son frère ne lui vînt en aide ; elle se disait « assurée de son appui quand même cet appui demanderait des mesures violentes, et ne craignait pas de déclarer que le temps de faire des sacrifices n'était pas encore venu [2] ». La politique prussienne ne brillait point par la netteté. Pendant que le ministre à la Haye était réprimandé pour avoir fait des démarches trop actives en faveur du Stathouder, le ministre à Saint-Pétersbourg remettait au chancelier de l'Impératrice

---

[1] Sir James Harris au marquis de Carmarthen, 10 octobre 1786. *Diaries*, II, 247.

[2] Vérac, 10 novembre 1786.

un mémoire dans l'intérêt de Guillaume V. M. de Ségur, ambassadeur du roi de France en Russie, se hâtait d'en informer le marquis de Vérac « sans pouvoir garantir avec certitude l'exacte vérité de ce fait », mais en le croyant probable. Il ajoutait : « Le vice-chancelier, en me parlant il y a quelques jours des troubles qui agitaient les Provinces-Unies, me dit positivement de lui-même, sans que je sollicitasse cette assurance, que l'Impératrice avait ordonné à son ministre de ne se mêler en aucune façon de cette affaire [1]. »

[1] M. de Ségur au marquis de Vérac, 8 novembre 1786. Hollande, 570.

CHAPITRE V

Frédéric-Guillaume II et mademoiselle de Voss. — Mission de M. de Rayneval à la Haye. — Ses négociations avec la princesse d'Orange et le comte de Goertz. — Le prince d'Orange refuse de consentir aux conditions proposées par M. de Rayneval. — La cour de France accentue son hostilité envers le Stathouder. — Le cabinet britannique est divisé quant à la politique à suivre aux Pays-Bas. — Le roi de Prusse blâme la conduite de son beau-frère. — Découragement des orangistes. — Négociations secrètes entre le baron de Reede, ambassadeur des États-Généraux à Berlin, et Mirabeau. — Mirabeau n'obtient pas d'être envoyé en Hollande. — Frédéric-Guillaume semble négliger les affaires des Pays-Bas.

Tandis que Frédéric-Guillaume penchant tour à tour vers la France et vers sa sœur, n'osait se déclarer bien franchement ni pour l'une ni pour l'autre, il suivait, avec le plus grand soin, une négociation tout intime dont le résultat devait être momentanément plus favorable à la cour de Versailles qu'à la princesse Wilhelmine. Sir James Harris fut l'un des premiers diplomates informés de ces intrigues très-secrètes et très-prolongées. « Mon cher lord », écrivait-il au marquis de Carmarthen le 21 novembre 1786, « j'apprends par une source privée, mais autorisée, que dans peu de jours Sa Majesté Prussienne aura une maîtresse déclarée. C'est une demoiselle de Voss, fille d'honneur de la Reine douairière, nièce du maréchal de la cour de la dernière princesse de Prusse[1]. » Frédéric-Guillaume II s'était assez vite fatigué de la vertu très-relative que lui avait imposée la secte des illuminés[2]. Sans vouloir encore renouer avec madame Rietz d'anciennes relations qu'il devait reprendre dans la suite, il s'était persuadé que pour être grand, un roi devait imiter la conduite de Louis XIV. Plus de fille de maître de chapelle ou de femme de jardinier, alliance trop commune même pour la main gauche, mais quelque jeune fille de noble race, et qui pût invoquer des aïeux. Depuis trois ans déjà, et même pendant la vie de son oncle, il avait entouré mademoiselle de Voss de soins très-empressés et des marques nombreuses d'une galanterie quelque peu brusque. Soit froideur, soit sagesse, soit vertu, l'héroïne de ce roman prussien résis-

---

[1] Sir James Harris au marquis de Carmarthen, 21 novembre 1786. *Diaries*, II, 248.

[2] Pendant quelques jours après la mort de son oncle, Frédéric-Guillaume avait étonné tout le monde par le changement de ses habitudes. Mirabeau n'en revenait pas ; il écrivait le 29 août 1786 :
« Il n'a pas même regardé mademoiselle de Voss, il n'a pas eu l'apparence d'une orgie, pas touché une gorge de femme depuis qu'il est sur le trône. Il se couche avant dix heures du soir et il est levé à quatre. S'il persévère, il sera l'exemple unique d'une habitude de trente ans vaincue. » Mirabeau, alors en mission secrète à Berlin, a suivi avec le plus grand soin toute l'intrigue de Voss, et entre sans cesse dans des détails qu'il savait plaire à l'abbé de Périgord son correspondant.

tait à toutes les avances comme à toutes les promesses, et sa famille, prévenue d'une si honorable préférence, l'encourageait à persévérer encore dans ses refus. La passion du Roi, enflammée par de longs mois d'attente, ne connut bientôt plus de bornes. Il alla jusqu'à offrir à mademoiselle de Voss un mariage religieux, affirmant que Luther avait autorisé ces sortes d'union. Mais la Reine, bien que très-patiente, n'eût peut-être pas subi sans colère un outrage aussi éclatant. Fallait-il se l'aliéner à jamais? Fallait-il exciter la jalousie de rivales moins favorisées? Le Roi n'offrait-il pas de faire de celle qu'il aimait une Pompadour allemande? Après bien des pourparlers, bien des hésitations, bien des conférences avec ceux des membres de sa famille qui se mêlaient de cette délicate affaire, mademoiselle de Voss se déclara prête à céder [1], non sans parler beaucoup, j'en suis sûr, de cette *sensibilité* qu'invoquent, d'après sir James Harris, les femmes qui veulent dire tout autre chose. « La dame est maintenant du côté où l'on cède, écrivait le ministre d'Angleterre. Sa Majesté s'obstine au succès, il n'est pas douteux que ce grand événement n'ait lieu bientôt. Mademoiselle de Voss est plus belle qu'intelligente, ajoute-t-il, et probablement plus rusée que belle

---

[1] « La demoiselle avoue que, sans être amoureuse, elle est sensible à une persécution de trois ans. Mais que sera-t-elle? Que sera son oncle? sa famille? » écrit Mirabeau.

ou intelligente. » M. d'Esterno, ministre de France à Berlin, bien qu'il fut sur les lieux, n'eut connaissance de la conclusion de ce traité qu'après sir James Harris : « Elle est âgée de vingt ans et sans beauté », annonçait-il quelques semaines plus tard à M. de Vergennes. « Le roi de Prusse, pour commencer, lui a donné deux millions en billets au porteur, portant intérêt au denier vingt. » Quel est, dira-t-on peut-être, l'intérêt politique de cette idylle un peu prosaïque? Sir James Harris connaissait trop bien l'état des partis à Berlin pour ne pas se hâter de l'indiquer. Mademoiselle de Voss était nièce du comte de Finck, ministre du Roi, et chef avec le prince Henri du clan français à Berlin. « Elle peut relever son influence chancelante. » Le ministre d'Angleterre ne se trompait pas. L'effet de cette faveur nouvelle ne se fit pas longtemps attendre. Les bontés du Roi accablèrent toute la race habile et prudente des Finck. Un des gendres du comte fut même élevé au poste de ministre d'État. « M. le comte de Finck disait à cette occasion qu'il bénissait la Providence des grâces qui tombent dans sa famille », raconte M. d'Esterno à Vergennes[1], « mais vous voyez, monsieur le comte, les voies immédiates de ces grâces. » Le valet de chambre français de Fré-

---

[1] Le comte d'Esterno, 20 janvier 1787. (Prusse, 1787, sept premiers mois, 247.) Mirabeau se gardait bien de faire connaître ce qu'il savait à M. d'Esterno, et les rapports n'étaient point fort aimables entre le ministre de France et l'agent secret.

déric-Guillaume résumait en ces termes son opinion sur son maître : « C'est un garçon-roi, nous pouvons l'avoir quand nous voulons, mais nous ne pouvons avoir la Hollande qu'à présent. » La cour de Versailles n'était pour rien dans cette affaire, mais ses adversaires n'en furent pas moins affaiblis. Les amis du Stathouder hésitèrent à prendre sa défense ; M. de Hertzberg lui-même soutint avec moins d'ardeur les intérêts de l'Angleterre et ceux de la princesse d'Orange. « Le dernier roi avait la sagesse de Salomon, celui-ci semble disposé à n'en avoir que les concubines », écrivait dans un moment d'humeur sir James Harris, qui terminait par ces observations curieuses une intéressante dépêche sur les intrigues de la cour prussienne : « Une madame de Pompadour ou même une madame du Barry ne diminuera jamais effectivement la grandeur de la monarchie française, établie sur un fondement trop solide pour être ébranlé par les folies de la cour. A Potsdam, le cas est différent[1]. »

M. de Vergennes, un peu inquiet de l'insuffisance du marquis de Vérac, eut recours, pour rétablir la tranquillité dans les Provinces-Unies et pour négocier avec M. de Goertz, à un agent sinon plus adroit, tout au moins plus scrupuleux que mademoiselle de Voss. Non pas que M. de Rayneval, qu'il chargea de cette mission, fût un puritain

---

[1] Sir James Harris au marquis de Carmarthen. La Haye, 21 novembre 1786. *Diaries*, II, 248.

ou un grand esprit. C'était un vétéran des affaires étrangères qui devait fonder une famille de diplomates. Après avoir servi dans les légations et les consulats, il était devenu, en 1774, premier commis aux affaires étrangères.

On ne saurait trop faire l'éloge de ces employés supérieurs qui, sans beaucoup faire parler d'eux, sans beaucoup prétendre à la gloire ni même aux honneurs, maintenaient dans leur administration le vieil esprit de la politique française et dirigeaient souvent les affaires, sous le nom d'un ministre qu'absorbaient d'autres devoirs. M. de Rayneval, conseiller d'État depuis 1783, jouissait au ministère d'une vraie réputation. Vergennes faisait souvent appel à son expérience et se trouvait bien de ses conseils. Jefferson, alors agent des États-Unis à Paris, était plus sévère pour le premier commis « qu'il déclarait plus rusé que sage ». « Ses vues ne sont ni grandes, ni libérales, continuait-il, il se gouverne grâce à des principes appris par cœur et n'a d'habileté que pour les détails d'exécution. Son cœur est susceptible de petites, mais non de bonnes passions. Il a beaucoup de duplicité et n'est aimé par personne[1]. » Peut-être Jefferson se fût-il montré plus indulgent si Rayneval n'eût souvent répondu par des refus aux demandes persistantes des Américains.

[1] *Jefferson's works,* II, 109.

La tâche de l'envoyé de M. de Vergennes n'était pas facile. Il fallait que, sans froisser M. de Vérac, il entrât en relations directes avec les chefs du parti républicain, qu'il se mit en rapport avec le Stathouder sans inquiéter les *patriotes*, et qu'il négociât avec M. de Goertz sans éveiller l'attention de sir James Harris. Il fallait surtout qu'il parvînt à assurer l'existence de cette République des Pays-Bas qui devait, aux yeux de Vergennes, être les États-Unis d'Europe.

Le ministre intelligent et modéré qui avait soutenu avec fermeté contre la puissance britannique la cause des colonies révoltées voulait, dans l'ancien monde comme dans le nouveau, opposer à l'Angleterre une République riche et prospère, amie de la France et son alliée naturelle. Ce n'était pas là une entreprise sans grandeur, mais il manquait aux Pays-Bas un général Washington. Le rhingrave de Salm, malgré ses allures d'inspiré et sa confiance dans son propre génie, n'avait ni le courage, ni les talents nécessaires. M. de Lafayette, qui eût bien voulu jouer en Hollande le rôle de restaurateur de l'indépendance menacée, ne manquait ni de courage, ni de talents, mais il était avant tout dominé « par cette faim canine pour la renommée et la popularité » que lui reproche Jefferson, et les circonstances ne lui permirent pas d'entreprendre une tâche qu'il n'était pas de force à accomplir.

« La mission de M. de Rayneval ne présente aucun caractère qui puisse blesser votre délicatesse », avait bien soin d'écrire M. de Vergennes à Vérac. « C'est à vous, Monsieur le marquis, qu'il est adressé, et c'est par vous qu'il doit être introduit, non-seulement auprès des chefs des patriotes, mais encore auprès des personnages influents, même du parti opposé[1]. » Sir James Harris n'apprit pas sans inquiétude l'arrivée de ce nouvel antagoniste. Il s'était déjà trouvé en rapports personnels avec M. de Rayneval, il le savait « trop versé dans la pratique des affaires pour se laisser surprendre, trop au courant des intérêts de sa cour pour manquer à leur objet, trop calme et trop peu passionné pour que la flatterie pût agir sur lui. « C'est assurément un adversaire plus estimable que ceux auxquels j'ai eu affaire jusqu'ici, mais infiniment plus dangereux[2] », écrivait encore le ministre d'Angleterre au marquis de Carmarthen qui lui recommandait d'observer la conduite de l'envoyé français et de chercher à découvrir les instructions qu'il avait reçues. Sir James Harris ajoutait : « Si je puis susciter dans les provinces un esprit d'opposition, si j'ai les moyens de le maintenir, je puis encore peut-être arrêter et retarder les opérations françaises; sinon je ne vois rien qui puisse empêcher le succès complet de leurs vues qui, comme le re-

---

[1] Vergennes à Vérac, Versailles, 13 sept. 1786.
[2] Sir James Harris, 21 novembre 1786. *Diaries*, II, 249.

marque très-justement Votre Seigneurie, sont dirigées contre l'Angleterre[1]. » Quelques jours plus tard, sir James Harris profitait d'une maladie de lord Carmarthen, pour adresser à M. Pitt lui-même ses observations sur la question hollandaise. « Par une série d'intrigues, par d'adroites manœuvres, par l'heureux concours des événements, les Français ont porté leur influence ici au plus haut degré; le moment est venu, sans doute, où ils vont la fixer en introduisant dans la République une nouvelle forme de gouvernement. Si je demeure ici en état d'*inaction* politique, privé des moyens de soutenir efficacement le plan adopté par les amis de l'ancien système, ils se disperseront, chacun faisant le meilleur arrangement possible pour ne pas devenir victime de l'animosité de ses adversaires. Il me semble que la France fait partout de si formidables enjambées, que son influence devient si grande dans toutes les cours de l'Europe, même dans celles où jusqu'à présent nous avions tout à dire, que nous ne pouvons être trop *actifs dans notre opposition contre elle*[2]. »

Que les détracteurs de M. de Vergennes et de la politique de la vieille monarchie veuillent bien relire cette phrase de sir James Harris. M. Pitt lui répondit de Downing Street, le 5 décembre : « Tout concours

---

[1] Sir James Harris, 28 novembre 1786. *Diaries*, II, 250.

[2] Sir James Harris à M. Pitt, 28 novembre 1786. *Diaries*, II, 251.

de notre part trop ouvertement ou activement avoué compromettrait sans utilité l'honneur de l'Angleterre, et pourrait peut-être amener une crise dont l'issue serait, soit une guerre, soit une situation plus désespérée encore pour la République, et surtout pour nos amis[1]. » Un tel langage n'était pas fait pour plaire à l'homme qui écrivait : « Dix-huit années d'expérience m'ont appris à admettre dans toute sa force une vérité que John Bull suce avec le lait de sa mère. La France est notre ennemie naturelle, elle le restera tant que l'envie et la jalousie seront des attributs inséparables de l'esprit humain. » Dans sa correspondance avec les orangistes, sir James Harris n'hésitait pas à se plaindre de ses chefs politiques : « On est convaincu de la vérité de ce que je dis, on convient sans difficulté de la très-grande importance de l'objet, mais un mélange d'économie et de peur les retient. Enfin, vous *les* connaissez et vous *me* connaissez. M. de Goertz, après avoir engueusé le bon parti et s'être laissé dire les choses les plus déshonorantes par les patriotes, plie dans ce moment le genou à la France et se jette corps perdu aux pieds du sieur Rayneval[2]. » Sir James Harris assombrissait un

---

[1] M. Pitt à sir James Harris. *Diaries*, II, 254.
[2] Sir James Harris au baron de Kinckel. Dimanche à midi, 26 novembre. (En Français.) Mémoires du baron Kinckel, 109. Les Mémoires de M. Kinckel ont été publiés par M. de Jonge, avec une introduction intéressante. Henri-Auguste baron de Kinckel fut un des agents les plus actifs et les plus intelligents du

peu le tableau de sa propre situation. La besogne de M. de Rayneval n'était pas si simple qu'il voulait bien le dire. Ce n'est pas qu'en arrivant à la Haye l'envoyé français ne fût très-convaincu qu'il pourrait conclure un arrangement, « obtenir des modifications et en faire admettre par le Stathouder[1] ». M. de Vergennes n'écrivait-il pas que la cour de Berlin sentait la nécessité d'abandonner le « système menaçant qu'elle avait adopté un peu légèrement[2] »? La conférence du comte de Goertz avec les chefs des patriotes n'en était-elle pas la preuve certaine? « Après une démarche aussi marquée, que l'on peut en quelque sorte regarder comme une palinodie, il doit paraître assez surprenant que l'on veuille attacher quelque valeur à des accents arrachés sans doute à la douleur de madame la princesse de Nassau. Quel que soit l'intérêt que le roi de Prusse puisse porter au bien-être de sa sœur, il ne lui fera pas oublier celui qu'il se doit à lui-même et ne le portera pas à commencer une guerre, qui pourrait bien ne pas se concentrer en Hollande. » La première conférence de Rayneval avec les *patriotes* fut un peu agitée. Malgré les assurances de Vergennes, M. de Vérac

---

Stathouder. Tour à tour agent diplomatique et marin, il devint en 1815, envoyé extraordinaire et ministre plénipotentiaire des Pays-Bas à la cour de Stuttgard.

[1] Rayneval, 24 novembre 1786.
[2] Vergennes, 26 novembre 1786.

n'était pas très-satisfait de se voir envoyer un surveillant ou un directeur. Les Pensionnaires, qui connaissaient leur empire sur l'ambassadeur de France, craignaient de ne pas avoir autant d'action sur le premier commis des affaires étrangères. Le rhingrave de Salm, enfin, ne tenait guère à sentir un observateur sagace pénétrer son ambition et deviner son désir de devenir le chef d'un parti nouveau, en s'appuyant sur les démocrates. M. de Rayneval s'efforça de rassurer tout le monde : « Je leur ai déclaré que la seule chose que le Roi désirait était qu'ils lui confiassent les moyens qu'ils jugeraient propres à pacifier la République, afin que Sa Majesté pût les apprécier en pleine connaissance de cause. M. Van Berkell me répondit que tout allait au mieux dans la République, et qu'il ne s'agissait que de laisser aller les choses pour qu'elles s'arrangeassent bientôt elles-mêmes. » M. de Rayneval trouvait le comte de Goertz moins roide que les républicains : « M. le comte de Goertz s'est montré on ne peut plus sensible à mon attention, et je lui dois la justice de dire qu'il s'est exprimé avec beaucoup de franchise et avec une disposition aussi conciliatoire que je pouvais le désirer[1]. » Quelques jours plus tard, Rayneval recevait à la Haye une lettre du comte d'Esterno, ministre de France à Berlin, qui lui donnait les assurances les

---

[1] Rayneval. La Haye, 29 novembre 1786.

plus formelles sur les bonnes dispositions du cabinet prussien : « Je regarde comme une chose certaine que le roi de Prusse ne fera pas la guerre, quelque traitement qu'éprouvera son beau-frère. Depuis que le comte de Goertz est en Hollande, il peut fort bien ignorer que le crédit de son protecteur (M. de Herztberg) a perdu cent pour cent. Je sors de chez M. le comte de Finck ; il m'a dit que le Roi son maître avait prévenu les désirs de la France, en écrivant deux fois à son beau-frère depuis que M. de Rayneval est en Hollande, pour l'engager à se prêter à tous les moyens possibles de conciliation. La princesse de Nassau doit savoir, m'a dit le ministre, qu'il ne marchera pas un régiment, pas même un soldat prussien pour cette affaire[1]. » Le jour même où M. d'Esterno envoyait à Rayneval ces nouvelles rassurantes, ce dernier lui écrivait : « Je n'ai que faire de vous dire, Monsieur le comte, combien vous ferez une chose agréable au Roi si vous pouvez faire agréer à Berlin les moyens de conciliation que nous sommes parvenus à établir.

[1] M. d'Esterno à M. de Rayneval, 5 décembre 1786. Six semaines auparavant, le 18 octobre, le duc de Brunswick avait dit à Mirabeau : « Cette Hollande fera tirer du canon. » Mirabeau répondait aux confidences du duc « par un sourire presque imperceptible et très-ironique », haussant les épaules et disant : « Monseigneur, ce n'est pas à vous qu'il est besoin de dire que ce que Louis XIV, Turenne, Condé, Luxembourg, Louvois, et deux cent mille Français, n'ont pas fait en Hollande, la Prusse, surveillée de l'Empereur, ne le fera pas dans ce même pays soutenu de la France. »

Obtenez du roi de Prusse le mot : « Je suis content », et tout est dit pour nous; car vous savez que nous n'avons d'autre intérêt que de neutraliser ce monarque[1]. »

En attendant ce mot du roi de Prusse, M. de Rayneval négociait avec le comte de Goertz les conditions d'un accord. D'après lui, la première réforme à accomplir était de faire cesser l'occupation d'Elburg et d'Hattem. On s'occuperait ensuite des provinces à règlement et des changements à apporter dans leur constitution. Que si le Stathouder conseillait avec succès à la Gueldre et aux États d'Utrecht de renvoyer leurs troupes, la province de Hollande n'aurait aucune raison, « pour ne pas retirer son cordon et pour ne pas procéder à la révocation de la suspension, après laquelle elle déterminerait d'une manière précise et juste les fonctions attachées constitutionnellement à la charge du capitaine général[2] ».

« Nos amis pensent, et selon moi avec raison, disait aussi Rayneval, que le souverain ne doit pas capituler avec son serviteur, que, par conséquent, il ne saurait être fait de sa part aucune proposition à M. le Stathouder. » M. de Goertz ne semblait pas moins bien disposé que l'agent français pour faire triompher les idées d'accommodement. « Il m'a confié hier, dans le plus grand secret », écri-

---

[1] M. de Rayneval à M. d'Esterno, 5 déc. 1786.
[2] M. de Rayneval à M. de Goertz, 5 déc. 1786.

vait Rayneval à Vergennes, « que le roi de Prusse l'avait muni d'une lettre par laquelle ce monarque déclarait au prince son beau-frère qu'il l'abandonnerait s'il ne souscrivait pas aux choses raisonnables[1]. »

M. de Goertz consentit à remettre lui-même à la princesse d'Orange la lettre dans laquelle Rayneval avait tracé les bases d'un accord, et se crut obligé d'insister auprès d'elle sur la nécessité d'une entente. La princesse, après avoir examiné les conditions proposées, « avec son esprit juste et porté au bien », conseilla au ministre de Prusse de ne communiquer au Stathouder qu'une partie des demandes qui lui étaient soumises. Malgré cette réserve, malgré les conseils du comte de Goertz, le prince parut décidé à ne pas céder. « Je ne vous cacherai pas, monsieur, qu'il a trouvé des choses difficiles et fortes », déclara Goertz à Rayneval. « Il m'a parlé de la situation avec douleur et vivement affecté. J'ai tâché de faire valoir sa qualité de citoyen, de père, d'époux. Il m'a prié de lui laisser le temps de la réflexion, et je n'ai pas pu le lui refuser[2]. » Le lendemain matin, la princesse fit savoir au comte de Goertz qu'elle voulait, avant de répondre, connaître l'avis de Frédéric-Guillaume. « Les affaires n'avanceront point ou fort peu, disait avec raison Vergennes, si à chaque pas ma-

[1] Rayneval, 6 déc. 1786.
[2] M. de Goertz à M. de Rayneval. Nimègue, 11 déc. 1786.

dame la princesse de Nassau se croit en devoir de consulter le Roi son frère. »

Les conseils donnés par la cour de Berlin ne pouvaient être que pacifiques, d'après M. d'Esterno. « Le roi de Prusse fera tout ce qui dépendra de lui pour faire souscrire M. le Stathouder aux conditions que vous exigez absolument. Le Roi est parfaitement content de la France en ce moment-ci, mais le grand mot : « Je suis content et je fais « des remerciments à la France » ne sera prononcé qu'après l'arrangement définitif. Les intentions sont très-bonnes, mais, pour donner du nerf, il faut en avoir[1]. » Ce à quoi Rayneval répondait : « Il est nécessaire surtout qu'on ne perde pas à Nimègue un temps précieux à délibérer, à tergiverser et à marchander, car la mesure est bientôt à son comble, et si l'impatience ou plutôt la méfiance opère une explosion, il sera impossible d'en arrêter les effets[2]. »

Dans une dépêche adressée à M. de Vergennes, il allait encore plus loin : « Ce n'est pas au hasard, Monsieur, que je dis que l'opiniâtreté de M. le Stathouder le conduirait à sa perte. Je sais que s'il se

---

[1] M. d'Esterno à M. de Rayneval. Berlin, 16 décembre 1786. Mirabeau écrivait presque à la même date: « Vous pouvez compter que trois nuances forment le caractère du Roi : la fausseté qu'il croit habileté, un amour-propre irascible à la plus légère représentation, le culte de l'or qui chez lui n'est pas tant avarice que passion de posséder. »

[2] Rayneval, 23 décembre 1786.

refuse péremptoirement à un arrangement, le parti qui lui est opposé provoquera la suspension de toutes ses charges et de tous ses émoluments, et que, dans la Gueldre, il se formera une insurrection malgré la présence des troupes[1]. » « Jamais les patriotes n'oublieront le sort de Barneveldt et des frères de Witt », avait écrit Rayneval quelques jours auparavant. « J'ose insister sur cet article, parce qu'il intéresse la sûreté personnelle des chefs des patriotes, et que de leur sûreté dépend le maintien de notre système en Hollande. »

Par une conséquence facile à comprendre, sir James Harris se déclarait fort content de l'attitude de Guillaume V. « La conduite du Stathouder est tout ce que ses amis peuvent désirer », écrivait-il; « ce serait lui faire injustice que de ne pas mentionner en y applaudissant son intelligence, sa fermeté, son caractère dans ces circonstances critiques[2]. » Lord Carmarthen déclarait presque en même temps avec plus de netteté que d'habitude « qu'il n'avait, à dire le vrai, aucun doute sur la nécessité d'arrêter les Français *coûte que coûte* (sic). Si nous pouvions mener au gibet nos amis les Français, je mourrais content. Une insurrection à propos et éclatant juste au bon moment pourrait nous obliger à une conduite décidée vis-à-vis de la

---

[1] Rayneval, 27 décembre 1786.
[2] Sir James Harris au marquis de Carmarthen, 22 décembre 1786. *Diaries*, II, 261.

Hollande. » Sir James Harris répondait à ces observations par une lettre assez triste sur l'action exercée par le cabinet de Berlin : « Des lettres de Clèves disent que Sa Majesté Prussienne a défendu au rédacteur de la *Gazette* de cette ville d'insérer aucun article injurieux pour la France. Elles ajoutent que l'influence du prince Henri grandit chaque jour à Berlin. Le comte de Mirabeau a été à Paris chargé d'une commission spéciale du prince Henri pour M. de Vergennes[1]. »

On n'a pas oublié que le Stathouder avait demandé le temps de réfléchir en recevant la communication incomplète des demandes de M. de Rayneval. La princesse elle-même, qui connaissait le texte intégral de ces propositions, avait déclaré vouloir prendre les conseils du Roi son frère. Il eût mieux valu, pour le prince comme pour la princesse, que la réflexion fût plus longue, ou les avis de Frédéric-Guillaume plus précis. Ils eussent peut-être hésité à envoyer la lettre que Wilhelmine de Prusse adressa, le 31 décembre, au comte de Goertz. Malgré des réticences assez maladroites et un assez grand abus des termes de droit, c'était un refus absolu de consentir à toute concession, si la charge de capitaine général n'était pas rendue au Stathouder. Le prince, s'il cédait sur ce point, se déclarerait coupable de torts qu'il n'avait pas commis.

[1] Sir James Harris au marquis de Carmarthen, 29 décembre 1786. *Diaries*, II, 264.

Quant aux provinces à règlement, il n'avait fait qu'exécuter les ordres d'États souverains et n'en était responsable que vis-à-vis d'eux. « Ceci est une vérité qui ne peut être contestée de quiconque a les premières notions de la constitution de la République des Provinces-Unies, et je ne pense pas que M. de Rayneval la mette en doute[1] », affirmait, non sans arrogance, la princesse d'Orange.

Ai-je besoin de dire la colère, l'indignation même de M. de Rayneval, en recevant communication de cette lettre dont il n'eut connaissance que le 3 janvier? Le 2, il avait écrit à M. d'Esterno : « Si la réponse du Stathouder est négative, ne fût-ce qu'implicitement, je romps et demande l'ordre de me retirer, et alors négocie qui voudra. » La réponse du Stathouder était décidément négative, et M. de Rayneval, rassemblant d'une plume hâtive ces réflexions sur ce sujet, débutait en ces termes: « Monseigneur, j'ai l'honneur de vous envoyer aujourd'hui une production bien étrange, et pour la forme et pour le fond. Un prince de Nassau qui a la morgue ou l'imbécillité de faire traiter ses affaires par sa femme, qui se refuse de la manière la plus indécente au conseil de son beau-frère, roi de Prusse, qui rejette les moyens de conciliation que lui a procurés le roi de France, tout cela me sem-

---

[1] Copie de la lettre de madame la princesse stathouder à M. le comte de Goertz, 31 décembre 1786. Hollande, 570, n° 14.

ble être le comble de la démence. Nous avons eu bien pitié de M. de Thulemeyer; les réflexions que je lui ai faites sur la conduite du prince, sur l'avantage qu'elle donnait aux patriotes, sur le déplaisir qu'elle causerait à Berlin, l'ont tellement frappé que les larmes lui ont coulé des yeux[1]. »

M. de Rayneval n'avait pas ménagé les expressions au ministre ordinaire du roi de Prusse. A sa demande de calmer les *patriotes*, il avait répondu que « le langage de la princesse, loin de les irriter, les enchanterait au contraire, parce qu'elle faisait leur triomphe en les justifiant aux yeux de leur nation et de toute l'Europe; que, quant au prince de Nassau, on ne pouvait expliquer sa conduite qu'en supposant qu'il désirait rentrer dans ses fonctions par une révolution, et exposer pour quelques prérogatives sa patrie aux horreurs d'une guerre civile ». M. de Thulemeyer, atterré par ces réflexions, se hâta de déclarer que si le prince avait conçu ce projet insensé, certainement la cour de Berlin l'en détournerait. L'amour-propre de M. de Rayneval avait été blessé comme son bon sens. « Ce qui, selon moi, monseigneur, est pis que tout », disait-il à Vergennes, « c'est la maladresse avec laquelle la lettre de la princesse est rédigée, ce sont les paralogismes dont elle est remplie, ce sont les principes erronés qu'elle exprime. » En écrivant à

[1] M. de Rayneval au comte de Vergennes, 3 janvier 1787.

M. d'Esterno, Rayneval n'était pas plus modéré :
« Vous serez sûrement stupéfait de n'y trouver qu'un tissu de sophismes, d'inexactitudes et de principes erronés, qu'un refus aussi maladroit que malséant. On dirait que M. le Stathouder jalouse la considération dont jouit madame la princesse, et qu'il cherche à la détruire comme il a détruit la sienne propre[1]. » Le négociateur français concluait en ces termes un mémoire adressé au ministre : « Tout ce que je crois devoir dire, quant à présent, est que nous devons regarder le Stathouder comme un homme méchant et dangereux et qu'il ne convient plus ni à la dignité du Roi, ni à ses intérêts, de le ménager ; que l'on chasse Guillaume V, que l'on mette son fils à sa place, et tout pourra rentrer dans l'ordre, moyennant des instructions bien rédigées pour la tutrice ou les tuteurs. Il y a lieu de croire que le roi de Prusse sera très-affecté de la résolution du Stathouder, et que ce monarque se déterminera à faire une dernière tentative pour amener son beau-frère à résipiscence. Comme c'est uniquement pour complaire à Sa Majesté Prussienne que le Roi m'a envoyé à la Haye, ne croiriez-vous pas qu'il serait convenable que le Roi mît le comble à ses procédés, en offrant au roi de Prusse de prolonger mon séjour ici, jusqu'à ce que ce prince ait perdu tout espoir de conciliation?

[1] M. de Rayneval à M. d'Esterno, 5 janvier 1787.

C'est avec bien de la répugnance que j'indique un expédient, qui fait différer mon retour à Versailles. »

Un homme d'esprit ne se décide que bien rarement à avouer que son esprit lui a été inutile. M. de Rayneval oubliait, sans doute, en écrivant ces lignes, que deux jours auparavant il avait menacé de rompre, quand même la réponse du Stathouder ne serait qu'implicitement négative. M. de Vergennes crut devoir lui rappeler que la France en avait assez fait pour Guillaume V : « Quelque idée que je me fusse fait de l'opiniâtreté et de l'orgueil insensé du Stathouder, j'étais bien loin de celle que je ne puis me dispenser désormais d'en concevoir. Il faut que ce prince et tout ce qui l'entoure ait perdu le sens. Quel que soit l'événement pour le Stathouder, et, selon moi, il ne peut être qu'infiniment fâcheux, nous le verrons avec autant de tranquillité que d'indifférence. Je ne puis donc, Monsieur, entrer dans l'idée que vous me proposez, d'offrir à la cour de Berlin de prolonger votre séjour à la Haye. L'assemblée des notables, qui aura lieu à la fin de ce mois, devant ajouter à la somme de mes occupations, j'aurai besoin d'être aidé et soulagé[1]. » Dans une autre lettre aussi adressée à Rayneval et datée du même jour, Vergennes allait jusqu'à dire : « Au surplus, Monsieur,

---

[1] M. de Vergennes à M. de Rayneval, 6 janvier 1787. Hollande, 571.

en quittant la Hollande, vous voudrez bien assurer les patriotes de toute l'estime du Roi, des vœux qu'il fait pour que leur cause triomphe, parce qu'il la regarde comme inséparable du bien-être de leur patrie. »

La dépêche du ministre était trop nette pour que M. de Rayneval pût hésiter. Le 12 janvier, sir James Harris annonçait à lord Carmarthen le prochain départ de l'envoyé français : « Ses domestiques préparent tout pour mardi prochain; je suis porté à croire qu'on ne fera rien contre le Stathouder tant que M. de Rayneval n'aura pas quitté le pays. Votre Seigneurie peut se rappeler qu'au moment de son arrivée on lui a offert un riche service de vaisselle. On m'assure qu'un présent d'une égale valeur lui sera offert lors de son départ. » Le 16, sir James Harris ajoutait : « Le Stathouder a répondu aux dernières ouvertures de M. de Rayneval en lui déclarant que ni ses devoirs envers son pays, ni ceux envers sa famille, ni ce qu'il devait à son honneur ne lui permettait de consentir à aucune concession, tant que sa suspension comme capitaine général ne serait pas rapportée[1]. »

M. de Rayneval était reparti de la Haye bien convaincu que l'accord était impossible avec Guillaume V. Après avoir passé quelques jours dans la province d'Utrecht pour y fortifier par sa présence

[1] Sir James Harris au marquis de Carmarthen, 12 et 16 janvier 1787. *Diaries*, II, 270 et 271.

le parti français, il avait repris le chemin de Versailles, mécontent du résultat de sa mission, mais très-décidé à appuyer la cause des *patriotes* auprès du Roi et de ses ministres. Dans un rapport considérable lu et approuvé au Conseil d'État, le mercredi 31 janvier 1787, il disait : « Je ne crains pas d'affirmer que, dans tous les cas où le Stathouder actuel rétablirait son ancienne influence, il ne l'emploierait que pour nuire, au moins sourdement, à la France et rendre son alliance illusoire. En partant de cette vérité qui est fondée sur une expérience constante, il est évident que nous ne pouvons qu'applaudir secrètement au parti extravagant qu'a pris M. le prince de rejeter les propositions conciliatoires que je lui avais fait parvenir. » Ce refus, d'après M. de Rayneval, avait eu deux résultats également précieux. Le Roi était dégagé vis-à-vis de la Prusse. Les *patriotes* avaient retrouvé la liberté d'agir vis-à-vis du Stathouder, selon les intérêts de leur patrie. « Nous ne sommes donc pas dans le cas de les contenir, nous n'avons autre chose à désirer, sinon que leur conduite soit légale et exactement calculée d'après les circonstances[1]. » M. de Rayneval avait été chargé par les chefs *patriotes* de soumettre au Conseil un plan arrêté avec lui et consigné dans une note annexe, qui lui avait été remise au moment de son départ.

---

[1] Rapport de M. de Rayneval lu et approuvé au Conseil d'État, le 21 janvier 1787. Hollande, 572.

« Ils ne doutent pas que ce plan n'ait l'entière approbation de Sa Majesté et de son conseil. La marche à suivre est bien difficile, cependant elle n'est rien moins qu'imposable, et son efficacité dépendra entièrement de la sagesse et de l'activité de l'ambassadeur du Roi. Quelque mesurée que doive être, quant à présent, sa conduite, il semble qu'il est nécessaire qu'il soit autorisé à assurer en toute occasion les patriotes de la bienveillance et de la protection de Sa Majesté. Cette assurance les fortifiera et les affermira dans la résolution qu'ils ont prise de rétablir l'indépendance extérieure de la République. »

Quelques mois auparavant, M. de Vergennes avait déclaré, dans une dépêche longuement motivée, que le Roi ne pouvait pas et ne devait pas être chef de parti. Les circonstances avaient été plus fortes que la volonté un peu indécise du ministre. La note des chefs *patriotes* était rédigée avec soin. Elle déterminait la marche à suivre pour défendre les priviléges et les libertés de la Hollande. Les États devaient nommer une commission chargée d'étudier les nouvelles instructions que l'on donnerait au prince, en lui rendant sa charge de capitaine et d'amiral général, « afin de pouvoir prendre des mesures ultérieures contre lui ». Quant aux démarches à faire vis-à-vis de la Gueldre, les États de Hollande rappelleraient peu à peu dans leur cordon les troupes à leur répartition et refuseraient, au besoin, la paye des compagnies tant qu'elles se trouveraient sur le territoire d'une autre province. On saisirait « toutes les occasions de rétablir les États de provinces à règlement dans leur ancienne indépendance, pour qu'ils deviennent des membres utiles de la confédération et des soutiens de la province de Hollande, dans les délibérations de la plus grande importance tant pour la République que pour ses alliés[1] ». Rayneval avait raison de dire que ce plan était plus sage et plus modéré qu'on n'aurait pu l'espérer. Les *patriotes* semblaient vouloir profiter avec calme d'un succès chaque jour plus probable. Mais les réflexions vraies et les démarches prudentes ne suffisent pas pour faire de grands politiques. Frédéric le Grand écrivait jadis à son frère le prince Henri : « La fortune m'est revenue ; envoyez-moi les meilleurs ciseaux que vous pourrez trouver pour que je lui coupe les ailes. » Les *patriotes* ne surent pas user d'un moyen aussi énergique.

Quelle avait été cependant l'impression produite à Londres et à Berlin par la réponse de la princesse ? Le 31 décembre, sir James Harris avait reçu une lettre sinon écrite, tout au moins inspirée par Wilhelmine de Prusse elle-même : « Nos nouvelles finales de Berlin sont arrivées. On conseille des accommodements, on craint des guerres civiles et

[1] Note remise à M. de Rayneval à la Haye, le 13 janvier 1787. Hollande, 571.

encore davantage de se mêler de nos affaires ; mais si l'on ne veut pas nous faire du bien, il faut espérer qu'on ne nous fera pas de mal. Nous restons fermes ici comme un roc ; comptez que, quoi qu'il arrive, cette fermeté sera soutenue jusqu'au bout. Le prince aime mieux succomber avec honneur que de se maintenir avec ignominie[1]. » Le ministre d'Angleterre parvenait en même temps à se procurer la copie d'une lettre écrite par le comte de Goertz à son secrétaire : « Les instances et les représentations de la princesse auprès du Roi ne lui ont valu, de la part de son frère, que des conseils froids de céder aux circonstances, de faire les sacrifices inadmissibles qu'on demandait et de ne pas compter sur lui. Elle lui a déjà écrit et elle lui écrira encore demain (2me janvier) que n'ayant à choisir qu'entre la perte de l'honneur, avec laquelle ces conditions étaient inséparables, et le danger de succomber peut-être, mais de succomber injustement, ni elle, ni le prince ne balanceraient pas de donner la préférence au dernier, et tout ce qui lui restait était de prier le Roi de faire finir au plus tôt toute négociation entre M. de Goertz, M. de Rayneval et M. de Thulemeyer[2]. » Sir James Harris, en transmettant ce document à lord Carmarthen, ajoutait bientôt : « Rien ne me paraît plus sérieux et plus inquiétant que les progrès immenses de

---

[1] *Diaries*, II, 265.
[2] *Diaries*, II, 266.

l'influence française de tous côtés. Je suis sûr que *vous* ne m'accuserez pas de manquer à mon devoir en appelant, tant que je le puis, l'attention du ministère sur ce point d'où dépend notre existence même. Je suis d'autant plus pressant que je vois *çà et là* une tendance à admettre la sincérité de la France, ou une inclination à croire que nous avons assez de finesse pour jouer les Français. La première hypothèse ne se réalisera jamais ; quant à la seconde, je mépriserais un Anglais qui voudrait maintenir la grandeur et la dignité de son pays par la ruse et l'artifice, *en jouant au bilboquet* mieux que les Français. J'applique toujours à l'Angleterre ces beaux vers de Virgile, qui, après avoir parlé de l'adresse supérieure et de la dextérité des Grecs, ajoute :

> Tu regere imperio populos, Romane, memento,
> Hae tibi erunt artes pacisque imponere morem,
> Parcere subjectis et debellare superbos [1]. »

Dans sa réponse en date du 8 janvier, le marquis de Carmarthen faisait allusion aux divergences qui existaient dans le cabinet britannique au sujet des Pays-Bas : « En bon anglais, et pour parler la langue vulgaire, que diable dois-je faire? Vous savez que pour ce qui regarde la Hollande, je trouve que nous devons être prêts à tout événement, en gar-

---

[1] Sir James Harris au marquis de Carmarthen. La Haye, 3 janvier 1787. *Diaries*, II, 266.

dant toute la prudence et toutes les précautions imaginables, mais non pas jusqu'à tout sacrifier à la crainte d'une rupture avec la France et jusqu'à laisser la République devenir une de ses provinces. J'ai parlé de la *Convocation des notables* comme une preuve que la France n'est pas disposée aux extrémités; j'ai humblement exprimé l'avis que la meilleure manière de maintenir la tranquillité publique était d'empêcher la France de trouver un intérêt à la troubler[1]. » Malgré le langage de son ministre, le roi George III s'obstinait à ne pas vouloir d'un conflit avec la France.

A Berlin, la réponse de la princesse causa ou sembla causer une stupéfaction profonde. M. d'Esterno s'empressa d'aller voir le comte de Finck. Il lui demanda si les articles proposés par M. de Rayneval à M. de Goertz n'avaient pas eu l'entière approbation du roi de Prusse. M. de Finck répondit par trois fois : « Oui, oui, oui, monsieur. » Et, comme le ministre de France insistait pour savoir si Frédéric-Guillaume ne ferait pas à son beaufrère la menace de l'abandonner, M. de Finck répliqua : « Il y a bel âge que cette menace est prononcée, et que M. le prince d'Orange ne peut plus se faire d'illusion à cet égard. » M. de Finck ajouta qu'il avait soulevé de nouveau cette question devant le Roi son maître, et que celui-ci lui avait ré-

---

[1] Le marquis de Carmarthen à sir James Harris. Hendon, 8 janvier 1787. *Diaries*, II, 267.

pondu : « J'y ai fait l'impossible. » Le Roi avait été jusqu'à écrire de sa propre main, au bas d'une dépêche pour M. de Goertz : « Si le prince d'Orange continue à suivre la même marche, il se perdra indubitablement. » M. d'Esterno ne put s'empêcher de remarquer que cela semblait certain, et que le prince de Nassau, suivant la même conduite que le duc de Brunswick, arriverait à se faire chasser comme lui. Son interlocuteur haussa les épaules en disant que cela était fort à appréhender[1]. Il n'était pas toujours facile au ministre de France de savoir la vérité entre tous les partis qui se disputaient la faveur du Roi. M. de Finck trouvait mauvais qu'il s'entretînt avec M. de Hertzberg; M. de Hertzberg, de son côté, restait fort sur le qui-vive quant aux égards qu'il se croyait dus. Mais le comte d'Esterno pouvait-il douter des dispositions de la cour de Berlin, quand le Roi lui-même, « le prenant en particulier chez la Reine, le priait de remercier le roi de France des soins que Sa Majesté voulait bien se donner pour pacifier la Hollande et faire obtenir des conditions modérées au Stathouder? » Frédéric-Guillaume ne cachait pas qu'il était fâché que le Stathouder ne répondît pas aux procédés du Roi, ni aux conseils que sa qualité de beau-frère l'avait engagé à lui donner. Devant une déclaration aussi nette, M. d'Esterno alla jusqu'à dire « que si

---

[1] M. d'Esterno à M. de Rayneval. Berlin, 6 janvier 1787 Hollande, 571.

M. le prince de Nassau laissait partir M. de Goertz et M. de Rayneval sans avoir rien conclu », on ne pourrait plus trouver moyen de lui rendre quelques bons offices, en attendant la rigueur des délibérations qui seraient prises contre lui. Le roi de Prusse répondit qu'il en était persuadé[1]. Quelques jours plus tard, M. d'Esterno écrivait encore à Rayneval : « Je m'attendais, Monsieur, à la déraison de la petite cour de Nimègue, mais je ne peux absolument me rendre raison à moi-même de ce que le Stathouder n'a paru en rien et pour rien dans les négociations, pas même pour signer son nom. Est-il tout à fait fol, tout à fait imbécile, au point de ne pouvoir plus donner une signature? Cela ne serait pas indifférent à savoir, et j'avoue que je serais tenté de le croire. Le baron de Reede, ministre de Hollande en cette cour, qui entretient avec Nimègue une correspondance suivie, n'a jamais de lettres que de madame la princesse, et jamais une ligne du prince[2]. » Presque au même moment, Mirabeau écrivait de Berlin : « La princesse est très-laborieuse; elle chiffre, déchiffre elle-même et fait de sa main des réponses à tous les écrits du parti contraire[3]. »

Le prince d'Orange n'était ni tout à fait fou, ni

---

[1] M. d'Esterno à M. de Rayneval. Berlin, 9 janvier 1787. Hollande, 571.

[2] M. d'Esterno, 24 janvier 1787.

[3] Mirabeau, 4 janvier 1787.

tout à fait imbécile, comme se le demandait M. d'Esterno. Il restait très-entêté, très-orgueilleux, très-jaloux de la supériorité de sa femme, bien qu'il se laissât souvent conduire par elle. Les plus fidèles amis de sa cause, ceux du moins qui n'étaient pas comme sir James Harris possédés avant tout par la haine de la France, commençaient à se fatiguer de servir un maître plus facile à défendre contre ses ennemis que contre lui-même. L'un de ses plus zélés partisans, le baron de Kinckel, remettait souvent à la princesse des mémoires bien rédigés, où il ne savait pas cacher toujours son peu d'admiration pour Guillaume V. Osa-t-il aller jusqu'à communiquer à la princesse les réflexions suivantes? C'est ce qu'il est difficile de vérifier : « Son Altesse prive une admirable princesse de la situation à laquelle sa naissance lui assurait les droits, et à laquelle ses grandes qualités lui donnent tant de titres. Il prive ses enfants, que tout le monde admire, de leur héritage. D'après ce lugubre tableau, ne serait-il pas permis de se donner les mains et de travailler pour lui et pour sa maison, même sans lui et contre lui s'il le faut[1]? »

Qu'eût dit sir James Harris s'il eût connu cet écrit d'un de ses plus ardents collaborateurs? lui qui accusait la France d'avoir formé le plan ténébreux de séparer ce que Dieu avait uni.

---

[1] *Mémoires du baron de Kinckel*, 120.

Faut-il admettre avec M. d'Esterno, dans une dépêche qui contredit un peu celle déjà citée, que la princesse, pour couper court à toute proposition de ce genre et pour éviter, de la part du Roi son frère, le nouveau conseil de suivre un parti qu'elle déclarait déshonorant pour tous deux, se décida à prendre sur elle-même tout l'odieux de leur obstination commune, afin d'enlever aux ennemis de sa maison toute espérance de la voir désunie[1]? Wilhelmine de Prusse était capable de ce généreux calcul; mais le cœur humain est complexe. La princesse ne voulait pas séparer ses intérêts de ceux du Stathouder, ni pourvoir au sort futur de son fils en consentant à l'interdiction de son mari. Elle n'était pas sans éprouver ce désir ardent du pouvoir qui saisit les âmes les plus généreuses. Très-persuadée de sa propre supériorité, très-attristée des qualités médiocres de Guillaume V, elle espérait soutenir, par son courage et sans le concours du prince, l'édifice chancelant de la maison d'Orange. « Le Roi n'a qu'un homme, c'est sa femme », devait dire quelques années plus tard Mirabeau au comte de la Marck.

N'est-ce pas à ce goût secret pour l'autorité qu'il faut attribuer les ouvertures faites à Mirabeau lui-même par le baron de Reede, ministre à Berlin des Provinces-Unies? Le futur tribun, dominé par son

---

[1] M. d'Esterno à M. de Rayneval. Berlin, 13 janvier 1787.

ambition inquiète et le sentiment de sa valeur, se plaignait sans cesse de consacrer « ses jours, ses nuits, ses forces, celle des siens à un service sans gloire[1] ». — « Mon très-cher maître, ils se connais-

[1] Lettre de Mirabeau à l'abbé de Périgord. Archives des affaires étrangères.

Mirabeau avait été envoyé à Berlin, comme agent secret, en 1786. Il était alors sans ressource. Pour le tirer d'affaire, le duc de Lauzun, plus tard duc de Biron, et l'abbé de Périgord, plus tard prince de Talleyrand, l'avaient recommandé à M. de Calonne, contrôleur des finances. Mirabeau devait observer l'état de la Prusse et de l'Allemagne au moment de la mort de Frédéric le Grand, présumée prochaine. Il adressait ses dépêches à l'abbé de Périgord qui les déchiffrait, et les faisait passer ensuite sous les yeux de M. de Calonne, de M. de Vergennes et du Roi lui-même.

Mirabeau passa plusieurs mois à Berlin ; actif, inquiet, agité, donnant souvent des renseignements utiles, entraîné parfois par son imagination. — « On est parfaitement content de votre correspondance », lui écrivait, le 9 octobre 1786, l'abbé de Périgord. Le 3 décembre, il renouvelait, dans les mêmes termes, son approbation en ajoutant : « Le Roi la lit avec beaucoup d'intérêt. »

Mirabeau était moins satisfait, il se plaignait sans cesse de la fausseté de sa position, de l'insuffisance de ses ressources, « de son existence mille fois plus pénible et plus équivoque qu'il ne saurait l'exprimer ». — « Me trouvent-ils trop cher, mon cher maître, ils n'ont que deux partis à prendre, me rappeler ou me placer. » — « Deux cents pistoles chaque mois et un avenir, c'est mon dernier mot, et certes en ce genre je n'en aurais pas deux, car je ne suis pas fait pour être marchandé. »

On conçoit facilement qu'à son retour à Paris en 1787, Mirabeau se trouva de nouveau plongé dans des difficultés financières qu'augmentait encore le désordre de sa vie privée. Sa liaison avec madame Lejaz, femme d'un libraire de Paris, donna lieu à un incident qui lui a été souvent reproché. Au commencement de l'année 1789, parut sous le titre d'*Histoire secrète de la cour de Berlin* un ouvrage qu'on donnait comme « posthume » et qui n'était que la reproduction des lettres de Mirabeau à MM. de

sent mal en hommes, ceux qui voudraient ne faire de moi qu'un nouvelliste, et surtout ceux qui espéreraient m'y faire consentir, tacitement ou non[1]. » C'est au moment même où Mirabeau s'inquiétait de dépenser dans une mission indigne de lui son imagination active et ses puissantes facultés que vint le trouver M. de Reede.

M. de Reede, « bon citoyen, constitutionnel par principes, ami de la liberté par instinct, loyal et vrai par caractère et par habitude », admirateur très-convaincu de la princesse, n'avait pour le prince qu'une très-petite et très-faible estime[2].

Lauzun et de Périgord. Le scandale fut grand. L'abbé de Périgord, auquel on ne peut cependant imputer de trop grands scrupules, reprocha à Mirabeau son infidélité en termes indignés. N'avait-il pas été payé pour une besogne qui devait rester secrète? Mirabeau s'excusa mal. Le manuscrit lui aurait été dérobé par sa maîtresse, et publié par le mari de celle-ci, dont les affaires allaient mal. L'abbé de Périgord n'accueillit pas ces explications, et ce ne fut qu'au lit de mort de Mirabeau qu'il consentit à oublier ses griefs. Les minutes des lettres de Mirabeau se trouvent aujourd'hui aux archives des affaires étrangères. Remises par ordre du grand orateur au comte de la Marck, elles furent léguées par celui-ci à M. de Bacourt, qui les fit relier avec quelques documents annexes. Elles font partie du lot de papiers de Mirabeau qui ont été rachetés l'an dernier par les affaires étrangères.

Cet incident curieux de la vie de Mirabeau sera raconté avec de plus grands détails par M. Charles de Loménie, qui nous donnera bientôt la suite du remarquable travail commencé par son père. J'y reviendrai peut-être un jour.

[1] Lettre de Mirabeau publiée dans l'*Histoire secrète de la cour de Berlin*. J'ai revu toutes ces lettres de Mirabeau sur l'original, aujourd'hui conservé aux archives des affaires étrangères.

[2] L'admiration du baron de Reede pour la princesse d'Orange

« L'envoyé de Hollande m'a jeté dans un grand étonnement et dans un embarras qui n'est pas moindre », écrivait Mirabeau, en janvier 1787 ; « il m'a demandé très-nettement si j'approuverais que l'on travaillât à me faire accréditer pour traiter avec madame la princesse d'Orange à Nimègue[1]. » Le baron de Reede revint à la charge, et Mirabeau se laissa toucher. Après deux entrevues dont la première dura trois heures et demie, dont la seconde eut lieu à cheval au parc de Berlin, il resta très-convaincu qu'il pouvait seul arranger les affaires de Hollande, et que le ministre français ferait acte de patriotisme, en lui confiant une mission qu'il remplirait mieux que personne. Le secret devait être gardé vis-à-vis de M. d'Esterno[2] ; le prince d'Orange lui-même ne serait mis au courant qu'à bon escient, « car il est si emporté et a l'esprit tel-

était si grande qu'il accusait M. de la Vauguyon d'en avoir été fort épris pendant son ambassade à la Haye. D'après lui, l'implacable vengeance du duc aurait été la colère d'un amoureux éconduit. Lettres de Mirabeau, 2 janvier 1787.

[1] M. de Reede avait annoncé à l'avance à Mirabeau l'échec de la mission Rayneval : « Ce sera une affaire échouée tant que l'on négociera au lieu d'arbitrer. » Il écrivait, le 10 janvier, à Mirabeau : « Je crains fort que la réponse donnée à M. de Rayneval n'éloigne pour le moment tout espoir de pacification. Ma confiance envers M. le comte ne saurait être altérée. » M. de Reede au comte de Mirabeau. Archives des affaires étrangères. Papiers de Mirabeau.

[2] « Veuillez bien observer que l'on demande sur cette marche le plus grand secret envers le comte d'Esterno, et que les intentions et le procédé du baron de Reede lui méritent du moins de n'être pas compromis. » Lettres de Mirabeau, 4 janvier 1787.

lement tortu qu'il faut même à la princesse les plus grandes précautions pour lui rien dire ». A en croire Mirabeau, la princesse ne demandait qu'à se donner à la France, « car elle désespère sérieusement d'être servie efficacement à Berlin ». La question des *réglements* elle-même serait traitée facilement, si le bouillant adorateur de Sophie y mettait la main. Pour l'administration intérieure, aussi longtemps que la manière dont le peuple doit influer dans le gouvernement ne sera pas déterminée, le système de la France ne sera pas assuré. « Dites-moi si je dois passer par la Hollande », concluait Mirabeau. « Là, par exemple, j'accepterais une commission secrète parce qu'une pacification y demande, pour préliminaire indispensable, un agent secret qui sache voir et dire la vérité, et surtout qui capte la confiance, et que je ne crois pas qu'il y ait dans la politique extérieure un plus grand service à rendre à la France. » Un autre rôle que celui de négocier avec la princesse d'Orange était réservé à M. de Mirabeau. Peut-être, s'il eût été chargé de traiter avec elle les termes d'un accommodement, se fût-il montré moins dur pour le Stathouder dans le fameux pamphlet qu'il adressait aux Bataves en 1788, pamphlet qui se terminait par une sorte de déclaration des droits de l'homme et du citoyen.

Guillaume V, critiqué par ses amis, abandonné par son beau-frère, crut devoir prendre la parole pour expliquer sa conduite. Dans une lettre envoyée le 29 janvier à M. Fagel, greffier de L. H. P., il lui déclarait que « la manière maligne et odieuse dont les écrivains de quelques gazettes privilégiées et de quelques autres feuilles hebdomadaires avaient présenté ce qui s'était passé dans la République, durant le séjour de M. de Rayneval, le mettait dans la nécessité de rendre compte de ces événements ». Après avoir résumé en quelques mots les négociations, le Stathouder ajoutait : « La princesse mon épouse prit alors sur elle d'écrire une lettre à M. le comte de Goertz, pour lui donner en abrégé les principales considérations auxquelles les propositions de M. de Rayneval avaient donné lieu. Nous apprimes avec regret que M. de Rayneval regardait notre réponse comme ayant rompu les négociations. » « Je ne désire rien tant », disait en finissant le Stathouder, « que de pouvoir concourir dans toutes les occasions à l'avénement du vrai bien-être et au maintien de la liberté, du culte divin et de l'indépendance de l'État, fût-ce aux dépens de mon bien et de mon sang [1]. » On n'en demandait pas tant au prince d'Orange, et ses déclarations plus pompeuses qu'explicites ne produisirent pas grand effet, même à Berlin. « Tous les rapports que je reçois », écrivait M. d'Esterno au début de février, « me conduisent à penser que cette cour a, pour le moment, détourné son atten-

---

[1] Missive de M. le prince stathouder adressée à M. Fagel, greffier de L. H. P., en date du 29 janvier 1787.

tion des affaires de Hollande, auxquelles on ne pense pas plus que si elles n'existaient pas. » Frédéric-Guillaume s'occupait trop de ses amours et du soin de son âme, pour pouvoir beaucoup penser à sa sœur ou à son beau-frère. Mademoiselle de Voss et les illuminés se disputaient tout son temps. Le Stathouder n'avait qu'à se tirer lui-même du bourbier où il avait su s'enfoncer. Le Roi, mécontent de ses importunités, semblait incliner chaque jour davantage vers la France et vers le parti français. « Il paraît que le Roi s'est beaucoup rapproché du prince Henri », écrivait d'Esterno, « et cela va en augmentant. Ce prince emploie de petits moyens qui ne sont pas les moins efficaces. Il donne tous les lundis à souper au Roi son neveu ; ce souper est suivi d'une comédie. Il fut, hier, suivi d'un bal ; le Roi et les princes n'y sont pas restés, mais il s'y est trouvé des personnes auxquelles le roi de Prusse s'intéresse particulièrement. » Les rapports de Frédéric-Guillaume avec son oncle n'étaient pas à dédaigner, dans un moment où la France désirait prendre une part plus active aux événements des Pays-Bas. Le prince Henri restait à Berlin le chef du parti français, avec M. de Finck pour ministre. « Encore une fois ce prince est, il sera et mourra Français », écrivait Mirabeau. La sympathie naturelle du prince Henri avait été encore augmentée par les succès qu'il avait obtenus, pendant son séjour à Paris. Il y avait joui d'une grande vogue.

Marmontel, remettant en sa présence un prix à la libératrice de Latude, avait opposé dans son discours la « femme obscure » à la « vertu couronnée de gloire ». Quand il partit, ce furent des larmes, d'après Sainte-Beuve[1] :

> Prince chéri, quoi! vous partez.
> Prince chéri, vous nous quittez.

Le moyen de ne pas être touché de tant d'amabilité? Le prince Henri fut touché et le témoigna, en plus d'une occasion. Est-il besoin de nommer les personnes auxquelles le Roi s'intéressait, et qui se trouvaient au souper du prince? Mademoiselle de Voss y assistait très-certainement. La passion de Frédéric-Guillaume pour elle ne faisait que croître. Le Roi soupirait toujours pour l'amour de cette belle, qui était fort laide, d'après Mirabeau[2]. Bien que ce fût au mois de décembre que la nouvelle favorite eût consenti au traité longuement négocié, elle continuait à se défendre avec ce mélange de pudeur et de cynisme, d'affectation et d'ingénuité qui plaisaient fort à Berlin, semble-t-il. On lui attribuait des mots très-peu naïfs qu'elle

---

[1] SAINTE-BEUVE, *Causeries du lundi*, XII, 390.
[2] « Mademoiselle de Voss a une sorte d'esprit naturel, quelque instruction, des manies plutôt que des volontés, une gaucherie très-saillante qu'elle s'efforce de sauver par les apparences de la naïveté; elle est laide, et même à un haut degré; pour toute grâce elle n'a que le teint du pays, encore le trouvé-je plus blafard que blanc; une gorge assez belle, qu'aussi couvrait-elle l'autre jour, au sortir de la comédie du prince Henri, d'un double mouchoir pour traverser les appartements, en disant à la princesse Fré-

disait en rougissant, comme une innocente bergère. Elle se sacrifiait au Roi, à sa famille, à son pays. Le Roi, en retour, ne savait qu'inventer pour séduire cette vestale d'un nouveau genre : rentes, bijoux, mobilier, maison; il prodiguait tout pour se faire aimer, et les bergeries de Potsdam revenaient fort cher au Trésor prussien. Je ne veux pas insister sur ce roman amusant et scabreux, et je n'ai garde de discuter avec le baron de Trenk la délicatesse et la sensibilité d'un prince qui, d'après lui, ne cherchait à plaire que par l'intérêt personnel qu'il pouvait inspirer.

Quoi qu'il en soit, mademoiselle de Voss était un sujet d'envie. Bien des vertueux pères de famille eussent désiré voir leur fille honorée d'un semblable amour; les mémoires du temps en font la preuve. Ils disent aussi que l'influence du comte de Finck augmentait avec la faveur dont jouissait sa nièce. Si le prince Henri était si bien traité par le Roi, le mérite en revenait pour une part à mademoiselle de Voss[1].

---

dérique : « Soignons-les bien, car c'est après eux qu'il court. » Jugez du ton des princesses qu'un tel mot fait rire. » Lettre de Mirabeau, 16 janvier 1787.

Pour compléter ce tableau de mœurs, il faut rappeler que la princesse Frédérique était la propre fille de Frédéric-Guillaume, et que ces confidences de Mirabeau s'adressaient à un abbé.

Il serait difficile de citer tous les détails dans lesquels entre l'agent secret de la cour de France ; mais il n'est pas inutile de montrer ce qu'était alors la pudeur allemande.

[1] Cette héroïne allemande ne croyait pas devoir imiter les sen-

Mais la passion du Roi n'était pas seule à l'absorber. Les illuminés avaient acquis sur son esprit une influence qui grandissait chaque jour. Frédéric le Grand avait assez d'esprit, tout en restant très-sceptique, pour se moquer parfois de ce qu'il appelait la crédulité des incrédules. Frédéric-Guillaume était victime de cette crédulité dont se raillait agréablement son oncle. « C'est une singulière transition », disait sir James Harris, « que de passer de l'état d'athée à celui d'illuminé. » Le roi de Prusse se livrait sans défiance à une secte de visionnaires dont la plupart étaient des fous très-sincères, dont beaucoup étaient des conspirateurs et quelques-uns des escrocs. D'après M. de Falciola, chargé d'affaires à Berlin, en l'absence d'Esterno, le désir suprême et le dernier but des adeptes était d'entrer en communication avec les esprits supérieurs et célestes, d'être dirigés et conseillés par eux dans la marche du monde[1]. Noble ambition assurément, mais quelque peu présomptueuse. La principale condition, pour être admis parmi ces spirites du dix-huitième siècle, était une parfaite

---

timents français de sa famille. Elle déclarait sans cesse n'aimer que l'Angleterre et les Anglais, et se trouvait humiliée de n'être née qu'en Allemagne. Mais ses parents, qui, pour lui donner des conseils de conduite, ne lui demandaient pas d'avis sur la politique, faisaient tous parti de la coterie opposée au comte de Hertzberg, et à l'alliance de la Grande-Bretagne. (Voir la lettre de Mirabeau du 16 janvier 1787.)

[1] De Falciola. Berlin, 14 juillet 1787. Prusse, 206, n° 83.

droiture de cœur et une très-grande innocence de mœurs. Mirabeau revient sans cesse, dans sa correspondance, sur l'importance des illuminés qu'il avait vivement attaqués dans son pamphlet sur Cagliostro et Lavater. Pour lui, Weltner et Bishofwerder, chefs de la secte, sont des intrigants beaucoup plus désireux des biens de ce monde que des rapports suivis avec les habitants célestes.

Weltner, qui avait reçu le nom de Vice-roi ou de petit Roi, n'en jouissait pas moins auprès de Frédéric-Guillaume d'une véritable influence dont il savait très-adroitement se servir. Le prince, qui s'était jeté avec ardeur dans les idées nouvelles, du vivant même de son oncle, s'y dévoua plus encore quand il monta sur le trône. M. de Falciola, bien qu'il ne fût pas très-spirituel, s'étonnait avec raison de cette ferveur. « Comment accorder », disait-il, « la vie privée du roi de Prusse avec la pureté de conscience requise pour être admis au ministère de l'évocation des esprits[1] ? » Le chargé d'affaires de France n'était pas bon casuiste. Les illuminés admettaient fort bien que l'on effaçât ses fautes par les bonnes œuvres. Plus Frédéric-Guillaume donnait de marques d'affection à mademoiselle de Voss ou à ses compagnes, plus il se croyait tenu de racheter les péchés nombreux qu'il commettait, plus il donnait à ses frères en la foi nouvelle une

---

[1] Falciola, 14 juillet 1787.

part active dans le gouvernement. Malgré mademoiselle de Voss elle-même, qui craignait un peu cette ardeur mystique, le roi de Prusse consacrait à évoquer les morts illustres tout le temps qu'il ne donnait pas à ses « bergeries ». C'était, d'habitude, à la suite de fort bons diners que les adeptes se réunissaient en assemblées solennelles. Un repas très-copieux et très-prolongé, des vins généreux distribués très-abondamment : rien ne convenait mieux, paraît-il, aux graves conversations avec les grands représentants de l'humanité. Moïse et Brutus ne dédaignaient pas de venir causer avec le Roi; on en vint un jour jusqu'à évoquer Jésus-Christ, qui ne crut pas devoir se soustraire aux questions des initiés. César poussa la condescendance jusqu'à laisser dessiner sa silhouette, qui fut, dit-on, très-ressemblante. Plus les apparitions étaient nombreuses, plus le Roi se déclarait satisfait et témoignait ses bontés aux habiles interprètes de ses illustres interlocuteurs. Faut-il beaucoup s'étonner qu'au sortir de semblables réunions, il trouvât la politique terrestre un peu monotone, et qu'il ne répondît qu'avec froideur aux demandes d'une sœur qui ne pouvait se recommander ni de Moïse, ni de Brutus même? Comment le roi de Prusse, s'entretenant si fréquemment avec de si célèbres personnages, adopta-t-il soudain une politique toute différente de celle qu'ils lui avaient jusqu'alors inspirée? Les ombres cessèrent-elles de lui apparaitre pour le punir brusquement de ses trop fréquentes infractions à la vertu? César[1], par vieille rancune contre Vercingétorix, donna-t-il le conseil au descendant des Germains d'envahir le territoire des Bataves? J'avoue, à ma honte, ne pouvoir choisir entre ces deux hypothèses. J'ai montré jusqu'ici la victoire des patriotes et l'abaissement de la maison d'Orange; il me reste à raconter le dernier acte d'une pièce parfois confuse, et dont le dénoûment fut très-contraire aux prévisions des principaux personnages.

---

[1] « Un souper très-remarquable et très-secret où l'on a pris la silhouette de l'ombre de César transpire un peu. » Mirabeau, 14 novembre 1786.

CHAPITRE VI

Rivalité constante des agents de la France et de l'Angleterre à l'étranger. — Le Stathouder « dénonce » aux États-Généraux la correspondance entre Rayneval et Gœrtz. — Protestation de la cour de France. — Les deux assemblées des États d'Utrecht. — Mort de Vergennes. Il est remplacé par M. de Montmorin. — Instructions envoyées au marquis de Vérac par M. de Montmorin. — Importance de la question des « bourgeoisies » dans la province de Hollande. — Sir James Harris s'efforce de conclure un accord entre le Stathouder et les patriciens d'Amsterdam. — Échec de cette combinaison. — Le rhingrave de Salm est envoyé à Versailles, pour traiter la question des « bourgeoisies ». — Mémoire de Rayneval : « Le Roi ne livrera pas la Hollande à la démocratie. » — Grande manifestation des bourgeois d'Amsterdam. — Violente discussion aux États de Hollande. — Succès des patriotes.

« Ne dégelez pas les peuples froids, ils ont du bon. » Cette maxime du prince de Ligne eût pu servir aux diplomates, qui s'arrachaient, en 1787, le sort des Provinces-Unies. On pourrait croire vraiment qu'ils n'avaient pour but que d'exciter les passions et de réchauffer les haines des habitants ordinairement flegmatiques des Pays-Bas. Sir James Harris ne rêvait plus que luttes et révolutions, et, malgré son calme apparent, n'était plus qu'un chef de parti cherchant à faire triompher, par tous les moyens, la cause qu'il avait ardemment embrassée. Le marquis de Vérac, réveillé de son indolence habituelle par l'imminence de la crise, mettait tout son orgueil à ne pas se laisser surprendre par les manœuvres incessantes de son actif et adroit collègue, le ministre d'Angleterre. M. de Rayneval lui-même, depuis l'échec de sa mission conciliatrice, avait épousé toutes les rancunes des *patriotes,* dont il partageait tous les préjugés et soutenait toutes les mesures.

La France et l'Angleterre ont ce malheur que leurs agents diplomatiques se combattent, alors même que leurs chefs d'État s'entendent. Dans tous les pays du monde, les représentants français et anglais sont naturellement portés à une jalousie réciproque, et ce qui est vrai encore aujourd'hui était vrai surtout alors que la France jouissait en Europe d'un prestige égal, sinon supérieur à celui de la Grande-Bretagne. Les envoyés du Roi Très-Chrétien trouvaient partout sur leur route les envoyés de Sa Très-Gracieuse Majesté, rivalité d'influence et de position, rivalité de fortune, rivalité de cour, et, pour tout dire, rivalité d'antichambre même. Petites passions assurément, et profondément regrettables, mais qui n'en ont pas moins très-souvent agi sur la marche des événements. « Je n'écrirais plus jamais une dépêche si je recevais l'ordre de plaire à la France, de l'approuver ou de coopérer avec elle », avait déclaré sir James

Harris en prenant possession du poste de la Haye. Sir James Harris n'était pas le seul à tenir un langage qui ne serait pas encore sans écho dans l'âme de plus d'un de ses compatriotes. M. de Rayneval était trop habitué aux formes prudentes de la diplomatie, pour s'exprimer sur le compte de l'Angleterre avec autant de vivacité ; mais sa modération n'était pas assez grande pour l'empêcher de traiter le Stathouder en termes contraires à la courtoisie, et son amour-propre blessé était d'accord avec sa raison pour combattre la cause des orangistes. Le gouvernement français avait appris, non sans étonnement, que Guillaume V avait cru devoir dénoncer aux États-Généraux les lettres adressées par M. de Rayneval au comte de Goertz. Rayneval lui-même, dans une dépêche adressée au marquis de Vérac, protesta, au nom du ministre, contre cet étrange procédé. « Sa Majesté ayant remarqué que le prince, sans doute par une suite de la délicatesse dont il parait faire profession, n'a pas joint à ces lettres les réponses qui y ont été faites, elle a cru devoir vous soulager, en vous autorisant à remettre ces mêmes réponses à M. le Grand Pensionnaire, et à les accompagner de la note verbale dont vous trouverez la minute ci-jointe. » « On ne saurait se dissimuler les intentions perverses de M. le prince de Nassau », ajoutait Rayneval. La note transmise à M. de Vérac était rédigée en termes fort nets : « Le soussigné, ambassadeur de Sa Majesté Très-Chrétienne, a reçu l'ordre de suppléer à la demi-confidence de M. le prince de Nassau, en remettant à M. le Grand Pensionnaire les réponses du ministre de Sa Majesté Prussienne. » D'après sir James Harris, jamais note française n'avait produit autant d'impression depuis son arrivée à la Haye. « Le public sent que l'affront reçu par le Stathouder l'atteint lui-même. La manière méprisante dont l'ambassadeur français a mentionné le nom du prince d'Orange a été remarquée par L. H. P., et le greffier Fagel a reçu l'ordre de signifier au marquis de Vérac qu'il n'était pas d'usage, en une note ministérielle, de donner à Son Altesse le titre de prince de Nassau, et qu'on espérait qu'il le remplacerait par celui de prince stathouder[1]. » Vérac répondit qu'il avait reçu la note toute rédigée. Guillaume V ne s'était pas contenté de faire remettre aux États la copie incomplète de la correspondance échangée entre les représentants de la France et ceux de la Prusse. Il l'avait fait imprimer avec la traduction hollandaise et l'avait communiquée à la *Gazette de la Haye* et au *Courrier du Bas-Rhin*. Il n'en crut pas moins devoir protester contre la note française, qu'il regardait comme un outrage, et contre l'expression de demi-confidence. « J'ai été hors d'état de communiquer à L. H. P. lesdites trois lettres, puisque je n'en ai

---

[1] La lettre du Stathouder est du 18 février 1787. Hollande, vol. 571.

jamais eu copie[1] », écrivit-il à M. Fagel, en affirmant qu'il ignorait même le contenu de ces pièces. La note française ne faisait aucune allusion au rôle joué par la princesse d'Orange; mais, en causant avec le Grand Pensionnaire, Vérac ne craignit pas de déclarer qu'elle en prenait trop sur elle et parlait trop comme une gouvernante des sept provinces[2].

S'il est difficile de concilier des intérêts opposés, il est plus difficile encore d'apaiser des amours-propres blessés. A Nimègue, comme à la Haye, comme à Versailles, les amours-propres étaient en jeu. « La crise s'accélère », disait sir James Harris, « et je la verrais approcher non-seulement avec une grande tranquillité, mais même avec satisfaction et impatience, si l'énergie et l'union d'un des partis répondaient à la violence et à la confusion de l'autre. Je regrette de dire que tel n'est pas le cas. »

La confusion était grande, en effet, et ce n'est pas seulement dans la province de Hollande qu'elle régnait; la question des rapports entre le Stathouder et les États n'était pas la seule qui menaçât de déchirer la République. La province d'Utrecht, comme celle de Gueldre, se trouvait livrée au désordre. Elle était partagée entre deux assemblées qui, toutes deux, se disaient légales et prétendaient

---

[1] *Diaries*, III, 235.
[2] *Diaries*, II, 279.

à la souveraineté. D'un côté, l'ordre équestre et le clergé, retirés à Amersfoort, sous la protection des troupes stathoudériennes; de l'autre, les députés de la majorité des villes restés à Utrecht, où les corps de bourgeoisie se préparaient à les défendre. Ces États rivaux, étant incomplets, se trouvaient irrégulièrement réunis, et leurs mesures contradictoires étaient également contraires au droit constitutionnel; mais les passions étaient trop excitées pour que le langage de la raison pût se faire entendre par des adversaires qui se traitaient réciproquement d'usurpateurs et de rebelles.

M. de Rayneval s'était flatté de mettre un terme à ces différends. Avant de quitter définitivement la Hollande, il s'était avisé de faire, dans la province d'Utrecht, une tournée de propagande en faveur de la France et des *patriotes,* mais les succès personnels[1] qu'il avait pu obtenir pendant cette course politique ne suffisaient pas pour améliorer

---

[1] Les Archives des affaires étrangères contiennent une correspondance curieuse échangée, à cette époque, entre Rayneval et le marquis de Saint-Simon, parent de l'auteur des *Mémoires* et oncle du philosophe. Le marquis de Saint-Simon s'était établi près d'Utrecht. Il écrivait à Rayneval, le 21 janvier 1787 : « *Veni, vidi, vici,* disait feu César. Monsieur, vous pouvez répéter ce bon mot, car ni le respectable grand-père, ni la très-digne grand'mère, ni moi qui sais qui je suis, ni ma pétulante vivacité, ni ma jeunesse obstinée, ni ma bonhomie n'ont pu tenir contre vos armes. Tous ont cédé, tous ont donné leurs voix, et la médiation est acceptée dans notre petit club comme à Amersfoort ou à ce dernier comme au premier, ce qui revient au même... Vous seul pouvez terminer cette grande aventure. » (Hollande, 571.)

sérieusement une situation très-inquiétante. La guerre civile allait éclater dans la province d'Utrecht, comme en Gueldre. Les conseillers de la ville, pour s'opposer aux préparatifs militaires que le Stathouder faisait contre eux, au nom des États d'Amersfoort, refusèrent de fournir les sommes nécessaires au payement des troupes entretenues par la province. Le contingent d'Utrecht, dans ces dépenses, était de 80 pour 100. La noblesse ni le clergé n'étaient assez riches pour soutenir seuls toute la charge. Mais ce n'était qu'un peu de temps gagné, et la situation n'en restait pas moins fort critique. M. de Vergennes ne laissait pas que de s'inquiéter de cet état de choses. Dans une lettre, en date du 4 février 1787, il insistait auprès de M. de Vérac sur la nécessité de traiter activement les questions pendantes : « La querelle avec le Stathouder n'est pas le seul mal qui tourmente la République. Nous regardons comme tel la brouillerie qui paraît exister entre la Hollande et quelques autres provinces, nommément Utrecht. Il se trouve à la Haye des membres des États de cette province. Abouchez-vous avec eux. Parlez-leur avec onction des vœux que le Roi fait pour que leur pays soit enfin pacifié et redevienne un membre libre et utile de la confédération[1]. »

L'onction de M. de Vérac ne fut-elle pas assez

---

[1] Hollande, 1787, vol. 571.

grande? ses interlocuteurs refusèrent-ils de se laisser toucher? Ce qui est certain, c'est que les différends ne furent pas terminés par l'intervention de l'ambassadeur de France. Les orangistes se réjouissaient de ces troubles. « Je doute fort que, dans le fond, nos adversaires soient fort à leur aise », écrivait Wilhelmine de Prusse à sir James Harris. M. Van der Spiegel, pensionnaire de Zélande, disait, lui aussi, au ministre anglais : « Si, comme vous croyez, les patriotes prétendent pousser leurs affaires par la violence, soyez assuré qu'ils creusent leurs propres tombeaux. »

Peu de jours après que sir James Harris recevait ces lignes, se passait un événement qui devait plus servir le prince d'Orange que les fautes de ses antagonistes ou le courage de ses amis. Le 15 février 1787, les ambassadeurs des Provinces-Unies auprès de la cour de France écrivaient à Leurs Hauts Commettants : « Le sieur comte de Vergennes a vu son état empirer si subitement, qu'hier soir, vers les trois heures, il a rendu l'esprit, regretté par tous avec raison. Le Roi a désigné pour son successeur le comte de Montmorin, ancien ambassadeur près la cour d'Espagne[1]. »

M. de Vergennes n'était pas un grand homme d'État; il manquait de ces dons supérieurs qui placent au premier rang et font les Richelieu ou les

---

[1] Archives royales des Pays-Bas.

Pitt. Il n'avait ni beaucoup de largeur dans les vues, ni beaucoup de hardiesse dans l'exécution; mais ses qualités étaient sérieuses, et l'on ne pourrait méconnaître ses services sans injustice. Intelligent, instruit, modéré, il avait un sentiment profond de la dignité monarchique et savait parler au nom du Roi sans arrogance, comme sans faiblesse. Trop prudent et trop sage pour lancer sans remords la France dans les aventures, il connaissait trop bien l'histoire pour supposer que son pays dût rester isolé en Europe, et ne se fut pas résigné à lui voir jouer le rôle d'un État sans alliés et sans influence. Que fût devenu M. de Vergennes pendant la révolution? Il n'était pas de ceux qui peuvent diriger ou contenir un grand courant national. Il est mort à temps pour sa mémoire. Mais on ne saurait, en parlant de lui, oublier la place que, sous sa direction, la France avait reprise dans les deux mondes, et les meilleurs éloges qu'on puisse lui donner se trouvent dans les dépêches des diplomates étrangers. C'en est assez pour assurer à son nom le rang très-honorable qu'il occupera dans l'histoire. M. Guizot a dit de Louis XI : « Ce n'était ni un grand roi, ni un bon roi, mais c'était un roi. » M. de Vergennes n'était pas un grand ministre, mais c'était un ministre et un bon ministre.

M. de Montmorin, que la confiance personnelle de Louis XVI désigna pour succéder à Vergennes, n'avait pas à craindre que l'on critiquât « son imposante médiocrité »; ce mot injuste de Rulhières sur le ministre qui venait de mourir n'eût pas pu être appliqué au ministre qui le remplaçait. Très-dévoué à son souverain, partisan très-honnête d'une monarchie modérée, il était affligé comme le Roi d'une déplorable timidité, qui pouvait lui servir à la cour, mais qui lui nuisait à l'étranger; et son indécision naturelle, encore augmentée par les scrupules d'une conscience timorée, détruisait souvent l'effet des combinaisons adroites qu'il était capable de former. Dans le conseil, Montmorin n'osait que rarement s'opposer aux désirs du Roi, et les observations peu hardies que le sentiment du devoir lui inspiraient parfois n'étaient pas toujours comprises. « J'ai pleuré ce matin comme un imbécile chez le Roi », écrivait-il un jour; « il en a fait autant, tout cela ne sert de rien. » M. de Montmorin avait raison. Ce n'est pas en pleurant qu'on gouverne l'Europe ou qu'on arrête une révolution.

Le nouveau ministre des affaires étrangères n'en arrivait pas moins au pouvoir avec les meilleures intentions. Il voulait la grandeur de la France et désirait y travailler. Les intérêts français étaient particulièrement engagés dans les affaires des Pays-Bas, il résolut de leur consacrer des soins tout spéciaux. Le Roi devait soutenir la province de Hollande, son alliée constante et fidèle. C'était en assurant à la Hollande la majorité dans les États-Généraux que l'on pouvait servir le plus utilement sa cause; la Hollande aurait aux États-Généraux une majorité absolue si la province de Frise et celle d'Utrecht s'unissaient à celle de Groningue pour soutenir les patriotes. « Le Roi vous autorise, Monsieur, à faire dans cette vue tout ce qui pourra dépendre de vous », écrivait Montmorin au marquis de Vérac. « Je vous confierai même que Sa Majesté ne serait pas éloignée de faire quelques sacrifices pécuniaires, s'il était nécessaire, pour donner de l'efficacité à ses exhortations. »

Avant d'assurer à la Hollande la majorité dans les États-Généraux, comme avant de régler les différends de la province d'Utrecht, il eût été urgent de résoudre les difficultés qui, dans la province de Hollande même, risquaient de faire naître la guerre civile. L'esprit de désordre qui agitait la République tout entière n'avait pas épargné la plus importante des sept provinces. La question des rapports entre les bourgeoisies et les conseils des villes devenait chaque jour plus grave et plus menaçante. Pendant deux siècles, les patriciens municipaux qui gouvernaient les affaires de chaque cité n'avaient eu à lutter que contre la maison d'Orange. Les stathouders avaient pu trouver des soutiens dans la populace, mais les corps de bourgeoisie étaient restés habituellement fidèles aux familles riches et puissantes, qui se consacraient à la direction politique. Mais les théories d'égalité, mises à la mode dans le cours du dix-huitième siècle, avaient pénétré en

Hollande. Dans chaque ville, s'était formé un nouveau parti, également hostile aux aristocrates et à la maison d'Orange, qui revendiquait pour la bourgeoisie le droit de prendre part au gouvernement : « La bourgeoisie n'est rien, elle doit être tout. » Tel était le mot d'ordre de ceux qui s'appelaient des démocrates. Devant ce mouvement d'opinion parfois exprimé par des émeutes, les patriciens n'étaient pas restés unis. A Amsterdam particulièrement, où la question avait plus d'importance que partout ailleurs, un double courant s'était produit. Certains conseillers, dominés avant tout par le désir de maintenir leur situation héréditaire, n'avaient pas hésité à se rapprocher du Stathouder et à lui proposer une sorte d'alliance contre l'ennemi commun. D'autres, au contraire, préoccupés surtout de défendre les libertés qui leur étaient chères contre les empiétements de la maison d'Orange, se déclaraient prêts à accorder à la bourgeoisie une part d'influence, et espéraient trouver dans son appui un secours contre Guillaume V. Les partisans de la France avaient vu, dans ces circonstances, leur nombre diminuer dans une notable proportion. La majorité des conseillers, désireux de maintenir le système aristocratique, semblaient pencher vers l'Angleterre qui leur promettait l'absolue conservation de leurs priviléges. La minorité, fidèle à l'alliance française, n'en comprenait pas moins les représentants des familles dont le rôle politique avait été, de tout temps, le plus considérable. Les descendants des amis les plus dévoués de Barneveldt et de Jean de Witt faisaient partie de cette minorité. Élevés depuis leur enfance pour la vie publique, très-attachés au souvenir de leurs ancêtres, très-fiers de leur influence séculaire, leur état d'esprit s'approchait de celui des députés libéraux de la noblesse de France, à l'Assemblée nationale de 1789.

Sir James Harris avait reconnu l'un des premiers la gravité d'une crise qu'il se gardait bien de déplorer. Il consacra tous ses efforts à amener une entente sérieuse entre le Stathouder et les défenseurs obstinés du système aristocratique. Sur sa proposition, des conférences eurent lieu à Nimègue entre les représentants du prince et ceux des aristocrates. L'accord fut bientôt conclu. La suspension de Guillaume V, comme capitaine général, devait être rapportée. Le commandement de la Haye lui serait rendu. M. Van Berckel ne conserverait pas la charge de Pensionnaire. En revanche, le prince renonçait à adresser aux villes des lettres de recommandation lors de l'élection des magistrats, et ne réclamait pas d'autres pouvoirs militaires que ceux accordés à Guillaume III. « L'union d'intérêts et le plan de coalition entre la ville d'Amsterdam et le Stathouder ont été adoptés dans les termes que je vous ai signalés », écrivait, au mois d'avril, sir James Harris au marquis de Carmarthen. « On réunira le conseil, au prochain jour, pour nommer de nouveaux députés aux États. Ils auront pour instruction de rapporter la suspension et de restituer le commandement. Quatre mille charpentiers, choisis avec soin, défendront le conseil et assureront la sécurité des débats. Ils recevront l'ordre de ne commettre aucun outrage et aucune violence, à moins qu'ils ne soient attaqués[1]. » Le plan était bien combiné ; il ne put être mis à exécution. Sir James Harris, qui constatait déjà, avec un plaisir cruel, « la confusion et le désordre qui régnaient à l'ambassade de France[2] », vit échouer encore une fois ses efforts. Les délégués des ouvriers d'Amsterdam, dont le concours était indispensable, refusèrent de consentir à un accord qu'ils déclaraient funeste au Stathouder[3]. Guillaume V eut beau leur écrire une lettre autographe, ils répondirent qu'ils serviraient le prince, malgré lui et en lui désobéissant. Trop souvent déjà ils avaient été trompés par les aristocrates ; ils ne retomberaient pas dans le piége qui leur était tendu.

Ce fut avec un profond chagrin que sir James Harris reçut cette nouvelle. Depuis quelques mois déjà, il s'efforçait de copier l'organisation des *patriotes*, d'opposer à toutes leurs associations des associations rivales, de répondre à toutes leurs pé-

[1] 17 avril 1787. *Diaries*, II, 290.
[2] 20 avril 1787. *Diaries*, II, 292.
[3] 24 avril 1787. *Diaries*, II, 293.

titions par des pétitions contraires. L'obstination des charpentiers et des maçons d'Amsterdam déjouait ses calculs et ne servait qu'à ses adversaires. Mais le ministre anglais avait trop de courage pour se laisser abattre par des insuccès même répétés.

La question des rapports entre la bourgeoisie et les conseils n'en restait pas moins en suspens. Tandis que sir James Harris travaillait, sans grand succès, à maintenir l'accord des aristocrates et du Stathouder, M. de Vérac insistait, dans toutes ses dépêches, sur la nécessité pour la France de conserver l'appui d'Amsterdam. « La position serait effrayante, on peut même dire désespérée, si nous avions contre nous la ville d'Amsterdam. Heureusement, elle s'est déclarée hautement en notre faveur, non par son conseil dont la majorité nous est encore contraire, mais par une démarche vigoureuse de la bourgeoisie qui, sans sortir des bornes de l'ordre et de la décence, en a imposé aux régents malintentionnés. » Cette démarche décente de la bourgeoisie à laquelle M. de Vérac faisait ici allusion était une imitation des assemblées solennelles d'Utrecht. Les bourgeois d'Amsterdam s'étaient présentés en nombre très-considérable devant l'Hôtel de ville, et, par l'organe de l'un des colonels de la milice, avaient demandé au conseil d'adopter des mesures de conciliation. Le bourgmestre Hooft leur répondit; c'était un vieillard respectable dont la famille jouait depuis deux cents ans un rôle très-considérable. *Patriote* zélé, il désirait voir s'établir l'accord proposé par les bourgeois. « Vos représentations sont justes », dit-il ; « la patrie est sans doute en danger, soutenez-moi, et je vous soutiendrai. Ma voix et celle de quelques bons régents seront bien vite étouffées si la bourgeoisie ne persévère pas dans les résolutions qu'elle vient de prendre. » La bourgeoisie avait décidé de poursuivre sans relâche ses revendications. Elle obtint une première fois gain de cause. Devant cette manifestation imposante, le conseil d'Amsterdam consentit à la nomination d'un délégué, chargé de représenter la ville dans une commission réunie par les États de Hollande, pour écouter les plaintes des bourgeois.

À Versailles même, on étudiait ces plaintes avec grand soin. M. de Rayneval faisait rapports sur rapports. M. de Montmorin ne craignait pas d'appeler à maintes reprises l'attention du Roi sur cette grave question. L'arrivée à Paris du rhingrave de Salm dut contribuer encore à fixer les esprits sur ce sujet. Le Rhingrave se présentait chargé de deux missions. Comme ambassadeur de la ville d'Utrecht, il venait demander des secours à « l'allié et au protecteur de la constitution libre de la République » ; comme délégué des corps de bourgeoisie, il venait soumettre à la cour de France les plans qu'il avait formés pour sauver l'État et résoudre les difficultés. Il avait vingt moyens à proposer pour en sortir.

Intelligent, aimable, spirituel, sans honnêteté et sans scrupules, il cherchait avant tout à grandir son rôle et à satisfaire son ambition. Ce petit souverain d'un État minuscule se voyait déjà le Stathouder ou le président de la République des sept provinces. Il faisait tout, en attendant, pour complaire aux démocrates, sensibles, comme toujours, à l'éclat d'un titre, et, bien qu'il restât en relations suivies avec les chefs des *patriotes*, qui pouvaient lui être utiles encore, il travaillait bien moins à les servir qu'à se servir d'eux, pour parvenir à ses fins. Il fut bien reçu à Versailles, où l'on avait oublié ses erreurs de jeunesse. M. de Vérac avait annoncé sa mission nouvelle dans les termes les plus chaleureux; le Rhingrave sut plaire et s'insinuer dans la faveur des ministres. Il ne s'inquiétait, à l'entendre, que des intérêts français et sacrifiait à la France son avenir et ses intérêts. Tant de vertu méritait une récompense. Pour consoler Frédéric de Salm de la dissolution probable, selon lui, de la légion qu'il commandait, M. de Calonne obtint en sa faveur la confirmation du grade de maréchal de camp dans l'armée française et la promesse d'une pension de quarante mille livres, qui fut adroitement convertie en un versement unique de quatre cent mille livres. Le 1er avril, Montmorin, en remettant au Roi un mémoire rédigé par le Rhingrave, lui proposait de l'approuver. « Le différend qu'il s'agit d'apaiser aujourd'hui existe entre les bourgeois et les régents. Le roi de Prusse n'a rien à y voir. Il est question de tempérer l'aristocratie, et non d'établir la démocratie », écrivait le ministre. « Les bourgeois devront être satisfaits, et il paraît qu'ils le seront, s'ils obtiennent l'élection de leurs magistrats et des tribuns ou constitués, autorisés à faire leurs réclamations. » Dans son rapport, le Rhingrave allait jusqu'à parler « des magistrats ambitieux et faibles, qui aiment mieux tout risquer que de renoncer au privilége exclusif que leurs familles se sont arrogé d'aristocratiser leurs concitoyens ». Louis XVI n'aimait guère ce langage un peu révolutionnaire. « Le Roi a déclaré formellement qu'il aimerait mieux renoncer à l'alliance que de livrer la Hollande à une démocratie pure », disait un nouveau mémoire du ministre, discuté et approuvé au Conseil d'État le 5 avril. Un mois plus tard, M. de Rayneval, moins touché que beaucoup d'autres par l'esprit facile du rhingrave de Salm, revenait sur ce point dans un travail fort important qui, aujourd'hui encore, mérite d'être lu avec attention[1] : « Le Roi n'a ni intérêt, ni aucun motif pour favoriser la démocratie. Je pourrais même dire qu'un pareil gouvernement perdrait la République ou, du moins, la rendrait une alliée inutile, car il est impossible de rien concerter et de rien entreprendre avec des démocrates.

---

[1] Hollande, 572, 17 mai 1787.

Il ne peut donc être question que de tempérer l'aristocratie. La province de Hollande est gouvernée par une aristocratie de familles. Les bourgeois n'y sont rien, et leur nullité les blesse et leur rend leurs régents odieux. » Le Roi, d'après M. de Rayneval, ne pouvait intervenir dans cette querelle que s'il y était directement sollicité. Il était dangereux d'en remettre la solution au seul Rhingrave. « M. le Rhingrave est étranger en Hollande. Il n'a à sa dévotion que les bourgeois ou, pour mieux dire, les démagogues ; il cherchera donc à faire prévaloir leur système. » Mais ne pouvait-on pas obtenir des États de Hollande une demande de médiation du Roi sur ce point? Il faudrait, dans ce cas, que le Roi « fût le maître de donner aux bourgeois telle impulsion qu'il jugerait à propos ; qu'il pût modérer l'ardeur des démocrates; être l'arbitre, en un mot, de la nouvelle constitution à donner aux villes de la Hollande ». M. de Rayneval concluait par un exposé de ce projet de constitution : « Les bourgeois, divisés par quartiers, nommeraient des tribuns, qui seraient appelés représentants ou constitués. Ces tribuns éliraient les conseillers choisis soit pour la vie, soit pour un certain nombre d'années. » « Il faudra, autant que possible, conserver aux familles patriciennes les avantages actuels », disait Rayneval en terminant. « Ce sera un excellent moyen de conciliation. Le peuple doit être satisfait, en obtenant l'élection, parce qu'il aura le droit de choisir entre les différents candidats. »

L'histoire présente d'étranges contrastes. Quand Louis XVI s'efforçait, en 1787, de préparer pour les Pays-Bas une constitution républicaine, il ne prévoyait guère que, cinq ans plus tard, la vieille monarchie française aurait sombré dans une tourmente plus terrible que celle qui secouait les Provinces-Unies, et que la France elle-même serait gouvernée par des démagogues plus dangereux que ceux qui voulaient dominer Amsterdam.

L'intensité de la crise, dans cette ville, allait chaque jour croissant. Les corps de bourgeoisie résolurent d'en hâter le dénoûment. Le 3 avril, ils présentèrent au Conseil une pétition pour se plaindre que l'on eût modifié la députation de la cité aux États de Hollande, de manière à faire pencher la balance en faveur du Stathouder. Le plein succès de leurs représentations encouragea les bourgeois. Le 21, vers les onze heures du matin, les compagnies de la milice se réunirent dans leurs différents quartiers; six compagnies allèrent prendre poste à l'Hôtel de ville. Les conseillers s'y trouvaient rassemblés. Jusqu'à deux heures, on ne leur présenta aucune pétition. Ils allaient se séparer. On les pria de rester en séance, pour recevoir une députation de la bourgeoisie. Une requête imprimée fut remise au bourgmestre Hooft par les délégués qui se retirèrent aussitôt. La bourgeoisie d'Amsterdam demandait la démission de neuf conseillers stathoudériens. Le Conseil entra en délibération. Cependant, les délégués se rendaient auprès de toutes les compagnies pour leur lire le texte de la pétition. Elle fut partout reçue avec acclamation, aux cris, trois fois répétés, de Houzzée! (Hourrah!) Les délégués revinrent à l'Hôtel de ville, pour témoigner de cette unanimité et recevoir la réponse du Conseil. Cette réponse était négative. Les régents refusaient de prendre une résolution illégale. La bourgeoisie refusa de se retirer et recommença ses acclamations. Les conseillers se déclarèrent prêts à céder et l'annoncèrent par la motion suivante : « Ceux qui ne sont pas déclarés déchus de leur poste travailleront, de concert avec le conseil de guerre et la bourgeoisie, à procurer la tranquillité de la ville et à avancer la bonne cause[1]. » La nouvelle de cet événement se répandit bientôt, non-seulement à Amsterdam, mais dans toute la Hollande. Des courriers partirent dans toutes les directions pour l'annoncer. La ville prit soudain un air de fête ; une foule joyeuse remplissait les rues, témoignant par sa gaieté de la satisfaction qu'elle éprouvait. Le bourgmestre Hooft fut reconduit en triomphe jusqu'à sa maison. On le proclama père de la patrie[2]. La populace oran-

---

[1] Vérac. De la Haye, 22 avril 1787. Hollande, 571. — Sir James Harris, *Diaries*, 24 avril, II, 293. — Caillard, 108-111.
[2] Hendrick Hooft, né en 1716, bourgmestre d'Amsterdam, fils,

giste elle-même ne s'opposa pas à ces manifestations ; elle en voulait encore à ceux qui, suivant elle, avaient osé tromper le prince. Les neuf conseillers exclus protestèrent contre la mesure dont ils avaient été l'objet. Les conseillers *patriotes* crurent devoir leur répondre par une déclaration publique que signèrent, entre autres, MM. Hooft, Bicker, Temminck et Jean de Witt.

M. de Vérac, qui accusait ses amis de procéder avec trop de lenteur, devait enfin être content. Amsterdam rentrait définitivement dans le parti de la France. Les constitués de la bourgeoisie n'avaient fait qu'appliquer à l'avance la constitution proposée par Louis XVI ; le Stathouder avait abusé trop souvent de mesures bien moins légales, pour avoir le droit de le leur reprocher. Sir James Harris revenait avec tristesse sur l'échec de ses propres combinaisons : « Si notre plan de coalition avait réussi à Amsterdam, si *notre coup de main* avait été frappé à temps, tous les secours de France seraient arrivés trop tard ; mais la force et la vigilance de la faction ont été accrues par l'insuccès et la découverte de nos projets [1]. »

La ville de Rotterdam crut devoir imiter l'exemple d'Amsterdam. A Rotterdam, comme à Ams-

---

petit-fils, arrière-petit-fils de bourgmestres de la ville, est connu dans l'histoire de Hollande sous le nom de « Vader Hooft ». Il jouissait d'une popularité extraordinaire, à laquelle contribuaient sa grande fortune et sa générosité. Il est mort en 1798.

[1] *Diaries*, II, 253.

terdam, la bourgeoisie se réunit, adressa une pétition au Conseil, l'appuya d'une manifestation solennelle, obtint ce qu'elle désirait et rentra dans ses foyers, sans troubler la sécurité publique. La régence modifiée envoya aux États de Hollande une députation nouvelle. La députation de l'ancien Conseil refusa de se retirer et continua à siéger. Une violente discussion s'ensuivit. Le jeune comte de Roone, stathoudérien décidé, soutint avec passion les prétentions de l'ancien conseil[1]. M. Van Berckel lui répondit avec éloquence. «Les États», dit-il, « n'ont pas le droit de se mêler des affaires des villes et d'empiéter sur leur souveraineté. Si les pouvoirs des nouveaux députés de Rotterdam sont en due forme, les États doivent les admettre.» Bleiswyck, grand pensionnaire de Hollande, affirma que les pouvoirs étaient en règle. L'avis de Van Berckel fut adopté par neuf voix contre huit, malgré l'opposition ardente de l'ordre équestre, qui menaça de quitter l'Assemblée et déclara prendre la question *ad referendum*[2]. C'était en remettre la solution définitive au lendemain.

L'Assemblée du 25 fut plus tumultueuse encore que celle de la veille. C'était le jour indiqué, dans le plan de sir James Harris, pour régler la question des pouvoirs de Guillaume V. Les stathoudériens, irrités de l'échec de leur combinaison, voulurent

[1] Vérac, 28 avril 1787.
[2] Caillard, 115.

livrer un dernier combat. La nouvelle députation de Rotterdam prit séance. L'ancienne obtint l'autorisation courtoise d'assister à la discussion, mais debout et hors rang. Le comte de Roone apostropha avec colère le Grand Pensionnaire, qui recueillait les voix. Bleiswyck lui répondit que l'ordre équestre ayant été en minorité, son opposition était nulle et sa réclamation inconstitutionnelle. M. de Roone insista avec une vivacité plus grande encore. Le Grand Pensionnaire se leva : « Monsieur », dit-il, « il y a quinze ans que j'ai l'honneur de remplir cette place, et je crois connaître mes devoirs. Ce n'est pas un jeune homme tel que vous qui me les apprendra; vous, qui depuis une heure ne savez plus ni ce que vous faites, ni ce que vous dites. Je dois conclure à la majorité, et je conclurai[1]. » A ces mots, Bleiswyck laissa tomber le marteau dont la chute annonçait la clôture des délibérations. Le comte de Roone, pâle d'émotion, garda le silence, et la députation de Rotterdam fut définitivement admise.

En annonçant à M. de Montmorin le succès signalé remporté par les *patriotes*, le marquis de Vérac n'avait garde d'omettre un détail assez piquant. Sir James Harris avait si bien compté sur la réussite de son plan qu'un grand bal de réjouissances avait été annoncé à l'avance par la légation

---

[1] Caillard, 117.

d'Angleterre. « Le bal a effectivement eu lieu, et il n'y a eu que le motif de changé[1]. » Est-il besoin de dire que l'ambassadeur de France accusait son rival de répandre l'argent à pleines mains ? « Il vient de recevoir d'Angleterre quatre-vingt mille livres sterling. » Sir James Harris, de son côté, affirmait rester bien au-dessous de la vérité en parlant d'une somme de plus d'un million dépensée par M. de Vérac, pendant la dernière quinzaine. Avant même de connaître le dernier succès des *patriotes*, Montmorin s'exprimait fort légèrement sur le compte du Stathouder, auquel il ne fallait pas donner trop d'importance, d'après lui. « L'indifférence du Roi pour M. le prince de Nassau est telle, que son intention est que vous vous refusiez à toute ouverture. Le Roi n'a aucune négociation à entamer avec un simple officier de la République. Il est bon de mettre M. le prince de Nassau à sa place et de détruire l'illusion qui continue de l'égarer. » — « Les affaires se soutiennent dans le meilleur état et s'acheminent vers leur point de perfection », répondit Vérac à cette dépêche. C'était passer un peu vite du pessimisme à l'optimisme. Qu'eût dit sir James Harris en lisant la lettre de l'ambassadeur de France ? Le ministre anglais était « obsédé » par la pensée des efforts faits par le cabinet de Versailles pour remporter la victoire.

---

[1] Vérac à Montmorin, 28 avril 1787.

« Réduire ce pays est le premier objet de la politique française. Elle le considère comme un instrument dont elle se servira dans ses vues hostiles contre l'Angleterre[1]. » Le retour précipité du rhingrave de Salm, le consentement à d'énormes subsides, tout prouvait, d'après sir James Harris, que la France n'épargnerait rien pour triompher.

Le rhingrave de Salm n'était pas revenu seul en Hollande. M. de Montmorin y avait envoyé un nouvel agent. Le chevalier de Bourgoing n'avait aucune mission officielle. Il voyageait pour son instruction, pour compléter les vues que le ministre avait bien voulu lui donner sur l'état des affaires dans les Provinces-Unies. En fait, il était chargé de surveiller le Rhingrave, de conseiller Vérac, de travailler à un accord définitif entre les bourgeois et les régents. Dès son arrivée, il avait une conversation intéressante avec M. de Thulemeyer, ministre ordinaire de Prusse. « Il m'a dit que le Roi son maître lui parlait de moi; que ce monarque semblait espérer que ma mission aurait une heureuse influence. » Bourgoing feignit l'étonnement : « Mon voyage ne mérite de fixer l'attention de personne, encore moins celle d'une tête couronnée. M. de Thulemeyer a mis dans cette conversation autant d'onction que j'ai affecté d'y mettre de froideur[2]. »

[1] *Diaries*, II, 294.
[2] Le chevalier de Bourgoing à Montmorin, 11 mai 1787.

CHAPITRE VII

Le Stathouder se décide à attaquer la ville d'Utrecht. — Victoire des *patriotes*. — La province de Hollande donne l'ordre à ses troupes de défendre Utrecht. — L'acte d'union se trouve rompu par l'attaque du Stathouder. — La cour de France blâme la précipitation de la Hollande et se refuse à offrir sa médiation. — Le Roi n'en est pas moins décidé à soutenir ses amis et se décide à des sacrifices pécuniaires. — Sir James Harris part pour l'Angleterre. — Il persuade M. Pitt de la nécessité d'une action hardie. — George III consent à avancer de l'argent, pour défendre la cause stathoudérienne. — L'Angleterre prend nettement parti pour Guillaume V. — Troubles nombreux dans les Pays-Bas. — Le roi de Prusse, encouragé par l'attitude de l'Angleterre, semble vouloir soutenir son beau-frère. — Les États de Hollande donnent à une commission souveraine des pouvoirs dictatoriaux. — Colère inspirée au rhingrave de Salm par cette mesure. — La commission des États organise la défense dans la province de Hollande et la ville d'Utrecht.

L'onction, fort à la mode dans la langue diplomatique à la fin du siècle dernier, n'empêchait guère la violence. C'était la violence qui l'emportait dans les Pays-Bas. Non pas que dans une lettre au greffier de L. H. P., Guillaume V ne se plaignît avec amertume des bruits que l'on faisait courir sur ses intentions guerrières. Ne disait-on pas qu'il avait envoyé dix-sept courriers pour donner aux régiments de Gueldre l'ordre de marcher? « Tout cela était une pure invention..., une fausseté insigne..., rien n'était vrai[1]. » Le prince d'Orange ne regardait pas l'amour de la vérité comme une vertu stathoudérienne. Tandis qu'il protestait de la pureté de sa conduite, il préparait contre Utrecht un coup de main militaire. Sous les ordres du colonel d'Efferen, les troupes orangistes devaient occuper tous les points par lesquels la ville se trouvait en rapport avec la Hollande. Les communications interceptées, on procéderait au blocus de la cité rebelle, qui serait bientôt forcée de capituler. Le 9 mai, au matin, la nouvelle de la marche en avant des stathoudériens se répandit à Utrecht. Le Conseil se rassembla aussitôt et résolut de repousser la force par la force. De tous côtés, les volontaires s'offrirent pour marcher contre l'ennemi. Sur les deux heures de l'après-midi, on apprit que la petite ville de Vreeswyck allait être prise. Vreeswyck faisait partie de la juridiction d'Utrecht et lui appartenait en propre. Le territoire était envahi. M. d'Averhoult[2], Français d'origine et l'un des plus jeunes conseillers d'Utrecht, accepta le commandement des défenseurs de la ville. Six heures du

[1] Missive de M. le prince stathouder à M. Fagel, greffier de L. H. P. Nimègue, le 4 mai 1787.
[2] M. d'Averhoult émigra en France après l'invasion prussienne. Il fut nommé député à l'Assemblée législative, qu'il eut l'honneur de présider. Il y combattit les révolutionnaires et se brûla la cervelle pour ne pas tomber entre leurs mains.

soir venaient de sonner quand il put se mettre en marche, à la tête des miliciens enrégimentés. Il n'avait que trois pièces d'artillerie. Les stathoudériens avaient déjà passé l'écluse de Vreeswyck. Ils commencèrent le feu : deux *patriotes* furent tués, et plusieurs blessés. Sans se laisser effrayer, les bourgeois répondirent par une décharge de leurs mousquets et mirent leurs canons en batterie. Le combat ne fut pas de longue durée. Les stathoudériens faiblirent bientôt devant le tir serré de leurs adversaires. Leur retraite se changea en déroute. Officiers et soldats prirent la fuite, laissant de nombreux cadavres, abandonnant armes et bagages. Trois drapeaux tombèrent entre les mains des vainqueurs. La victoire était complète. Les troupes régulières avaient reculé, après avoir engagé une lutte illégale. Les bourgeois couchèrent sur le champ de bataille et poursuivirent, le lendemain matin, un ennemi qui ne se trouva plus. M. d'Averhoult voulait maintenir ses volontaires sous les armes; il ne put y parvenir. Les femmes, les enfants des combattants les attendaient dans l'angoisse. Ne fallait-il pas les rassurer et leur raconter ce glorieux exploit? L'émoi avait été grand à Utrecht; la satisfaction y fut générale. On exaltait le courage et l'habileté des miliciens. Les chansons guerrières devinrent à la mode : « Les braves d'Utrecht, les braves d'Utrecht sont les vrais fils des vieux Bataves. » Quelques jours plus tard, dans un nouvel engagement près de Zeist, les troupes stathoudériennes furent de nouveau mises en déroute. C'était le « doigt de Dieu » qui avait dirigé ces deux combats. La ville fit faire des funérailles solennelles à un jeune *patriote* tué dans la dernière affaire. Dix mille lettres de faire part, encadrées de noir, furent envoyées dans toutes les villes de la République. Ce n'était pas seulement à Utrecht que l'entreprise maladroite du Stathouder et son échec absolu frappèrent l'attention publique. « Il est vraiment impossible d'exprimer la sensation que ces nouvelles ont causée à la Haye », écrivait Vérac. « Toutes ces circonstances portent l'enthousiasme de la liberté à un point qui tient du délire[1]. » M. Smissaert, l'un des conseillers d'Utrecht, disait qu'à Amersfoort les orangistes « étaient tout à la fois désorientés et furieux. Probablement ils vont faire les derniers efforts, mais c'est le hoquet des agonisants[2]. » Les rédacteurs de la *Gazette de Leyde* déclarèrent « avoir à remplir le devoir le plus rigoureux qui se fût jamais présenté à leurs plumes », en racontant le combat de Vreesywck. « Il s'agit, continuaient-ils, de sauver la République entière, la Hollande en particulier des fers de l'esclavage. » Le *Courrier du Bas-Rhin*, organe stathoudérien, après avoir annoncé que les « insur-

---

[1] Vérac à Montmorin, 16 mai 1787. Hollande, 571.
[2] 12 mai 1787. Hollande, 571.

gents[1] » avaient attaqué hostilement et traîtreusement les troupes régulières, se voyait forcé de reconnaître son erreur et peignait en vives couleurs la défaite des orangistes : « L'exemple du colonel, qui prit la fuite, entraîna ses gens, qui jetèrent fusils, havre-sacs, chapeaux, drapeaux, et allèrent se cacher dans les granges et dans les maisons. » Pour atténuer ces tristes détails, le *Courrier du Bas-Rhin* s'indignait, dans son numéro suivant, contre la cruauté des *patriotes* qui avaient refusé de panser les blessures d'un cavalier, à moins qu'il n'adoptât leurs idées : « Laissez donc couler le sang », répondit ce brave homme à ces fanatiques cruels.

Ce n'était pas en inventant des faits divers émouvants que les partisans de Guillaume V pouvaient atténuer l'effet produit par l'ouverture des hostilités. A Amersfoort même, certains députés de la noblesse et du clergé protestèrent contre la conduite du Stathouder et allèrent se joindre aux délégués des villes. En Hollande, sur la nouvelle des premiers combats, les États avaient pris des mesures décisives. Le général Van Ryssel, commandant le « cordon militaire » qui défendait la province, reçut l'ordre de se porter en avant ; la légion de

[1] « Nous nous servons du terme d'*insurgents*, avec lequel on a d'abord désigné les Anglo-Américains, parce qu'en effet ce qui se passe aujourd'hui dans les Provinces-Unies n'est que la petite pièce, qui paraît avoir été destinée à paraître à la suite du grand drame qu'on a fait représenter dans le Nouveau Monde. » (*Courrier du Bas-Rhin*, 16 mai 1787.)

Salm, conservée au service des *patriotes* par une souscription publique, fut dirigée sur Utrecht. En envahissant le territoire de cette ville souveraine, le Stathouder avait manqué à ses devoirs constitutionnels; par ce fait l'acte d'union se trouvait rompu et violé. Tout officier refusant d'obéir aux États serait suspendu. D'après M. de Vérac, la situation était excellente; la Hollande, sans compter les corps francs et la bourgeoisie, pouvait mettre en ligne huit à neuf mille hommes. Le rhingrave de Salm se montrait moins rassuré. Lui qui, pendant son séjour à Versailles, ne cessait de parler de quatre-vingt mille bourgeois prêts à tout entreprendre, ne voyait plus maintenant que la faiblesse des moyens mis en œuvre. Le chevalier de Bourgoing était le confident de ses inquiétudes et de ses plaintes. Pouvait-on compter sur des milices et des *corps francs*[1]? Les États n'avaient que cinq mille hommes à opposer aux six mille soldats du prince. La légion de Salm exceptée, toutes les troupes de la Hollande étaient mauvaises, mal exercées et prêtes à la désertion. Les régiments du Stathouder étaient bien équipés et bien entraînés. « Si Guillaume V donnait de la suite à ses opérations hostiles, sans un secours effectif de la part du Roi, le parti patriotique ne pouvait s'attendre qu'à des défaites, dont les suites seraient incalculables. » Le

[1] Bourgoing à Montmorin. La Haye, 17 mai 1787.

Rhingrave se déclarait abattu et découragé. Allait-il compromettre sa « gloire », et même sa sureté, sans aucune apparence de succès? Il venait de recevoir, de la part du Stathouder, les offres les plus séduisantes. Il ne les avait pas rejetées positivement. Il pouvait arriver tel ordre de choses qui le forçât à ne consulter que son intérêt. Qu'eussent dit les démagogues d'Amsterdam en entendant leur apôtre parler avec tant de netteté de la possibilité d'une trahison? M. de Bourgoing se contenta de répondre à ces confidences inquiétantes que les ouvertures de la part du Stathouder prouvaient que ses avantages ne lui paraissaient pas aussi considérables. « Il me semble, Monseigneur », disait Bourgoing en terminant sa dépêche, « qu'il n'y a que la déclaration du Roi qui puisse arriver assez à temps, pour imposer au Stathouder et suspendre encore les horreurs de la guerre civile. »

La cour de France pouvait-elle faire la déclaration dont parlait M. de Bourgoing? Les *patriotes* la lui demandaient avec insistance. Le Roi, en sa qualité d'allié de la République, s'adresserait aux États-Généraux pour leur offrir sa médiation et régler les différends des provinces et des villes. Après une longue discussion, le Conseil rejeta ce projet de déclaration, « malgré son désir sincère de l'approuver[1] ». La cour de France n'avait pas

---

[1] Montmorin à Vérac, 19 mai 1787.
Une lettre autographe du ministre au chevalier de Bourgoing

le droit d'intervenir dans les querelles domestiques de la province d'Utrecht. Tous les efforts des *patriotes* devaient tendre à acquérir la majorité aux États-Généraux. « Le Roi accueillera avec empressement l'invitation que lui fera cette Assemblée. Il sera également favorable à la demande que lui feront les États de Hollande de régler leurs différends particuliers. Il ne demande qu'un prétexte plausible pour intervenir en faveur des patriotes. »
« Nous eussions désiré que les États de Hollande n'eussent pas déclaré l'union rompue et envoyé la légion de Salm à Utrecht », ajoutait bientôt Montmorin. Rayneval n'était pas moins explicite en s'adressant à Bourgoing : « Les patriotes ne sont pas même en mesure d'appeler le Roi, et ils se croient en état d'engloutir les stathoudériens. De la modération, de la conciliation, voilà ce qu'il faut. Soyez modeste quand vous êtes faible ; soyez encore modeste quand vous êtes le plus fort. Ce n'est pas la cour de Berlin que je calcule, disait encore Rayneval ; je calcule la faiblesse, la fragilité des moyens des patriotes. »

Le chevalier de Bourgoing était assez intelligent pour comprendre ces sages conseils. Il continuait à « s'instruire », opposant toujours une réserve froide et polie aux avances répétées du ministre de

---

dit : « La protection décidée que le Roi accordera aux patriotes vaut mieux qu'une déclaration, qui pourrait n'être suivie d'aucun effet »

Prusse. « Le Roi n'est nullement disposé à avoir des relations directes avec M. le prince de Nassau », répondait-il invariablement à Thulemeyer. « Il ne prend intérêt au sort de ce prince que relativement à ses liaisons étroites avec Sa Majesté Prussienne[1]. » Ces liaisons étroites semblaient oubliées à Berlin. Frédéric-Guillaume, toujours partagé entre mademoiselle de Voss et les illuminés, ne s'inquiétait pas de son beau-frère. Un mémoire remis à Louis XVI le constatait d'une manière formelle : « Votre Majesté a acquis la certitude que Sa Majesté Prussienne ne fera aucune démarche pour soutenir les prétentions de M. le Stathouder[2]. » La cour de Versailles se montrait, au contraire, très-décidée à soutenir les *patriotes*. « Le Roi consent volontiers à leur donner les secours pécuniaires que les circonstances rendront nécessaires », disait M. de Montmorin, dans une lettre autographe, à Bourgoing. « Je vous confierai que nous regarderons la chose comme assez importante pour ne pas craindre de répandre deux millions, et même le double, si cette somme était nécessaire. Je regarde l'alliance de la République des Provinces-Unies comme d'un intérêt majeur pour la France. Je crois que notre Assemblée finira vers le milieu de la semaine prochaine. Il en est temps ; au reste, tout

---

[1] Bourgoing à Montmorin. La Haye, 26 mai 1787.
[2] Mémoire de Montmorin adressé au Roi. Ce mémoire est de la main de M. de Rayneval. Hollande. Vol. 572. Pièce 108.

va bien ; l'emprunt est à peu près rempli, et je suis bien convaincu que, l'année prochaine, il n'y paraîtra plus, tant le royaume est bon [1]. » M. de Montmorin voyait l'état de la France sous des couleurs bien favorables. Il est facile, aujourd'hui, de s'en étonner ; en 1787, il n'était pas le seul de son opinion. Aux yeux de M. de Vérac, les affaires allaient bien, même en Hollande, et la partie semblait gagnée. Le chevalier Harris renonçait lui-même à la lutte. « Il est parti aujourd'hui pour l'Angleterre, laissant tout le monde dans la persuasion qu'il ne reviendrait pas, quelque effort qu'il ait fait pour rassurer ses partisans, et il en résulte un découragement extrême dans le parti. » Le marquis de Vérac se trompait ; sir James Harris devait revenir.

Après l'échec de son plan de conciliation entre Amsterdam et le Stathouder, le ministre anglais était resté convaincu que, pour sauver Guillaume V, il fallait avoir recours à d'autres moyens que ceux jusqu'alors employés. « L'assistance étrangère est nécessaire », écrivait-il au marquis de Carmarthen. « Il faut trouver quelque grande puissance qui consente non-seulement à des secours pécuniaires, mais qui se regarde comme assez intéressée à empêcher la République de devenir une province française, pour déclarer que si

---

[1] Montmorin, 19 mai 1787.

la France l'envahissait, elle ne verrait pas cette invasion avec indifférence. *Avec cet appui, je serais presque aussi sûr du succès que je suis sûr, sans lui, de l'échec. L'Angleterre est la seule puissance à laquelle nos amis regardent; c'est de l'Angleterre seule qu'ils attendent le salut.* » « Ce pays peut être sauvé et racheté », disait sir James Harris quelques jours plus tard; » si nous voulons être son sauveur, si nous commençons à grogner, la France tremblera[1]. » Le langage énergique de sir James Harris devait enfin produire quelque effet. Le 19 mai, il reçut, sur sa demande, l'autorisation de quitter la Haye, pour venir plaider la cause des orangistes auprès du Roi son maître. « J'obéirai avec le plus grand plaisir aux ordres de Sa Majesté », écrivait-il aussitôt. « Je me mettrai cette nuit même en route. C'est avec plus de plaisir encore que je recevrai les ordres me permettant de retourner armé du tonnerre de Jupiter, de ce tonnerre, au moins, dont il s'est servi pour séduire Danaé. Une pauvre dame en grande détresse m'a demandé de remettre la pétition ci-incluse. » Est-il besoin de dire que cette pauvre dame se nommait Wilhelmine de Prusse? « J'ose conserver l'espoir, disait la princesse, que Votre Majesté voudra être le protecteur et l'appui de notre juste cause, et prévenir ainsi la ruine totale de la République. » Dans un

---

[1] *Diaries*, II, 257.

mémoire préparé par sir James Harris pour faciliter la discussion des ministres, il avait bien soin d'indiquer « que le mal était plus grand, le remède moins difficile qu'on ne le croyait. La France ne s'aventurera pas dans une guerre. » Sir James Harris avait raison, dans sa clairvoyante fermeté.

Le 23 mai, après un dîner chez le lord chancelier, le cabinet anglais aborda la question hollandaise. M. Pitt n'hésitait pas à admettre *l'immense importance de la Hollande*. Mais fallait-il essayer d'arrêter la France dans l'accomplissement de ses projets, ou résister à leur exécution quand elle serait prête à attaquer l'Angleterre? Quelle sorte de secours demandait le parti bien pensant? — « Un secours pécuniaire pour le moment; la promesse d'appui dans l'avenir, si cela était nécessaire, répondit sir James Harris. La France n'est pas prête pour la lutte; elle ne veut pas combattre pour la possession de la Hollande, mais se servir de la Hollande pour combattre l'Angleterre. Elle n'a ni armée, ni revenu, ni ministère. » — M. Pitt répliqua que bien que la guerre fût seulement *possible*, mais non *probable,* sa *possibilité* seule devait faire réfléchir [1].

Le 24, sir James Harris eut avec M. Pitt une nouvelle conférence, en dehors du Conseil. La conversation fut encore plus précise. M. Pitt se fit

---

[1] *Diaries*, II, 302-307.

donner sur l'état des provinces les détails les plus exacts ; il étudia la carte avec un grand soin et ne s'opposa pas, en principe, à l'envoi d'une escadre. Le 26, à Whitehall, le roi George III reçut un mémoire par lequel ses ministres lui demandaient de secourir la cause orangiste. Un secours pécuniaire était nécessaire, « surtout pour payer les officiers et soldats disposés à quitter le service hollandais. Il est humblement représenté à Sa Majesté qu'il serait utile d'avancer dans ce but, sous forme de prêt ou autrement, une somme ne dépassant pas vingt mille livres sterling. » George III consentit, mais ne consentit qu'avec peine à cette demande, et seulement sur l'avis formel de M. Pitt. « Je m'y décide maintenant à regret, après la funeste expérience que j'ai faite du secours donné par moi à la cause des Corses. Le ministère m'avait promis de me restituer les fonds, mais il n'en a jamais trouvé le moyen, ce qui m'a donné ensuite l'air d'un dissipateur aux yeux du Parlement ; mais je me fie en l'honneur de M. Pitt [1]. »

C'était un vrai succès pour sir James Harris que d'avoir triomphé de la prudence de M. Pitt et de l'économie du Roi son maître. Il ne s'arrêta pas à recueillir les lauriers qui lui étaient dus. Le 1er juin, il adressait de la Haye à lord Carmarthen une dépêche pour lui annoncer une importante mesure

---

[1] Cette lettre de George III a été publiée dans la *Vie de Pitt*, par STANHOPE.

des États-Généraux. Les États ordonnaient aux officiers suspendus par la province de Hollande de reprendre leur poste, et les félicitaient d'avoir obéi plutôt à leur serment *général* qu'à leur serment *provincial*. Les États de Hollande prirent, le jour même, une contre-résolution pour protester contre cette usurpation et maintenir leur décision première. Un professeur de droit constitutionnel eût pu être embarrassé. Les soldats ne l'étaient pas moins. Malgré les ordres des États de Hollande et les avantages pécuniaires que la province leur offrait, ils étaient plutôt disposés à suivre le Stathouder, mais ne voulaient pas désobéir à leurs officiers. Non pas toujours cependant, et les gazettes orangistes se gardaient bien de passer de tels faits sous silence. Le *Courrier du Bas-Rhin* racontait avec enthousiasme la conduite d'un détachement, qui avait abandonné ses chefs. La scène se passe non loin d'Utrecht. Un bataillon suit la route. Les soldats chantent pour se distraire. C'est un couplet en l'honneur du Stathouder. On les punit. Comment se venger? L'un d'eux perce son chapeau; des mèches de cheveux roux s'en échappent. « Eh! parbleu, crie un camarade, voilà Orange au-dessus de tout. » Et la troupe d'applaudir. Un officier s'indigne. « S'il était commandant, il châtierait tous ces drôles. » « Peut-être! » répond d'un air goguenard un vieux sergent, qui s'arrête. Tous les hommes suivent son mouvement. « Où voulez-vous aller? »

dit-il à ses chefs. — Marchez, vous le saurez. — Voulez-vous venir où nous allons? — Non. — En marche! alors, ordonne le vieux sergent. Les soldats lui obéissent et prennent le chemin d'Amersfoort. Ils vont rejoindre Guillaume V, laissant leurs officiers stupéfaits. A Utrecht même, d'après les orangistes, le désordre était à son comble. « Les hussards de Salm et les auxiliaires y menaient une vie de brigands. » A de telles accusations, les *patriotes* répondaient par le lugubre tableau des provinces occupées par les stathoudériens. Tous les bons citoyens maltraités et persécutés; leur liberté menacée, leur vie elle-même en danger; M. de Capellen et ses amis obligés de quitter la Gueldre, pour mettre leur tête à l'abri de poursuites illégales et de violences odieuses. Quelles que fussent les exagérations inspirées par l'esprit de parti, un fait restait indéniable : la République tout entière était livrée à l'anarchie. A Amsterdam, les stathoudériens coupables d'avoir voulu enlever la ville par un coup de main se voyaient en butte à la colère de la bourgeoisie. Leurs demeures étaient envahies ; on fouillait « maisons par maisons les repaires de la rébellion ». Le mot de rébellion changeait de sens, suivant qu'on se trouvait à Nimègue ou à Amsterdam.

A la Haye, les séances des États-Généraux étaient troublées par des scènes d'une violence inouïe. Deux députations de la province d'Utrecht se présentaient aux États ; l'Assemblée d'Amersfoort envoyait deux délégués ; l'Assemblée d'Utrecht même en envoyait trois. Dans l'ardeur de la discussion, M. de Zuilen, député d'Amersfoort, tira l'épée contre M. d'Averhoult, député d'Utrecht. On eut grand'peine à les séparer. Ils se battirent le lendemain, et M. d'Averhoult fut blessé. Les États n'en admirent pas moins les représentants des deux corps rivaux, et les invitèrent à siéger ensemble. Par cette mesure, la majorité se trouva retournée ; toutes les décisions prises contre la Hollande furent rapportées ; les officiers n'eurent plus le droit de désobéir aux ordres de la province. « Le vote, d'après sir James Harris, avait été obtenu en dehors de tous les principes sur lesquels repose l'union d'Utrecht. » Le désappointement légitime du ministre anglais n'empêchait pas la résolution nouvelle d'être tout aussi légale que celle prise quelques jours auparavant dans un sens opposé ; mais toute la théorie sur laquelle se basaient les stathoudériens se trouvait renversée du jour où la Hollande devenait maîtresse aux États-Généraux. D'après leur propre aveu, Guillaume V n'était qu'un révolté, si ce n'était pas au nom de ces États qu'il agissait. Il leur avait adressé, deux semaines auparavant, contre les *patriotes*, un manifeste long et violent, « exposé faux et insidieux de l'état des choses », selon Vérac, « soutenu par les expressions les plus injurieuses contre tout ce qu'il y a de bons citoyens dans la République ». La princesse d'Orange était fort inquiète; dans une lettre écrite le 18 juin à sir James Harris, elle parlait « de la situation si critique et si dangereuse[1] ». L'Angleterre seule pouvait tout sauver en déterminant Frédéric-Guillaume à s'occuper un peu de sa sœur. Wilhelmine de Prusse, sans doute, n'attachait pas grande importance à un projet de conciliation que M. de Goltz, ministre de son frère à Paris, avait remis à M. de Montmorin. Le cabinet français l'avait pris plus au sérieux. « Nous sentons tout l'odieux de la conduite du Stathouder », écrivait au marquis de Vérac le ministre des affaires étrangères, « mais on ne saurait se dissimuler l'intérêt que le roi de Prusse prend à M. le prince de Nassau, ce monarque vient de nous en fournir une nouvelle preuve en nous envoyant un plan d'accommodement qu'il a fait rédiger. » Montmorin n'en répondit pas moins au comte de Goltz[2] « qu'il était impossible à la France de plaider la cause du Stathouder ».

Frédéric-Guillaume semblait disposé à se départir de la réserve qu'il avait longtemps gardée. Encouragé par l'attitude plus résolue de l'Angleterre, il avait peut-être senti son cœur touché par

---

[1] En français dans l'original.
Note secrète de la princesse d'Orange à sir James Harris. *Diaries*, II, 315.
[2] Montmorin à Vérac, 4 juin 1787.

les plaintes éloquentes et passionnées que lui avait adressées sa sœur, en réponse à un refus de canons et de munitions. « C'était son dernier effort; sa conduite envers son frère serait réglée par sa résolution définitive. Elle ne demandait qu'un secours indirect contre l'attaque la plus injuste. Elle ne consentirait jamais à des arrangements humiliants. Tout devait dépendre du sort des armes. La princesse n'en conserverait pas moins à son frère une profonde reconnaissance pour les vœux qu'il daignait adresser au ciel en sa faveur[1]. » Était-ce seulement par des vœux que le roi de Prusse servait sa sœur? Au dire de M. de Vérac, on pouvait remarquer tous les jours, sur la frontière de Gueldre, l'arrivée de paysans prussiens qui venaient demander du service dans l'armée orangiste. Par un effet soudain de la grâce, ces paysans, au bout de quelques heures, prenaient une attitude militaire et connaissaient mieux l'exercice que leurs camarades. Dans ces circonstances, M. de Montmorin insistait avec plus d'énergie qu'il n'avait coutume pour que les États de Hollande proposassent aux États-Généraux la médiation française. Si cette démarche était repoussée, la Hollande et les provinces qui lui resteraient fidèles auraient le droit de chercher à obtenir du Roi les secours exi-

---

[1] Lettre d'Ewart, secrétaire à Berlin, au marquis de Carmarthen. *Diaries*, II, 308.

gés par leur position. « Sa Majesté ne ferait aucune difficulté de leur donner ouvertement ces secours, non-seulement pour se soutenir, mais pour faire triompher leur cause. » Mieux valait conserver Guillaume V, puisqu'un stathouder était nécessaire. « Quant à l'expulsion totale de la maison de Nassau, elle serait inadmissible et impraticable, et vingt ans de guerre ne suffiraient pas pour la consolider. » « Cette dépêche m'a paru si importante, ajoutait le ministre, que je n'ai pas cru devoir l'envoyer sans l'avoir lue au Roi dans son Conseil[1]. » « Je vous préviens que cet expédient est un ultimatum », disait de son côté Rayneval à Bourgoing, « et que, s'il est rejeté, je crains bien qu'on abandonne la barque à la merci des flots. » Quelques jours plus tard, M. de Montmorin, revenant sur ce point, parlait de « l'humeur déjà exaltée du roi de Prusse... Nous sommes certains que M. Harris a réussi à fixer sérieusement l'attention du ministère anglais sur les affaires de Hollande[2]. L'anéantissement de la République doit être l'objet de

---

[1] Montmorin à Vérac, 11 juin 1787. Hollande, 573, n° 15.
La lettre porte en tête : « Lue et approuvée au Conseil, le 11 juin. »

[2] Montmorin à Vérac, 23 juin 1787. Hollande, 573, n° 44. Montmorin disait déjà dans sa lettre du 11 juin : «Vous avez à peu près la certitude, et nous l'avons également de notre côté, que M. le chevalier Harris a été autorisé à fournir au parti stathoudérien des secours abondants en argent. Vous les balancerez par ceux que nous fournissons aux patriotes, mais tous ces moyens ne peuvent contribuer qu'à établir une guerre civile. »

l'Angleterre, si elle ne parvient pas à l'arracher à notre alliance. »

La République n'était pas anéantie, mais elle était bien malade. C'était en vain que les chefs honnêtes des *patriotes* prenaient mesures sur mesures, pour l'arracher à des dangers toujours croissants. Ce n'était pas en établissant, auprès du général Van Ryssel, une commission militaire correspondant avec une autre commission siégeant à la Haye, qu'ils pouvaient presser leurs préparatifs de défense, rétablir l'ordre dans l'armée, rappeler les troupes à la discipline. Quelle pouvait être l'obéissance des soldats, alors que le rhingrave de Salm, donnant le premier l'exemple de la révolte, adressait aux sociétés bourgeoises d'Amsterdam d'amers reproches contre le comité de la Haye? « Prêt à verser son sang pour la bonne cause, il ne demandait d'autre récompense de son dévouement. Si les bourgeois voulaient se rallier sous ses étendards, ils pouvaient être assurés d'un plein triomphe contre leurs ennemis. » M. de Vérac avait grand'peine à empêcher l'impression et la publication de ce manifeste révolutionnaire[1]; mais toute la bonne volonté de l'ambassadeur, comme toute la finesse de M. de Bourgoing, ne pouvaient suppléer à l'absence d'une volonté ferme et d'une direction unique. Les autorités diverses qui se partageaient le

[1] Vérac à Montmorin, 23 juin 1787.

pouvoir, toutes jalouses de leurs prérogatives, arrêtaient ou retardaient toute initiative. Le conseil d'Amsterdam, devenu résolûment *patriote*, ne craignit pas de signaler les dangers de cet état de choses. Le 7 juin, ses députés proposèrent aux États de Hollande de sauver la République par une mesure énergique. Les États nommeraient une commission de cinq membres pris « dans leur sein ». Cette commission recevrait les pouvoirs les plus étendus, « pour s'opposer efficacement à toute attaque contre cette province et contre la ville d'Utrecht. Elle disposerait des deniers publics, enrôlerait des troupes, prendrait et exécuterait toute décision qu'elle jugerait nécessaire pour sauver la chère patrie, sans être obligée de donner des ouvertures préliminaires de ses délibérations et résolutions. »

C'étaient des dictateurs qu'il s'agissait de créer, dure obligation pour une Assemblée qui préférait à tout la liberté ; mais l'hésitation n'etait pas possible, la proposition d'Amsterdam fut adoptée. Le 16 juin, M. de Vérac annonçait à Montmorin la nomination de la commission souveraine prise parmi les membres des États. M. Camerling devait y siéger au nom d'Haerlem, M. Block pour Leide, M. Van Toulon pour Gouda, M. Van Foreest pour Alckmaer ; Amsterdam avait pour représentant M. Jean de Witt. Ce dernier avait été choisi malgré sa jeunesse ; il n'avait pas trente-deux ans. On avait pensé, pour remplir ce poste, à M. de Visscher, aussi conseiller de la ville, qui plaisait fort aux démocrates. Le rhingrave de Salm s'indigna de ne pas le voir nommé : « L'exclusion de l'honnête de Visscher de la commission est un pronostic des plus certains de l'esprit qui y régnera », écrivait-il ; « je suis, comme vous voyez clairement, mis de côté à présent. En attendant, le Cordon entier déserte ; si la commission n'arrive pas bientôt à Woerden, ces messieurs seront bientôt réduits à se commander entre eux-mêmes. » Le Rhingrave ajoutait, quelques jours plus tard : « J'ai vu hier cette commission de Woerden, qui n'a pas seulement daigné me demander mon opinion sur l'état des affaires. Elle s'est bornée, M. Block surtout, à m'assurer qu'elles étaient en très-bon état. Cette commission n'est autre chose qu'une fabrique du pensionnariat qui a formé violemment le projet de m'exclure de toute sorte d'affaires. L'ami du peuple, l'ennemi déclaré de l'aristocratie est un être dangereux dont il faut se garder, qu'il faut miner, qu'il faut détruire à tout prix... Montrez ma lettre à tous nos véritables amis. Avertissez-les du danger commun que nous courons. Je ne mettrai plus le pied à Woerden. Je me circonscrirai dans les murs d'Utrecht ; j'y périrai avec les braves gens qui sont résolus de les défendre, ou je me retirerai avec eux sous les murs d'Amsterdam si la supériorité des forces de nos ennemis m'y nécessite. » Tandis que le rhingrave de Salm poursuivait toujours son rêve d'être à la tête d'une démocratie, il ne négligeait ses rapports ni avec la cour de Versailles, ni même avec les orangistes. Le voisinage des troupes stathoudériennes lui permettait d'entrer en conférence avec les familiers de Guillaume V. Le comte de Callemberg venait souvent le voir. On assure que le Rhingrave lui dit un jour, en le congédiant : « Croyez que je n'ai pas tellement le goût du citron que je ne m'accommode très-bien aussi de l'orange[1]. » Auprès de M. de Bourgoing, il tenait un tout autre langage : « Le seigneur prince d'Orange a mis ma tête à prix. Une bande de fripons rôde autour de moi pour m'assassiner ou m'enlever. » Il se plaignait, néanmoins, de la nomination des commissaires : « A-t-on pu se convaincre que le commandant des troupes avait autre chose à faire que de courir après ces messieurs[2] ? » « M. de Salm voudrait tout commander, la partie politique comme la militaire », écrivait Bourgoing à Montmorin. « Son inquiète activité nous prépare bien des embarras[3]. » Il était bien tard pour s'apercevoir d'une vérité qui, reconnue plus tôt, eût épargné de grandes difficultés à la France comme aux Pays-Bas.

[1] Caillard, 212.
[2] Le rhingrave de Salm au chevalier de Bourgoing. Utrecht, 13 juin 1787.
[3] Bourgoing à Montmorin, 23 juin 1787.

Le premier acte de la Commission souveraine des États eût dû être de révoquer le Rhingrave. Elle avait commencé sa tâche ingrate malgré les récriminations de cet officier. Après une réunion à Zwammerdam, elle avait choisi pour sa résidence le château de Woerden. Partout on la reçut avec grand respect; les étudiants de Leyde voulurent se charger du soin de lui former une garde d'honneur [1]. Les *patriotes* modérés voyaient avec joie l'établissement d'un pouvoir unique. Les commissaires faisaient preuve d'une grande activité pour organiser la défense et remettre un peu d'ordre dans l'armée. L'obéissance n'existait plus. Le Rhingrave apprenait, « par hasard, que trois compagnies du régiment de Stuart s'étaient révoltées [2] ». Les canonniers de Gorcum avaient suivi leur exemple et gagné le camp stathoudérien. De tous côtés, erraient des officiers orangistes chargés d'embaucher les soldats prêts à quitter leur drapeau. Les troupes de Guillaume V étaient elles-mêmes ani-

---

[1] Voir, dans le *Nederlandsche Spectator* du 12 janvier 1878, les fragments de l'autobiographie de M. Van Toulon, l'un des membres de la Commission. La *Gazette de Leyde* de 1787 donne d'assez nombreux détails sur les mouvements de la Commission de Woerden.

[2] Le Rhingrave à Bourgoing. 13 juin 1787. Le Rhingrave s'occupait beaucoup plus activement des démocrates d'Amsterdam que de ses soldats. Il disait à Bourgoing : « On veut que je me déshonore, que je laisse échapper une occasion favorable d'acquérir de la gloire et de l'avancement, en me refusant aux vœux d'un peuple qui m'est dévoué. »

mées d'un fâcheux esprit d'indiscipline ; les hommes, mécontents de leur chef, passaient au service de l'adversaire, et ce double courant de déserteurs ajoutait au trouble général. Pour retenir les défenseurs de la Hollande, la Commission de Woerden décida d'accorder aux officiers une année entière de paye, à titre de gratification. Les soldats reçurent une augmentation de vingt-quatre sous français par semaine. Cette mesure ne fut pas sans succès. On s'occupait en même temps de pousser activement les travaux de fortification d'Utrecht ; on préparait tout pour une inondation du pays en cas de nécessité suprême. Sous l'impulsion des commissaires, la confiance sembla renaître. Le récit, malheureusement trop vrai, des nouveaux désordres arrivés en Gueldre et en Zélande augmenta encore l'ardeur des patriotes. A Zutphen, à Arnheim, à Middelbourg, la populace orangiste, encouragée ou même soutenue par les soldats, s'était livrée au meurtre et au pillage. On avait noyé et massacré de nombreux *patriotes,* sous prétexte de les obliger à adopter la cocarde orange ; on avait dévasté leurs maisons pour les punir de leur résistance. En Hollande même, des symptômes de révolte s'étaient manifestés. Un fait plus grave que toutes ces émeutes venait de se produire à la Haye. Les États-Généraux, retournés encore une fois par la propagande habile de sir James Harris, étaient revenus sur leur décision au sujet de la députation d'Utrecht et avaient déclaré que les États d'Amersfoort seuls avaient le droit d'être représentés. Le ministre anglais comptait profiter de ce vote, pour répondre à la demande de médiation française par une proposition en faveur de la médiation commune des grandes puissances spécialement intéressées au sort des Pays-Bas : l'Angleterre, la France, la Prusse et l'Empire. En adressant à sir James Harris tous les éloges du cabinet britannique pour sa conduite en ces circonstances, le marquis de Carmarthen ajoutait : « Pour Dieu, dépêchez-vous d'amener les Hollandais bien disposés à quelque plan actif d'opération. Le moment semble être venu où le coup décisif doit être frappé[1]. » Lord Carmarthen ne croyait pas si bien dire.

---

[1] Le marquis de Carmarthen à sir James Harris, de Whitehall, le 26 juin 1787. *Diaries*, II, 323.

CHAPITRE VIII

Départ soudain de la princesse d'Orange pour la Haye. — Son voyage est interrompu. — La princesse et M. de Witt. — Retour de la princesse à Nimègue. — Émoi des stathoudériens. Craintes de sir James Harris. — La cour de Prusse proteste contre le prétendu emprisonnement de la princesse d'Orange. — La France approuve la conduite des *patriotes*. — Mobilisation des troupes prussiennes. — L'Angleterre promet de soutenir la Prusse jusqu'au bout. — La cour de France annonce la formation d'un camp à Givet. — Projets de médiation. — Le gouvernement français conseille aux *patriotes* d'apaiser le roi de Prusse. — Rappel de M. de Vérac. — Coup terrible porté à la cause des *patriotes* par ce rappel. — Les États de Hollande se décident à la démarche pacifique conseillée par la cour de France. — Nouvel *ultimatum* déposé par le ministre de France. — Brusque invasion de la Hollande par les Prussiens.

Le 25 juin, sir James Harris écrivait à lord Carmarthen : « Samedi, dans l'après-midi, la princesse d'Orange a envoyé d'Amersfoort une personne de confiance pour nous prévenir que, vu la mollesse des États-Généraux…, elle se décidait à partir de suite pour la Haye et à se mettre à la tête du parti. Elle n'attendait que notre approbation. Je ne me suis pas permis de refuser mon assentiment à une mesure qui indique un tel courage. J'ai demandé seulement qu'on dît à Son

Altesse le véritable état des choses. Un exprès vient de revenir, il y a une heure, apportant, pour toute réponse, l'ordre de préparer des relais et de tenir, pour jeudi, son appartement prêt à la Maison du Bois. » Le 26, sir James Harris ajoutait : « Si par sa présence la princesse amène les députés à se conduire comme des hommes, je la regarderai comme un ange. » Le 29, le ministre d'Angleterre écrivait sur un ton bien différent : « Les craintes que j'exprimais ne se sont que trop vérifiées. La princesse d'Orange a été arrêtée hier, près de Gouda, par un détachement de corps francs [1]. » Sir James Harris ne se trompait pas.

Le jeudi 28 juin, au matin, Wilhelmine de Prusse avait quitté Nimègue en carrosse, suivie de plusieurs voitures contenant les gens de sa maison. Jusqu'à la ville de Schoonhoven, elle avait pu continuer son voyage sans difficulté. Un détachement de *corps francs*, rencontré sur le chemin, lui avait même rendu les honneurs militaires. A deux lieues de Schoonhoven, une nouvelle troupe de *corps francs* parut sur la route. Le lieutenant qui la commandait pria le carrosse de s'arrêter. Ordre avait été donné de ne laisser passer aucun équipage considérable sans en référer à l'autorité supérieure. Il devait prévenir le général Van Ryssel et la Commission de Woerden. La princesse ne se

---

[1] *Diaries*, II, 325.

résigna qu'avec peine à ce contre-temps; elle s'étonna de la réponse du général Van Ryssel, qui la faisait prier de ne pas aller plus loin. Elle insista de nouveau. Le général ne savait-il pas qu'elle était là en personne? M. de Bentinck, qui l'accompagnait, écrivit pour se plaindre de cet incident. C'était, sans doute, un malentendu. En attendant le retour du courrier, Wilhelmine de Prusse désira se reposer dans une maison. La princesse et les personnes de qualité qui se trouvaient auprès d'elle occupèrent une chambre, le reste de sa suite fut introduit dans une pièce voisine. L'officier de *corps francs* ne crut pas devoir se retirer, par politesse. Cependant, la Commission de Woerden avait été prévenue; MM. de Witt, Block et Van Foreest se rendirent en hâte auprès de la princesse pour lui exprimer leurs regrets et lui demander un récit de l'aventure. — Où Son Altesse Royale voulait-elle se rendre? La princesse répondit qu'elle désirait aller à la Haye; elle faisait ce voyage dans les meilleures intentions, pour rétablir la concorde, en assurant au prince son époux les priviléges qui lui appartenaient. M. de Witt demanda à Son Altesse Royale la permission d'observer que, dans l'état d'effervescence et même d'hostilité générale, une telle démarche aurait un résultat contraire à celui qu'elle en attendait. La populace ne cherchait qu'un prétexte pour se soulever. A l'heure même, le village d'Helvoët voyait un conflit entre la foule et la force armée[1]. Les émeutiers ne prendraient-ils pas pour excuse la présence de Son Altesse Royale? Dans ces circonstances, la Commission regrettait de ne pouvoir lui laisser continuer son chemin sur la Haye, sans en référer aux États. Son Altesse Royale était libre de retourner à Nimègue. La princesse déclara qu'elle attendrait la décision des États; elle se retirerait à Gouda. Sur la remarque que cette ville était troublée, elle indiqua la seigneurie de Leerdam, propriété du Stathouder. Rien n'était prêt pour l'y recevoir. Elle se résolut à passer la nuit à Schoonhoven et remonta en carrosse. Une garde d'honneur lui fit escorte. MM. de Witt et Van Toulon[2] l'accompagnèrent pour tout lui faciliter. Il était près de minuit quand on atteignit la ville. Wilhelmine de Prusse écrivit, sans tarder, au greffier des États et au Grand Pensionnaire, pour se plaindre du retard apporté à ses projets. Digne dans le fond et modérée dans la forme, sa lettre rendait hommage à la conduite des commissaires : les convenances avaient été scrupuleusement observées, et particulièrement par M. de Witt, qui avait été l'orateur de la Commission[3]. Le vendredi, à huit heures du matin, les messages de la princesse parvenaient à la Haye. La confusion y était grande parmi les

---

[1] Vérac à Montmorin, 30 juin 1787.
[2] *Nederlandsche Spectator*, 1878, 12 janvier.
[3] Voir Caillard, 174, le résumé de la lettre de la princesse.

orangistes. Tous ceux qui se trouvaient dans le secret s'étaient rendus, la veille au soir, à la Maison du Bois. Sir James Harris, obligé de dîner à l'ambassade de France, n'avait pu les accompagner. « Il n'y eut personne dans la société qui ne remarquât le trouble dont il était agité[1]. » En rentrant chez lui, il reçut la nouvelle de l' « arrestation » et s'occupa des mesures à prendre. Les États-Généraux devraient se réunir sur l'heure, demander aux États de Hollande la réparation de l'insulte faite à la princesse, envoyer quinze cents hommes pour la délivrer, donner l'ordre au prince de marcher avec son armée, pour venger l'outrage fait à sa famille. Ses efforts furent inutiles. Quand le matin vint, le trouble qui régnait dans les esprits empêcha toute résolution. Les amis les plus dévoués semblaient stupéfaits ou terrifiés. Cependant, les États de Hollande étaient entrés en séance pour avoir connaissance des lettres de la princesse. La discussion ne fut terminée que vers cinq heures de l'après-midi. L'ordre donné par la Commission souveraine fut pleinement approuvé. Sir James Harris, aussitôt, pria le baron de Kinckel de partir pour Schoonhoven. Il fallait que la princesse retournât en Gueldre sans retard. Ne disait-on pas

---

[1] Vérac, 30 juin 1787. Caillard dit : « Distrait dans ses discours, distrait dans son jeu, il est cependant très-habile joueur ; il confondait perpétuellement ses cartes et commettait les fautes les plus grossières. »

que le Rhingrave s'avançait pour s'emparer d'elle? peut-être pour la garder comme otage. Wilhelmine de Prusse avait déjà quitté Schoonhoven quand M. de Kinckel la rejoignit; elle voulait regagner Nimègue. Ses enfants vinrent à sa rencontre. « Cette nouvelle remua bien visiblement le cœur de la tendre mère, dit M. de Kinckel; un moment après, ils parurent à la portière; de pareilles scènes sont au-dessus de la description. » En s'approchant de Nimègue, la princesse fut accueillie avec enthousiasme aux cris mille fois répétés de : Vive Orange! Les *patriotes* eux-mêmes arboraient les couleurs stathoudériennes. La foule devint presque impénétrable. « Le soir, en partant de la cour », ajoute le même narrateur, « je dis à M. de Randwyck : Le prince viendra cette nuit. Son Altesse remplit cet horoscope à trois heures après minuit. Le dimanche fut un jour de joie et de dévotion[1]. » Sir James Harris ne partageait pas cette satisfaction. Ce politique clairvoyant était en défaut; il ne voyait que les suites immédiates de cette tentative avortée. « Mon cher lord, écrivait-il au marquis de Carmarthen, échec à la Reine et

---

[1] Le récit de l'incident de Schoonhoven a donné lieu à de nombreuses versions, toutes d'accord sur les points principaux, mais se contredisant quant aux détails. La princesse d'Orange elle-même en a fait deux relations assez différentes, l'une modérée, l'autre trop violente pour inspirer confiance. On peut comparer les dépêches de l'ambassadeur de France et le rapport de la Commission de Woerden, du côté des *patriotes;* du

dans deux coups échec et mat; voilà, je le crains, l'état de notre jeu. J'espère que vos collègues et vous ne jugerez pas de mes mérites par mon succès, ou je courrais risque d'aller finir mes jours à la Tour¹. » « —Mon cher Harris, répondit lord Carmarthen, ne vous laissez pas décourager par un échec à la Reine; couvrez-la par le chevalier, et tout est sauf. L'incident peut être bon... Si le roi de Prusse n'est pas le plus sale et le plus misérable des rois², il ressentira cet affront coûte que coûte. J'ai exprimé à son ministre l'idée qu'un corps de troupes recevrait, sans doute, l'ordre de s'ébranler sur la nouvelle de l'arrestation. C'est ce que fera ce monarque, s'il n'est pas vendu à la France. »

A l'ambassade de France, l'effet produit par ces événements fut tout autre. On portait aux nues les commissaires de Woerden. Ils avaient sauvé la République, les *patriotes*, l'ambassadeur lui-même. « La populace était avertie; plus de deux mille hommes s'étaient rendus vers la Maison du Bois. Il vient de se passer des scènes affreuses en Gueldre

---

côté des orangistes, les lettres du Stathouder et de sa femme, celles de sir James Harris, les mémoires de M. de Kinckel, le rapport adressé à Guillaume V par le colonel de Stainford, qui avait pris part au voyage. Du côté de la Prusse, il faut lire les lettres de Frédéric-Guillaume, et les Memorandum de MM. de Goltz et de Thulemeyer, rédigés avec un parti pris trop évident. Les journaux de l'époque aussi sont intéressants à étudier.

1. *Diaries*, II, 329.
2. « *Is not the dirtiest and shabbiest of kings.* » Le marquis de Carmarthen à sir James Harris. *Diaries*, II, **329**.

et en Zélande. Ces émeutes, multipliées sur différents points de la Hollande à la fois, ne sont certainement pas l'ouvrage du hasard. La Haye devait être le théâtre de l'émeute la plus sanglante : soixante-seize maisons avaient été d'abord vouées au pillage, et, dans la suite, ce nombre avait été porté à trois cents; celle que j'habite était placée en tête [1]. » Dans sa réponse aux dépêches du marquis de Vérac, M. de Montmorin n'hésitait pas à blâmer la conduite de la princesse. « Elle a commis une grande légèreté en voulant pénétrer clandestinement dans la province de Hollande, et nous ne saurions désapprouver le parti que l'on a pris de l'arrêter. Je présume que l'on sera trop sage à Berlin pour approuver sa conduite [2]. » Tel était aussi l'avis du Rhingrave : « Je sais à ne pouvoir m'y tromper que la Prusse ne songe nullement à prendre parti dans notre querelle [3]. »

Quel était, cependant, l'effet produit à Berlin par ces nouvelles? Quand arriva le courrier de Hollande, « le Roi était en partie de plaisir dans une maison de chasse ». Ses ministres n'osèrent pas le déranger pour lui envoyer les dépêches. Il rentra en ville le lendemain; « l'audience dura deux heures et demie »; au sortir de cette réunion,

---

[1] Vérac à Montmorin, 7 juillet 1787.
[2] Montmorin à Vérac. De Versailles, 9 juillet 1787. Hollande, 573. Pièce 98.
[3] Le rhingrave de Salm à Bourgoing.

deux courriers furent expédiés : l'un à Versailles, l'autre à la Haye. Le Roi ne témoigna pas grande émotion en apprenant l'« arrestation » de sa sœur. Il avait été prévenu de son projet au moment de la mise à exécution. « Je souhaite que tout cela tourne bien », avait-il écrit à M. de Hertzberg. Frédéric-Guillaume ne se sentit pas très-troublé en voyant que cela avait mal tourné. Il était occupé à faire représenter des opéras « pour madame sa fille et mademoiselle de Voss, sa dame de compagnie[1] ». Les stathoudériens étaient indignés de ce calme. L'indifférence assez réelle du roi de Prusse ne l'empêcha pas de se plaindre. Il croyait la princesse « encore détenue ». M. de Thulemeyer reçut l'ordre de demander son élargissement. Il devait demander une réparation pour un outrage au droit des gens, que Sa Majesté regardait comme fait à lui-même. M. de Goltz eut mission d'obtenir, pour ces réclamations, l'appui de la cour de Versailles. Le comte de Finck s'empressa d'instruire de ces décisions M. de Falciola, chargé d'affaires de France à Berlin, en l'absence du comte d'Esterno. « Que dites-vous de l'esclandre des patriotes? L'injure est trop grosse pour qu'on ait pu différer un instant d'en demander satisfaction. » M. de Falciola se tint sur la réserve. « On est étonné de ce que l'affaire n'est pas plus grave,

---

[1] Falciola. Berlin, 7 juillet 1787. Reçue le 16 par le ministre. Prusse, 206, n° 81.

écrivait-il, les stathoudériens sont fâchés qu'elle ne fournisse pas plus de matière à quereller les patriotes. » Il fallait, à vrai dire, quelque bonne volonté pour trouver matière à querelle. M. de Thulemeyer qui, sur le premier récit de l'incident, s'était hâté d'aller trouver Vérac, ne refusait pas d'en convenir. « Il reconnaissait formellement qu'on avait marqué les plus grands égards à la princesse[1]. » « La conduite de Thulemeyer est infâme[2] », déclarait sir James Harris. M. de Thulemeyer était, dans tous les cas, fort embarrassé. Le memorandum que la cour de Berlin lui ordonnait de remettre aux États de Hollande et aux États-Généraux contrastait avec la modération de son langage et dénaturait les incidents. La princesse, n'ayant pas été arrêtée, n'avait pas besoin d'être mise en liberté, et le ministre de Prusse, bien qu'il eût beaucoup atténué les expressions employées par sa cour, restait dans une position assez fausse, pour ne pas dire assez ridicule. Le mémoire envoyé par Frédéric-Guillaume à M. de Goltz contenait un dramatique récit des outrages

[1] Vérac à Montmorin, 30 juin 1787. « M. de Thulemeyer dans la conversation que nous avons eue ensemble a été le premier à me parler de cet événement. Dès ces premiers propos j'ai cherché à reconnaitre ce qu'il en pensait lui-même, et je l'ai questionné sans détour sur ce point. Je lui ai demandé s'il se plaignait qu'on eût manqué de respect à madame la princesse, et il est convenu formellement qu'on lui avait marqué les plus grands égards. »

[2] Sir James Harris à M. Ewart, 13 juillet 1787.

que sa sœur avait dû subir. « On a mis la princesse dans une auberge, on l'a séparée de sa suite, on a mis des gardes avec des épées nues devant et même dans sa chambre... Je ne puis regarder cet attentat énorme contre une personne respectable qui me tient de si près que comme un affront personnel fait à moi-même [1]. » Le Roi exigeait une satisfaction publique et éclatante de cette insulte, une punition exemplaire de ceux qui l'ont commise, un désaveu public du fait. M. de Montmorin, auquel le comte de Goltz avait communiqué les plaintes de son maître, ramenait dans sa réponse les faits à leur véritable importance [2] : « Le Roi avait vu avec un véritable déplaisir le désagrément éprouvé par madame la princesse de Nassau, mais Sa Majesté avait observé qu'une partie des faits transmis à Berlin était au moins inexacte et l'autre fort exagérée. Il est essentiel de ne point perdre de vue que madame la princesse de Nassau est inséparable de son époux, qu'elle l'est d'autant plus qu'elle intervient publiquement dans ses affaires, et l'on ne saurait disconvenir que la méfiance à l'égard de

---

[1] Lettre du roi de Prusse à M. le comte de Goltz, 4 juillet 1787. Hollande, 573.
[2] Lettre de M. le comte de Montmorin à M. le comte de Goltz. 15 juillet 1787. Hollande, 573, n° 118. « Il est constant, Monsieur disait encore Montmorin, que personne ne s'est écarté du respect et de la considération dus au rang de Madame la Princesse Stathouder, et surtout à sa naissance, et qu'elle n'a été ni détenue, ni gardée, comme l'annonce votre lettre. »

M. le Stathouder est on ne saurait plus fondée. L'opinion du Roi est qu'en aucun temps Madame la Princesse Stathouder n'aurait dû se rendre à la Haye, à l'insu du souverain. » Le Roi ne se refusait pas, cependant, « à engager les États de Hollande à faire auprès de madame la princesse de Nassau les démarches qui pourraient lui faire oublier ce qui s'est passé ». En transmettant ces documents à Falciola, M. de Montmorin insistait encore sur la sagesse de la Commission de Woerden[1].

Aux réclamations insolentes du roi de Prusse, comme aux reproches hautains du Stathouder, les États de Hollande ne pouvaient faire qu'une seule réponse : « Tout cela, pour autant que L. N. et G. P. en sont informées, s'est passé d'une manière très-décente, si bien que quelques-uns même de MM. les commissaires, à la réquisition de Son Altesse Royale et pour la sûreté de sa personne, l'ont accompagnée jusqu'à Schoonhoven avec une escorte de cavalerie[2]. » Il ne suffit pas d'avoir raison pour triompher. C'est en vain que, dans une entrevue avec M. de Thulemeyer chez l'ambassadeur de France, Gyzelaër et Van Berckel s'efforcèrent de témoigner toutes leurs bonnes intentions pour Wilhelmine de Prusse[3]. M. de Thulemeyer n'était

---

[1] Montmorin à Falciola, 15 juillet 1787. Prusse, 206, n° 84.
[2] Extrait des résolutions des États de Hollande.
[3] Vérac à Montmorin. Hollande, 572, n° 129.
M. de Gyzelaër alla jusqu'à déclarer : « Guillaume V a tellement

pas le maître de faire accepter des explications qu'il trouvait justes. On pourrait former un amusant chapitre d'histoire diplomatique en reproduisant toutes les pièces que fit écrire la prétendue détention de la princesse, les lettres, les réponses, les enquêtes, les contre-enquêtes. La cour de Versailles mettait à défendre les *patriotes* autant de soin que la cour de Berlin en apportait à les attaquer. Le seul point qui resta prouvé fut celui-ci : l'officier des *corps francs* qui avait cru devoir interrompre le voyage de la princesse était un bon bourgeois, qui ne connaissait guère le monde et pas du tout l'étiquette. Pour honorer la femme du Stathouder, « la première citoyenne de la République », il avait gardé son épée à la main, comme il l'eût fait à la parade. Les commissaires de Woerden, dès leur arrivée, avaient fait cesser une infraction involontaire aux règles de cour[1]. Était-ce un outrage au droit des gens, un affront au roi de Prusse, un véritable *casus belli?* Les *patriotes* ne le croyaient pas ; le roi de France ne l'admettait pas. Mais Frédéric-Guillaume ne craignait pas les *patriotes* et redoutait beaucoup moins la France depuis

---

insulté la province qu'il n'existe plus de termes de conciliation avec lui ; mais si madame la princesse le désire, on est prêt à entrer en négociation avec elle, à faciliter son retour à la Haye... et à lui rendre à elle, et aux princes ses enfants, tout ce qui leur appartient réellement et constitutionnellement en vertu de leurs droits héréditaires. »

[1] Vérac à Montmorin. La Haye, 7 août 1787.

qu'il connaissait le succès des démarches de sir James Harris. Il déclara ne « point se contenter de discussions de faits isolés, d'excuses vagues ou de défaites ultérieures [1] », et ne voulut pas rester en arrière dès qu'il se sentit sûr d'être appuyé. Fallait-il laisser à George III tout l'honneur d'une intervention décisive et se brouiller à jamais avec une sœur qui lui était chère? Les vieux soldats de Frédéric n'étaient-ils pas toujours là? Le roi de Prusse se laissa guider par les circonstances. L'incident de Schoonhoven lui parut un prétexte utile; il s'en empara avec colère et le maintint par réflexion. Sur la nouvelle de l'« attentat » des commissaires de Woerden, Frédéric-Guillaume avait donné l'ordre à ceux de ses généraux qui se trouvaient en Westphalie de se tenir prêts à marcher. Le courrier chargé de ces instructions partit le 3 juillet, à minuit. Au premier signal, on devait mobiliser les troupes et franchir la frontière de Gueldre. La journée n'était pas terminée, que déjà le Roi regrettait ses mesures hâtives. Des lettres arrivées de la Haye contredisaient, d'une manière

---

[1] Mémoire présenté aux États-Généraux par M. de Thulemeyer. Hollande, 574, n° 18.

M. de Thulemeyer, dans une conversation avec le marquis de Vérac, cherchait à s'excuser d'avoir présenté ce mémoire. « Ce qu'il m'a dit de plus concluant pour se justifier de donner une pareille pièce, c'est qu'il ne pouvait se défendre de remplir les ordres de sa cour; encore ajouta-t-il qu'il les a infiniment adoucis dans la rédaction de son mémoire. »

formelle, les dernières assurances de la princesse. L'Angleterre semblait faiblir. M. Pitt, disait-on, donnerait plutôt sa démission que de consentir à une intervention active en Hollande. « Atroce mensonge de ce faquin Thulemeyer[1] », déclare sir James Harris, dans une note que l'on a retrouvée parmi ses papiers. M. de Bishofwerder, l'un des illuminés, et confident de Frédéric-Guillaume, n'en vint pas moins trouver M. Ewart, secrétaire de la légation britannique, pour lui demander ce qu'il en était[2]. M. Ewart transmit aussitôt la question au ministre d'Angleterre à la Haye. Celui-ci lui répondit : « Thulemeyer, dont la conduite est honteuse au possible, aura, si je comprends bien, répandu cette assertion, que je vous demande de démentir comme une fausseté[3]. » Avant même que la dépêche de sir James Harris fût parvenue à Berlin, le Roi de Prusse savait à quoi s'en tenir. L'Angleterre irait jusqu'au bout. Les ordres de mobilisation furent maintenus. Le 20 juillet, l'armée prussienne était prête à entrer en campagne. Vingt-trois bataillons d'infanterie, vingt-cinq escadrons de cavalerie, formant tout près de vingt mille hommes, étaient réunis sur la frontière. L'aile droite s'appuyait sur Wesel, l'aile gauche

---

[1] *Diaries*, II, 333. La note de sir James Harris est en français.
[2] M. Ewart au marquis de Carmarthen, 7 juillet 1787.
[3] Sir James Harris à M. Ewart, 13 juillet 1787.

s'étendait jusqu'à Clèves. Le duc de Brunswick devait commander cette armée. « Le duc est parti cette nuit pour aller, en qualité de feld-maréchal, se mettre à la tête de l'armée prussienne qui s'assemble en Westphalie » écrivait, le 13 juillet, Mirabeau à madame de Nehra. « Je ne donne pas cette nouvelle pour le plaisir de la donner..., mais pour qu'on ne puisse pas m'imputer de rester indécemment et déloyalement en pays ennemi, ou à peu près. » La guerre n'était pas encore déclarée. Au moment même où Mirabeau rédigeait ces lignes, on s'occupait plus que jamais de la médiation. Situation bizarre, assurément; on ne parlait que de conciliation, et tout le monde se battait ou se préparait au combat.

Toute la politique du cabinet français devait tendre à séparer les intérêts de l'Angleterre de ceux de la Prusse; proposer à cette dernière puissance une médiation commune; éviter, par tous les moyens, l'intervention de la Grande-Bretagne tout en ne pouvant pas s'y opposer officiellement; régler les différends des Pays-Bas, sans elle et malgré elle : tel semble avoir été le plan adopté par M. de Montmorin, plan facile à concevoir, difficile à exécuter. Il eût fallu, pour obtenir le succès, une volonté plus nette et plus ferme que celle du roi Louis XVI ou de son ministre.

Le 2 juillet, Montmorin avait écrit à Vérac : « Nous avons prévu le cas où l'on demanderait pour la médiation l'adjonction du roi de Prusse, et vous avez été prévenu que le Roi n'y répugnerait pas. Sans doute, elle sera un embarras, mais il est inévitable. » Le ministre avait ajouté de sa propre main : « Quant à l'Angleterre, si son intervention était demandée, il faudrait que la province de Hollande prît cette proposition *ad referendum*[1]. »

« Le ciel s'embrunit furieusement du côté du Nord », disait, le même jour, M. de Rayneval à Bourgoing. Le 6 juillet, les États de Hollande prirent la résolution par laquelle ils demandaient la médiation du roi de France. « On est fondé, sous la bénédiction du Tout-Puissant, d'en attendre les suites les plus heureuses pour la République[2]. » Le 7, la proposition de médiation était soumise aux États-Généraux. Une déclaration de la cour de France annonçait bientôt que Sa Majesté « avait été infiniment sensible à cette marque de confiance, et qu'il était disposé d'y répondre ». La proposition des États de Hollande ne fut prise que *ad referendum* par les États-Généraux.

Le cabinet de Berlin s'était montré très-touché de l'offre de participer à la médiation. « Cela a surpassé leurs espérances, disait Falciola à Montmorin ; ils m'ont fait répéter la lecture jusqu'à trois et quatre

---

[1] Montmorin à Vérac. Versailles, 2 juillet 1787.
[2] Extrait des résolutions des Seigneurs, États de Hollande et de Westfrise, prises dans l'assemblée de L. N. et G. P., le vendredi 6 juillet 1787.

fois, et, ne croyant pas encore leurs oreilles, ils m'ont demandé à s'assurer de leurs propres yeux[1]. »
Dans un long entretien avec le chargé d'affaires de France, M. de Finck lui exposa les vues de son maître sur les mesures à adopter aux Pays-Bas : la cessation préliminaire de toute hostilité; des sacrifices réciproques de la part du Stathouder et des États de Hollande; la restitution au prince de sa charge de capitaine général et de commandant de la Haye; une sage modération imposée aux gazetiers des deux partis[2]; une satisfaction complète pour les « offenses personnelles » faites à la princesse et, par là, au Roi lui-même. Sa Majesté ne pouvait trop insister sur le dernier point, indignée qu'elle était par l'approbation complète que les États de Hollande venaient de donner aux commissaires de Woerden. Frédéric-Guillaume ne donnait-il pas la meilleure preuve de son bon vouloir

---

[1] Falciola à Montmorin, le 17 juillet, reçue le 25. Prusse, 206, n° 86.

Falciola écrivait déjà le 14 juillet, au reçu de la note française : « Les ministres prussiens, auxquels j'en ai donné sur-le-champ communication, sont transportés de joie de l'offre du Roi d'admettre le roi de Prusse à la médiation des troubles de Hollande. Je n'exagère pas, Monseigneur, en vous assurant qu'ils ont changé de couleur. »

[2] Falciola, le 17 juillet. « Il paraît encore utile et nécessaire qu'on convienne préalablement d'arrêter, par des défenses sévères des souverains, le cours des injures et des invectives que les deux partis répandent dans les gazettes et dans les libelles, qui ne servent qu'à enflammer encore davantage le feu de la discorde et à entretenir le germe de la dissension. »

en chargeant M. de Thulemeyer d'une démarche toute spéciale « pour détourner sa sœur de l'idée de faire participer la cour de Londres à la médiation » ? Sir James Harris lui-même commençait à croire que la colère du roi de Prusse finirait par s'épuiser, et qu'il en viendrait à dire « qu'il ne veut pas déranger ses propres affaires pour arranger celles d'autrui ». L'événement devait démentir cette assertion. Six jours seulement s'étaient écoulés depuis la conférence du comte de Finck avec Falciola, et déjà le cabinet de Berlin adoptait un ton différent. M. de Finck lui-même apprenait au chargé d'affaires de France la mobilisation d'un corps d'armée. « Je vous ai invité à passer chez moi pour vous dire que Sa Majesté a jugé convenable de former un corps de troupes, près de Wesel[1]. » La veille encore, M. de Finck avait nié l'existence de tout rassemblement. Falciola ne sut répondre à cette nouvelle qu'en parlant des manœuvres ordonnées par Louis XVI, au camp de Givet. « Elles n'ont d'autre objet que l'exercice du soldat ». — « Il faut toujours dire cela », répliqua, non sans sourire, M. de Finck. Une nouvelle réponse des États de Hollande avait amené ce changement de tableau. Les États se refusaient à blâmer leur Commission souveraine. M. de Montmorin les en approuvait. « Sa Majesté Prussienne ne peut insister

---

[1] Falciola. Berlin, 21 juillet, 87. Reçue le 30. Prusse, 206, n° 88.

sur la réparation d'une injure qui n'a pas eu lieu. » C'était trop compter sur le bon sens de Frédéric-Guillaume, et trop peu croire à l'alliance de l'Angleterre et de la Prusse.

Le cabinet britannique, entraîné par l'argumentation précise de sir James Harris, n'avait pas tardé à déclarer à la cour de France tout l'intérêt qu'il prenait à la question hollandaise. Le 29 juin, M. Eden, en écrivant à Montmorin, exprimait l'espoir « qu'il n'y avait pas une différence essentielle entre les sentiments des deux souverains sur ces objets. Il serait affreux de penser que le défaut d'une explication confidentielle amènerait l'explosion d'une flamme dont les suites pourraient être des plus funestes dans toutes les parties du globe[1]. » L'escadre anglaise venait de recevoir l'ordre de mettre à la voile, mais la France n'avait rien à craindre de ces évolutions navales. M. de Montmorin répondait, le 2 juillet, à cette affirmation : « Sa Majesté a reçu avec plaisir et confiance l'assurance que vous nous avez donnée, et elle est persuadée que votre cour n'en prendra pas moins, Monsieur, dans celle que j'ai ordre de vous donner que le rassemblement de dix à douze mille hommes que Sa Majesté se propose d'ordonner n'a pour objet que l'instruction des troupes. » Quant aux armements de Brest, qui semblaient inquiéter

---

[1] M. Eden à M. le comte de Montmorin. Hollande, 573, n° 63.

les Anglais, si l'on avait équipé « un petit nombre de vaisseaux, c'est qu'il était revenu qu'une partie de ceux qu'on armait en Angleterre était destinée aux Indes orientales[1] ». Le mois de juillet se passa à échanger, d'un ton assez belliqueux, des compliments pacifiques. Lord Carmarthen s'étonnait qu'on eût désigné Givet pour faire exercer les troupes. « Choisir pour cet objet la place la plus voisine des frontières de la République n'est pas une partie plus naturelle ou plus nécessaire d'une telle mesure que si notre roi, sous prétexte d'exercer ses vaisseaux, leur ordonnait de croiser à l'embouchure du Texel[2]. » — « Ce qui se passera dans les ports d'Angleterre servira directement de règle aux mouvements qui seront ordonnés dans les nôtres », répliquait Montmorin; « quant au cantonnement de Givet, le lieu qu'on a choisi pour cet endroit a paru le plus convenable. » Lord Carmarthen voulait arriver à des conclusions plus précises. Dans une très-longue dépêche, datée du 29 juillet,

---

[1] Dans sa réponse à M. Eden, Montmorin insiste sur ce fait que le Stathouder n'est pas un souverain, mais seulement le premier serviteur d'une république : « Si l'intervention de Sa Majesté était désirée, elle ne la ferait servir qu'au maintien de la constitution. Supposé, Monsieur, que le stathoudérat en fût une partie nécessaire, alors celui qui remplit cette charge, quelque éminente qu'elle soit, ne pourrait être considéré que comme officier de la République, et elle seule comme souverain serait en droit de déterminer les fonctions qui lui appartiennent. »

[2] Traduction de la lettre de lord Carmarthen au duc de Dorset, en date du 10 juillet 1787. Hollande, 573, n° 104.

il donnait l'ordre au duc de Dorset, alors à Paris, de représenter « sur-le-champ » au gouvernement français, « dans les termes les plus amicaux et en même temps les plus explicites,... combien il serait impossible à Sa Majesté de continuer à éviter tout autre préparatif, si l'on ne recevait sur-le-champ de la part de la cour de France l'assurance qu'elle ne fait dans ses ports aucune espèce de préparatifs, et à un degré quelconque, au delà de ceux qui se font ordinairement pour l'état de paix[1] ». La cour de France ne reconnaissait-elle pas maintenant que le rassemblement de troupes à Givet était « adopté dans le dessein de produire effet dans la situation présente de la République » ? Sa Majesté Britannique l'avait appris « avec surprise et peine ». Quant à la suspension d'hostilités entre les provinces que M. de Montmorin indiquait comme la base de toute négociation, elle ne pouvait avoir lieu que si l'on commençait par désarmer les *corps francs*. L'Angleterre était toute disposée à prendre part à la médiation; si elle y était invitée, « tous ses efforts ne tendraient qu'au maintien de la constitution de la République, telle qu'elle avait été établie en 1747, par un vote unanime, et confirmée en 1766 d'une manière également unanime ». C'é-

---

[1] Copie de la lettre de M. le comte de Montmorin à M. de Barthélemy, 20 juillet 1787. Hollande, 573, n° 114.

Barthélemy, qui devait devenir membre du Directoire, sénateur et pair de France, était alors chargé d'affaires de France en Angleterre.

tait annoncer clairement l'intention de soutenir toujours et quand même les prétentions du Stathouder. Le ton de l'Angleterre était trop menaçant pour permettre les illusions. Se refuser à écouter ses propositions, ce serait hâter, « par une susceptibilité déplacée, la guerre civile, et exposer l'Europe à une guerre générale ». Tout en maintenant d'une manière absolue le droit pour la France de procéder aux armements qu'elle jugeait utiles, le ministre avait répondu aux premières représentations du cabinet de Saint-James que, «si Sa Majesté Britannique était invitée à prendre part à la médiation, Sa Majesté la partagerait avec plaisir avec ce monarque ».

M. de Vérac savait à quoi s'en tenir sur ces politesses diplomatiques. M. de Thulemeyer lui-même continuait à combattre la politique anglaise à la Haye, et faisait tout pour empêcher la médiation de la Grande-Bretagne. La politique indécise du gouvernement prussien n'était pas sans indigner sir James Harris. Que pouvait-on attendre d'une puissance qui ne savait employer ni la vérité, ni le mensonge? Le ministre d'Angleterre voulut hâter les événements. Le 20 juillet, il écrivait de la Haye à la princesse d'Orange, alors à Nimègue : « Madame, j'espère que Votre Altesse Royale ne désapprouvera pas la démarche que ma cour va faire à celle de Berlin. J'ai travaillé, depuis l'indignité outrageante (*sic*) offerte à Votre Altesse

Royale près de Schoonhoven, à déterminer le Roi mon maître à faire cette démarche, mais je me suis abstenu d'en parler. C'est par des faits et non par des paroles que je désire la servir[1]. » Le jour même, le ministre d'Angleterre expédiait à M. Ewart un courrier, pour lui apprendre les résolutions définitives de sa cour. L'Angleterre, en cas de guerre, soutiendrait la Prusse jusqu'au bout; quarante vaisseaux de ligne appuieraient la démonstration du duc de Brunswick. « L'audacieuse sécurité des patriotes est inénarrable », ajoutait sir James Harris. Mieux que les *patriotes*, il eût mérité cet éloge. Non content d'entraîner la Prusse au combat, il s'efforçait d'exciter l'Autriche contre la Hollande. « Les troubles des Pays-Bas autrichiens sont étroitement liés à ceux de ce pays-ci, ils sont aussi suscités par la France... Vous pouvez assurer au ministre d'Autriche, disait encore sir James Harris, que deux des principaux patriotes sont partis pour Bruxelles, proposer aux États de Brabant de s'unir à la Hollande, dans une lutte commune pour la liberté, et d'en appeler à la France. »

Tant d'activité, tant de passion, de si grands efforts devaient enfin recevoir leur récompense. Le 28 juillet, M. Ewart envoyait à la Haye l'assurance positive que la Prusse se décidait à marcher[2]. « Votre courrier est arrivé au moment le

---

[1] En français dans l'original. *Diaries*, II, 339.
[2] M. Ewart à sir James Harris. *Diaries*, II, 344.

plus critique, alors qu'une infâme intrigue allait tout incliner à Potsdam en faveur de la France; mais les armes victorieuses que je viens de mettre aux mains de nos amis pourront, je l'espère, dompter la cabale. Le comte de Finck, l'un des principaux fauteurs est en proie à la panique. Je viens d'avoir une longue conférence avec lui; non-seulement il a admis tous les points sur lesquels j'insistais, mais il a fait son rapport en conséquence. » La situation de M. de Thulemeyer, à la Haye, devenait de plus en plus difficile. Après avoir déclaré formellement au greffier des États que sa cour désirait éviter l'intervention anglaise, il se voyait forcé, dans les premiers jours d'août, en remettant deux nouveaux mémoires comminatoires, de revenir sur ses premières assertions. « Il avait reçu l'ordre absolu d'insister en faveur de la médiation de l'Angleterre. » La princesse d'Orange, mêlée plus que jamais à tous les détails de la politique, n'avait pas attendu cette démarche nouvelle. Elle avait écrit de sa propre main au greffier et au principal député de chaque province, pour les informer « que M. de Thulemeyer avait inexactement rapporté les sentiments de son maître, que le Roi son frère, bien loin de vouloir exclure l'Angleterre, désirait ardemment qu'on l'invitât à la médiation », et, dans une note destinée à passer sous les yeux de sir James Harris, elle ajoutait cette phrase significative : « La manière franche et ouverte dont votre cour s'est expliquée à Berlin a fait le plus grand effet, et je ne saurais assez vous en témoigner ma reconnaissance. » Déjà l'on annonçait à Nimègue l'arrivée du duc de Brunswick, qui venait pour s'entendre avec la princesse sur tous les détails de l'expédition militaire. « Le feld-maréchal paraît tranquille », disait Mirabeau presque au même moment, « mais c'est le sommeil du lion. Pauvres Pays-Bas! » Quant à Guillaume V, on ne parlait guère de lui; il guerroyait contre les États de Hollande. On savait seulement que, dans un accès de colère violente, il avait été jusqu'à dire à sa femme : « Je ne suis entouré ici que de traîtres, et vous en êtes la première, madame. »

L'accord était complet entre la Prusse et l'Angleterre. Le traité d'alliance offensive et défensive, qui devait être signé au mois d'octobre, était arrêté en principe. Les deux cours se promettaient un mutuel appui pour rétablir le Stathouder et ruiner l'influence française aux Pays-Bas. « Sa Majesté Prussienne peut être assurée de notre entier concours », répétait sir James Harris à la princesse. « Nous ferons fort *de tenir la France en bride pendant que Sa Majesté agit,* et, avec de telles dispositions, quand même la France *s'émanciperait,* l'exécution, sans être plus difficile, n'en sera que plus glorieuse[1]. » Par sa tenace obstination, par

---

[1] Sir James Harris à la princesse d'Orange. En français. *Diaries,* II, 352.

sa volonté ferme et raisonnée, par son courage, le ministre anglais était parvenu à ses fins.

Ce n'est pas le courage, assurément, qui manquait aux négociateurs français; ils ne savaient, par malheur, ni ce qu'ils voulaient, ni ce qu'ils pouvaient. Beaucoup de petites mesures prises à regret, un langage énergique et des résolutions indécises, la crainte de se compromettre et la peur de manquer à la dignité; toutes ces contradictions, toutes ces hésitations, toutes ces maladresses ne pouvaient l'emporter sur la conduite virile, active, audacieuse du gouvernement britannique. Il serait injuste, pourtant, de faire tomber sur le Roi et sur Montmorin toute la responsabilité d'une situation difficile et de tergiversations qui produisaient en Europe le plus déplorable effet. M. de Loménie de Brienne, nommé contrôleur général et bientôt principal ministre, avait porté dans l'administration des finances, puis dans la politique générale, tout le désordre de sa vie privée. Intelligent et corrompu, il ne savait employer ses facultés brillantes qu'à faciliter ou excuser des prodigalités dangereuses, et en voulait aux importuns qui venaient troubler ses plaisirs. Quand on voulut presser les armements de Givet, on découvrit que les sommes réservées pour ce motif étaient déjà dépensées. Les émissaires envoyés par le duc de Brunswick purent revenir en disant que le camp était désert et que l'on y cherchait en vain des soldats français. La France, déjà profondément troublée par les approches de la Révolution, entrait dans cette crise terrible dont elle n'est pas sortie encore aujourd'hui. La vieille monarchie était ébranlée, la vieille armée était désorganisée. Après avoir vivement combattu l'intervention anglaise, M. de Montmorin en venait à déclarer, dans sa dépêche du 3 août, « que la prudence et l'intérêt essentiel de leur pays voulaient que les patriotes consentissent à l'admission » de cette puissance. « Il n'est point dit que parce qu'elle participera à la pacification des Provinces-Unies, elle en dictera impérieusement les conditions. Le Roi aura son opinion et saura la soutenir[1]. » Après avoir insisté sur la vanité des réclamations prussiennes, au sujet de l'incident de Schoonhoven, le ministre, tout en maintenant « qu'il n'était pas dû de réparation », conseillait aux États de Hollande une démarche de politesse vis-à-vis de la princesse. « Le roi de Prusse ne demande pas mieux que d'être retiré du faux pas que trop de précipitation lui a fait prendre ; nous sommes d'avis qu'il convient de lui en faciliter les moyens... Au surplus, Monsieur, disait en terminant M. de Mont-

---

[1] Montmorin à Vérac. Hollande, 574.
Montmorin disait dans cette même dépêche : « Quant à l'Angleterre, on ne saurait dissimuler les inconvénients que présente son intervention. Cette puissance, piquée de ne plus pouvoir traiter la République comme une province anglaise, voudrait ou recouvrer son alliance ou la rendre illusoire pour la France. »

morin à Vérac, vous sentez que dans le dessein où est le Roi d'éviter la guerre, autant qu'il sera possible, vous devez vous occuper essentiellement de calmer les têtes de nos amis[1]. » Le Roi n'en était pas moins décidé à « aller au secours de son allié[2] », et M. de Montmorin adressait à Falciola une dépêche ostensible pour lui ordonner de se plaindre des préparatifs militaires faits en Westphalie : « Sa Majesté attend de l'amitié du roi de Prusse qu'il voudra bien changer des mesures qui se concilieraient aussi peu avec l'office de médiateur[3]. » Dans une lettre particulière, le ministre appuyait sur le « manque d'égards » de la cour de Berlin. « Le Roi, si son amour de la paix ne l'emportait sur sa sensibilité, s'exprimerait sur un autre ton. Il vous autorise à rappeler l'intérêt que jusqu'à présent il n'a cessé de prendre à la prospérité de la monarchie prussienne, et de faire entendre que si le roi de Prusse ne fait aucun cas de cet intérêt, nous serons forcés, quoiqu'à regret, de changer de système et de conduite, à l'égard de Sa Majesté Prussienne.

---

[1] Montmorin avait écrit aussi de sa propre main au bas de cette dépêche : « Je vous dirai encore, Monsieur, que si le roi de Prusse ne revient pas sur ce qu'il a fait, en révoquant les ordres qu'il a donnés pour la marche de ses troupes, le Roi non-seulement fera effectuer le camp de Givet, mais même augmentera dans une proportion convenable le nombre des troupes qui doivent le composer. »

[2] Cette dernière phrase encore est de la main de Montmorin.

[3] Montmorin à Falciola, 3 août 1787. Hollande, 574.

Le Roi n'abandonnera jamais la Hollande dans aucun état de cause, lorsqu'il sera question d'agression étrangère. Votre langage sera à la fois ferme, modéré et onctueux[1]. » Dans une nouvelle dépêche du 6 août, Montmorin revenait encore sur ces observations : « Il est à considérer que lorsque des grandes puissances interviennent dans une affaire, elles ont par elles-mêmes un assez grand poids pour que leur influence n'ait pas besoin d'être étayée par la force. En communiquant aux ministres prussiens ce que je vous mande, vous leur confierez que les dispositions que la cour de Londres manifeste ne laissent rien à désirer[2]. » C'est un défaut commun à beaucoup d'honnêtes esprits de voir les choses telles qu'ils les souhaitent, et non pas telles qu'elles se présentent. M. de Montmorin avait tort de compter sur la bonne volonté de l'Angleterre, ou sur le succès de ses représentations à la cour de Berlin. Sir James Harris pouvait bien parler de « l'affection et de la bienveillance » de George III pour la République dans un mémoire remis, le 14 août, à L. H. P.; ces belles phrases ne l'empêchaient pas de tout faire pour « presser la grande expédition ». M. de Thu-

---

[1] Montmorin à Falciola, 3 août 1787.
« J'exprime dans des termes très-modérés, monsieur, dans la dépêche ostensible ci-jointe, la sensation que nous ont causée les dispositions hostiles du roi de Prusse; il n'en est pas moins vrai qu'elles ont vivement affecté le Roi. »

[2] Montmorin à Falciola. Hollande, 574, n° 16.

lemeyer pouvait invoquer les « vues conciliatoires » qu'il ne cessait de professer ; il n'en adressait pas moins aux États de Hollande les factums les plus insultants, au nom du Roi son maître, et se plaignait avec aigreur de la *Gazette de Woerden* « qui avait osé donner un démenti formel aux faits exposés dans son mémoire[1] ».

M. de Montmorin ne se flattait déjà plus d'imposer sa manière de voir au gouvernement prussien. « Quelque précipitée et quelque inconsidérée que soit la conduite du roi de Prusse », écrivait-il le 20 août, « le Roi pense, Monsieur, qu'il est d'une nécessité absolue d'en prévenir les effets, sans perdre de temps à discuter si les plaintes de ce monarque sont bien ou mal fondées. Le Roi se flatte d'autant plus que l'on adhérera à son avis, que le parti que les États de Hollande vont prendre décidera de la guerre ou de la paix, et qu'il est impossible, en présupposant la guerre, que le Roi s'y laisse entraîner selon le bon plaisir des patriotes[2]. »

« L'expédition d'aujourd'hui est l'extrême onction », disait de son côté, le 24 août, M. de Ray-

---

[1] M. de Thulemeyer à M. de Bleiswyck, pensionnaire de Hollande.

Dans une lettre du 14 août à Vérac sur le même sujet, M. de Thulemeyer va jusqu'à dire : « Votre Excellence connaît les vues conciliatoires qui m'animent, mais elles n'auraient certainement point l'efficacité que je désire, si on ne bride point les rédacteurs de ces feuilles pernicieuses, qui ne cessent de dénaturer les faits et de dérober la connaissance de la vérité au peuple. »

[2] Montmorin a Vérac, 20 août 1787.

neval à Bourgoing. « Si elle ne produit pas son effet, nous sommes à bout de voies. Je tranche la question en vous disant péremptoirement qu'il faut apaiser le roi de Prusse. Il serait affreux que pour un aussi mince incident le feu dût être mis aux quatre coins du monde. Ce qui me tourmente le plus, ce sont nos affaires intérieures; elles vont de mal en pis[1]. » La cour de France conseillait aux États d'autoriser le voyage à la Haye de la princesse d'Orange et de l'inviter à s'y rendre, dès que la sécurité publique le permettrait. Le texte même de la réponse à faire au roi de Prusse était envoyé de Versailles. « L. N. et G. P. persistent à penser qu'il n'a été commis aucun attentat contre la personne de madame la princesse d'Orange. Jamais L. N. et G. P. n'ont eu dans la pensée que cette princesse eût des vues sinistres, en se déterminant à venir à la Haye. Elles désirent surtout que Son Altesse Royale, vu son intention louable de coopérer à une réconciliation, diffère son voyage jusqu'à ce que cet ouvrage salutaire puisse être entrepris[2]. »

[1] Rayneval à Bourgoing, 24 août 1787 : « MM. les gazetiers d'Amsterdam et de Leyde ont fait plus de mal que l'aventure même de Son Altesse Royale. Au nom de Dieu, qu'on se hâte de terminer cette misérable affaire de la satisfaction... M. le comte de Montmorin n'a pas le temps de vous écrire, il est accablé de besogne et de comités. « Hollande, 574, n° 53.

[2] Hollande, 574, n° 43. « Substance de la réponse à faire par les États de Hollande à la cour de Berlin. »

Quelle que pût être l'opinion de M. de Vérac sur le changement d'attitude du gouvernement français, le courrier du 20 août lui apportait une nouvelle plus grave encore que le conseil donné aux États. Le Roi avait ordonné son retour en France. « Je ne vous dissimulerai pas qu'il a également résolu que vous ne retourneriez pas à la Haye. Sa Majesté a disposé de l'ambassade de Hollande, en faveur de M. le comte de Saint-Priest[1]. » M. de Montmorin n'ajoutait pas que le duc de la Vauguyon avait longuement insisté pour reprendre le poste qu'il avait dignement occupé, et qu'on lui avait répondu par un refus. Le coup était dur pour Vérac; il était terrible pour les *patriotes*. Rappeler l'ambassadeur dans de telles circonstances, c'était condamner la Hollande et le parti républicain. La cour de France avait enfin compris que l'accord de l'Angleterre et de la Prusse était absolu. Les archives des affaires étrangères contiennent, pour le mois d'août 1787, un très-grand nombre de mémoires sur la Hollande, sur les moyens de la défendre et d'établir sa constitution. Il était trop tard pour avoir recours aux paperasses diplomatiques,

---

[1] Dans une dépêche du même jour, Montmorin insiste encore sur l'influence exercée par les journaux hollandais sur le roi de Prusse : « Cette cour regarde leur langage comme un défi de la part des patriotes. Je sais positivement que cette opinion influe sur la persévérance de Sa Majesté Prussienne à faire marcher ses troupes... Les gazettes doivent rapporter des faits, et non se mêler de juger les souverains et de diriger leurs cabinets ».

mais la France n'était pas prête à tenir un autre langage, et les armements longtemps retardés étaient plus apparents que réels. Il fallait gagner l'hiver avant de pouvoir engager la lutte.

« Ce n'est pas avec nos plumes, mais avec nos épées que nous devons traiter de la médiation, si nous voulons la faire avec succès », disait sir James Harris qui ignorait encore le rappel de M. de Vérac. « On parle d'une insurrection populaire en France ; *si Dieu voulait les punir par où ils ont péché, comme j'admirerais la sagesse divine*[1] ! »

La cour de Berlin continuait à faire parade de son épée pour traiter de la médiation. Elle persistait à exiger une satisfaction, à l'exiger dans les termes les plus menaçants. « En cas de refus, l'armée de Westphalie passait la frontière... Il ne pourrait jamais être question d'une rétractation de madame la princesse. » — « J'ai lu à nos amis la réponse de la cour de Berlin », disait Vérac qui se préparait à partir. « Ils en ont été vivement affectés ; ils sentent trop la nécessité d'écarter une armée étrangère des frontières de la République, pour ne pas suivre le conseil que le Roi daigne leur donner sur l'incident de la satisfaction. » Amsterdam seul s'opposait à toute concession ; le Conseil ne voulait pas s'abaisser et se déclarait prêt à tout pour défendre la liberté. Plus d'une fois déjà l'on avait

---

[1] Sir James Harris à lord Carmarthen, 21 août 1787. *Diaries*, II, 359. La phrase en italique est en français dans l'original.

sauvé la Hollande, en la mettant sous l'eau. Pourquoi la France avait-elle changé d'attitude? « Si nous perdons encore une fois Amsterdam, il faut renoncer à regagner cette ville, et je vous laisse à penser les conséquences, relativement au maintien de notre système. » Le 8 septembre, malgré la résistance prolongée d'Amsterdam, les États de Hollande se décidaient à une dernière démarche pacifique et adressaient à la cour de Prusse la lettre rédigée par le cabinet de Versailles. M. de Vérac, en l'annonçant et avant de terminer sa dernière dépêche, insistait sur la nécessité absolue de défendre « le parti patriotique, ou plutôt, il osait le dire, le parti français, puisque ce sont ceux qui le composent qui luttent depuis sept ans contre nos ennemis[1] ».

Si la cour de France, impuissante à secourir la Hollande, avait cru la sauver en lui conseillant des concessions, elle avait mal compris les intentions de l'Angleterre et de la Prusse. Dès le 29 août, sir James Harris communiquait à la princesse « des nouvelles aussi satisfaisantes qu'intéressantes ». M. Eden venait de faire une démarche décisive auprès de Montmorin. Le roi George « applaudissait hautement la conduite du roi de Prusse, approuvait entièrement l'assemblement d'un corps d'armée dans le pays de Clèves et n'hésitait pas à

[1] Vérac à Montmorin, 8 septembre 1787.

dire que si la France s'avisait d'en assembler un à Givet, ou ailleurs, il se verrait dans le cas de prendre des mesures qui pourraient mener à des suites désagréables[1] ». La cour de Londres se déclarait prête à adopter, de concert avec la Prusse, un plan qu'elle soutiendrait de toutes les manières. « Je vous recommande les environs de Givet », écrivait le duc de Brunswick à sir James Harris lui-même; « si les Français ne nous troublent point, je me flatte que notre opération ne sera pas de bien longue durée[2]. »

Ce fut le 8 septembre, avant midi, que la lettre des États de Hollande fut communiquée à M. de Thulemeyer, pour être envoyée à Berlin. Le soir même, un courrier partait pour cette ville. Le 9 septembre, à huit heures du matin, le ministre prussien se rendait chez le Grand Pensionnaire et lui demandait de convoquer l'Assemblée pour le lendemain. La réponse des États n'avait pas paru « satisfaisante » au Roi son maître, qui faisait déposer un ultimatum. Le Roi réclamait des excuses nettes, complètes, absolues, la révocation formelle

---

[1] Sir James Harris à la princesse d'Orange, en français. *Diaries*, II, 363.

« Ma cour a déclaré en termes très-nets et précis à celle de Versailles que le Roi sent très-vivement l'insulte faite à Votre Altesse Royale... Cette pièce finit par un petit mot, pour prouver que le prince Stathouder n'est pas serviteur de la république, mais partie primitive et intégrante de la souveraineté. »

[2] Le duc de Brunswick à sir James Harris. De Wesel, le 6 septembre 1787. *Diaries*, II, 366.

des « résolutions injustes et erronées » prises à l'occasion du voyage de la princesse, le châtiment sur sa réquisition « de tous ceux qui avaient participé aux offenses contre son auguste personne », l'invitation à Son Altesse Royale de se rendre tout de suite à la Haye. Ces décisions devraient être prises dans un délai déterminé de quatre jours. « Tout le monde paraît persuadé que le mémoire de M. de Thulemeyer a été fabriqué à Clèves entre madame la princesse et M. le duc de Brunswick[1] », disait à Montmorin M. Caillard, chargé d'affaires de France en l'absence de l'ambassadeur. « Les grandes inondations peuvent s'effectuer en six heures, à ce que m'ont appris M. Paulus, et M. de Witt, membre de la commission de Woerden. La grande écluse de Muyden étant rompue, on dit que la Hollande est parfaitement couverte. »

Le 12, les États déclarèrent qu'on ne pouvait entrer en délibération sur la note de M. de Thulemeyer. L'envoi à Berlin de deux députés chargés de conférer avec le roi de Prusse était résolu. La cour de France et celle de Prusse recevraient communication de cette décision. « Un souverain ne pourrait jamais faire des excuses à la femme de son premier serviteur », s'était écrié, dans la discussion, l'un des délégués de Dordrecht. Les trou-

---

[1] « On est révolté ici contre la forme autant que contre le fond de la note de M. de Thulemeyer », écrivait Caillard à la même date. Hollande, 574, n° 63.

pes prussiennes étaient en marche, sans avoir encore pénétré sur le territoire de la République. Un dernier espoir semblait réservé aux patriotes. La Porte venait de rompre avec la Russie, et la guerre se rallumait en Orient. « Venons aux affaires de Hollande, écrivait Montmorin à Bourgoing, elles me donnent autant d'humeur qu'à vous. Il faut surtout gagner du temps jusqu'à l'entrée de l'hiver. Voilà une nouvelle série qui s'ouvre dans le Levant et qui pourra donner à penser à Sa Majesté Prussienne. Il pourrait se repentir de s'être conduit envers nous comme il l'a fait. Nous nous ressouviendrons du fond qu'on peut faire sur lui[1]. »
« L'opinion du Roi est que les États de Hollande ont fait tout ce qu'il était possible d'exiger d'eux, pour apaiser le roi de Prusse. Si ce prince, au mépris des réflexions les plus sérieuses sur ce qu'il allait entreprendre, fait avancer ses troupes pour entrer dans la province de Hollande, Sa Majesté est résolue, comme alliée, d'aller au secours de cette province[2] ».

M. Caillard, sur le reçu de cette dépêche, en-

---

[1] Lettre autographe du comte de Montmorin au chevalier de Bourgoing. Versailles, le 10 septembre 1787.
« Ce que je vous dis là est, vous m'entendez bien, pour vous absolument seul; mais je crois que vous pouvez vous servir utilement de l'événement du Levant auprès des patriotes, montrez-leur que le roi de Prusse a nécessairement besoin de nous. »

[2] Caillard à Montmorin. La Haye, 16 septembre 1787. Hollande, 574, n° 106.

voyait aussitôt M. de Bourgoing à Woerden pour prévenir la Commission et le Rhingrave du « secours du Roi ». Il restait lui-même à la Haye, pour y prendre les mesures exigées par les circonstances. Les troupes prussiennes étaient entrées sur le territoire des Provinces-Unies; les Pensionnaires venaient de se décider à quitter la Haye, où ils couraient risque d'être massacrés par les orangistes. « La fermentation est grande parmi le peuple; nous sommes menacés d'un pillage dans la journée, et l'hôtel de France ne doit pas être épargné plus que les autres[1]. »

[1] Montmorin à Caillard. Versailles, 12 septembre 1797. Hollande, 57⁴, n° 98.

M. de Rayneval écrivait à la même date au chevalier de Bourgoing : « Voilà donc, mon cher Bourgoing, le canon qui se braque. L'expédition partie avant-hier et celle d'aujourd'hui prouveront aux patriotes que nous ne sommes pas d'aussi lâches amis qu'ils le supposent. »

CHAPITRE IX

L'armée prussienne envahit le territoire des Provinces-Unies. — Mesures prises par les *patriotes* pour repousser cette invasion. — M. de Lafayette. — Les canonniers français. — Plans d'intervention armée de la part de la France. — La rupture des digues. — Plan de campagne du duc de Brunswick. — Le rhingrave de Salm abandonne Utrecht. — Soulèvements populaires en faveur du prince d'Orange. — Entrée de Guillaume V à la Haye. — Marche en avant des Prussiens. — Prise de Gorcum. — Résistance d'Amsterdam. — Combat d'Half-weg. — Les États de Hollande informent la cour de Versailles de la révolution nouvelle. — Le duc de Brunswick devant Amsterdam. — Capitulation d'Amsterdam. — Violences exercées par les orangistes. — Exil des principaux *patriotes*, dont beaucoup se retirent en France. — Alliance des Provinces-Unies, de l'Angleterre et de la Prusse. — Conséquences fâcheuses de l'invasion de la Hollande par les Prussiens.

Frédéric-Guillaume ne s'était pas laissé effrayer par les menaces de Louis XVI. Il comptait sur l'appui de l'Angleterre. Il savait que la France n'était pas prête et ne voulait pas lui permettre « de gagner du temps ». Le 11 septembre, Guillaume V avait publié un « déclaratoire » sur l'insulte publique faite à son épouse et le refus obstiné et impardonnable de la satisfaction demandée. « Rien ne nous touche plus sensiblement que de voir arriver la ruine d'une nation à laquelle nous sommes liés par les liens les plus sacrés[1]. » Le 12 septembre, le duc de Brunswick avait donné l'ordre de marche ; les troupes prussiennes s'étaient ébranlées. Le duc, resté l'un des derniers à Wesel, avait passé le Rhin dans la soirée, sur un pont de bateaux, et s'était avancé vers Clèves. De nombreux officiers, Anglais, Russes, Mecklembourgeois, servaient comme volontaires dans son état-major. Les princes régnants de Saxe-Weimar et d'Anhalt avaient obtenu l'autorisation de l'accompagner. Le 13, la province de Gueldre était envahie ; l'armée d'occupation se présentait comme amie ; elle venait rétablir l'ordre public, sauver les Pays-Bas de l'anarchie, rendre au Stathouder les priviléges qui lui appartenaient. La princesse d'Orange, suivie de ses dames d'honneur et de son escorte, s'avançait au delà de Nimègue pour recevoir ses libérateurs et saluer le vaillant chevalier, qui soutenait si galamment sa cause. Les officiers prussiens portaient par courtoisie la cocarde orange à leur chapeau ; ils étaient accueillis par la foule aux cris de : Vive Orange ! Le vieux chant de Guillaume de Nassau retentissait de toutes parts ; le temps était magnifique, la victoire était assurée. L'expédition semblait une partie de plaisir, pour ne pas dire une fête de famille. La journée du 14 fut accordée au repos ; les soldats avaient fait la veille une marche forcée ; ils devaient

---

[1] Donné à Amersfoort, le 11 septembre 1787.

s'assurer du pain et des fourrages pour trois jours; la vraie campagne ne commençait que le lendemain. On venait d'apprendre la nouvelle que la Commission de Woerden avait donné l'ordre de rompre toutes les digues, de défoncer tous les chemins. Bientôt la Hollande serait sous l'eau. Quelles mesures en dehors de l'inondation la Hollande pouvait-elle opposer aux forces de Frédéric-Guillaume jointes à celles de son beau-frère?

Les premiers succès remportés par les *patriotes* dans leur lutte contre les États d'Amersfoort et le Stathouder n'avaient pas été poursuivis; les troupes du prince, reprenant courage, pouvaient s'emparer sans grand effort de la petite ville de Wyck, abandonnée par les *corps francs,* sur l'annonce de forces supérieures; le rhingrave de Salm, désireux de réparer cet échec, faisait une démonstration inutile et se retirait un peu à la hâte, sur les premiers symptômes de résistance de la part des orangistes. Ces petits faits d'armes, insignifiants par eux-mêmes, avaient produit un effet considérable. La Providence semblait changer de parti. Les stathoudériens, eux aussi, faisaient enfin des prisonniers. Un pasteur *patriote,* célèbre par son exaltation, avait été arrêté à Wyck. Quinze jours plus tard, le Rhingrave échouait encore dans ses tentatives. L'armée de Guillaume V, campée à une lieue d'Utrecht, ayant fait, sur sa gauche, un mouvement pour menacer cette ville, le Rhingrave voulut la surprendre sur la droite et fit attaquer le château de Soesdyk. Après un combat assez vif, il se voyait repoussé; le paysan qui lui avait servi de guide était tué; un autre paysan, un traître d'après les *patriotes*, s'offrait pour le conduire à Utrecht et le dirigeait sur le camp de Zeist, occupé par l'ennemi; son erreur n'était reconnue qu'au dernier moment[1]. « La barque fait eau de tous les côtés », écrivait le Rhingrave; « on se bat au gouvernail, et personne ne veut travailler dans les agrès. » Les reproches du Rhingrave n'étaient pas sans fondement, mais il les méritait tout le premier. Le courtisan aimable et souple de Versailles était devenu un despote au petit pied, insupportable et dangereux, qui voulait tout dominer et en remontrer à tous. C'était un condottiere avide et prodigue, sans grands talents militaires et sans courage. On remarquait trop souvent qu'il préférait les bons repas et les amours faciles aux hasards de la bataille. On lui reprochait surtout de ne se trouver jamais à portée des balles.

Les commissaires de Woerden continuaient, au contraire, à remplir leurs devoirs avec une conscience absolue; ils travaillaient sans relâche à développer les moyens de défense. Mais la bonne volonté ne supplée pas aux connaissances professionnelles. Politiques très-honnêtes, diplomates

---

[1] *Memorials and times of Ondaatje*. Pages 90-117.

non sans habileté, ils ne faisaient que de très-médiocres chefs d'armée, troublés par leurs scrupules constitutionnels, arrêtés sans cesse par les intrigues du Rhingrave et l'incapacité du général Van Ryssel. Leur vrai rôle eût été de préparer la lutte et d'en remettre la direction à un véritable homme de guerre. On avait pensé à M. de Lafayette, qu'on eût prié de commander un corps de vingt mille volontaires. « Si les affaires étaient devenues sérieuses », écrivait-il à Washington, « j'aurais sans doute été placé à la tête de toutes les forces militaires des provinces républicaines. Le Rhingrave et son ami, le ministre de France, ont arrêté la transaction en persuadant aux chefs que ce choix déplairait à la cour de Versailles. Les Hollandais disent maintenant qu'en cette affaire, comme en d'autres, ils ont été trompés par la friponnerie du Rhingrave. »

A défaut de Lafayette, les commissaires de Woerden demandèrent des canonniers à la cour de France. Les fortifications d'Utrecht devenaient splendides ; de nombreux canons couvraient les murailles ; les ingénieurs manquaient, et surtout les artilleurs ; ces derniers avaient déserté. Le maréchal de Ségur, alors ministre de la guerre, était trop grand partisan de l'alliance hollandaise pour se refuser à cette prière[1]. Deux cents

---

[1] « Nos amis ont été infiniment touchés de la bonté avec laquelle le Roi daigne accueillir la demande de la commission de

canonniers, sans armes et sans uniformes, reçurent l'ordre de se rendre, par détachements, en Hollande et de se mettre aux services de la commission. MM. de Bellonet et Bosquillon de Frescheville, capitaines en premier au corps royal du génie, partirent en même temps pour la Haye. M. de Ternant, officier général très-distingué, se trouvait déjà en Overyssel, pour s'efforcer d'y organiser la résistance. Le ministre de la marine, M. de Castries, allait au-devant des demandes. La colonie du Cap n'avait-elle pas besoin d'ingénieurs maritimes, pour la mettre à l'abri d'un coup de main des Anglais? M. Paulus, fiscal de l'amirauté, ferait bien de recommander aux commandants de Ceylan et des Indes de prendre « toute confiance en la France ». M. de Ségur et M. de Castries ne se contentaient pas de ces mesures; ils désiraient l'intervention active de l'armée française, et faisaient préparer avec soin des plans de campagne. La difficulté dominante, outre la pénurie du Trésor et l'insouciance de M. de Loménie, était la distance. Givet se trouvait à quarante lieues de la frontière hollandaise. « Le roi de Prusse a tous les avantages pour la célérité du rassemblement, pour la facilité des subsistances et des approvisionnements. Il aurait le temps de prendre l'Overyssel, Utrecht, et même de pénétrer dans la province de Hollande sans que la France

---

Woerden relative aux canonniers. » Vérac à Montmorin. La Haye, 28 juillet 1787. Hollande, 573, n° 141.

ait pu la secourir. » Ne pourrait-on pas envoyer de Dunkerque par mer deux mille cinq cents hommes qui, en trente-six heures, seraient transportés dans les Pays-Bas et pourraient permettre aux *patriotes* de tenir jusqu'à l'arrivée des forces françaises[1] ? Un second projet était basé sur le rassemblement rapide à Givet de huit à neuf mille hommes qui, passant par le pays de Liége, seraient à Heusden en neuf marches et un séjour. Si la Prusse cherchait à défendre le passage de la Meuse, le corps auxiliaire devait comporter dix mille hommes d'infanterie, deux mille cavaliers, un train d'artillerie compétent. Un corps plus considérable jeté dans la Gueldre opérerait une diversion. Dans un mémoire important remis à M. de Saint-Priest après l'entrée des Prussiens, M. Paulus, qui n'avait pu se rendre à Versailles comme on l'eût désiré, résumait la marche à suivre. « Pour sauver la Hollande, la France doit envoyer *quanto citius* vingt mille hommes en Hollande, vers Geertruydenberg et Heusden, pour entrer à Gorcum, et de là à Dordrecht, Rotterdam. » Un second corps de plus de vingt mille hommes se dirigerait en même temps vers la Westphalie, pour couper les secours à la Prusse ; il entrerait ensuite en Gueldre, pousserait jusqu'à Utrecht, obligerait le duc de Brunswick à diviser ses forces, et le mettrait entre deux et même

---

[1] Mémoire envoyé, le 24 août 1787, à M. le comte de Montmorin et à M. le marquis d'Aguesseau.

trois feux, en y comprenant la petite armée hollandaise campée à Amsterdam et forte de dix mille hommes environ. Un troisième corps, fort de dix à douze mille hommes, serait embarqué à Dunkerque et transporté à Helvoët et à la Brille « pour diviser les forces de ces deux places et les prendre toutes deux à la fois. Si tout cela se fait promptement, la Hollande sera délivrée des troupes prussiennes ; si cela ne se fait pas, elle est perdue[1]. » Cela ne devait pas se faire, et la Hollande était perdue.

Tous les efforts de M. de Ségur pour attirer l'attention du Roi sur les affaires de Hollande restèrent inutiles. Louis XVI ne voulait que du bien à ses alliés, il ne savait pas prendre une décision, et M. de Loménie de Brienne faisait tout pour l'en empêcher. A quatre reprises différentes, le ministre de la guerre voulut lire au Conseil un mémoire où il déclarait l'urgente nécessité d'une démonstration militaire; quatre fois de suite, le premier ministre parvint à détourner l'esprit du Roi en l'occupant de questions secondaires, et les séances qu'il eût fallu consacrer à la formation du camp de Givet furent employées à écouter de longues anecdotes fort bien contées par M. de Malesherbes[2]. L'influence de M. de Loménie de

---

[1] Note de M. Paulus remise à M. de Saint-Priest, le 21 septembre. Affaires étrangères. Hollande, 574, n° 133.

[2] Ces faits sont racontés avec une grande précision par M. de

Brienne l'avait emporté. MM. de Ségur et de Castries se retiraient du ministère, et l'on s'efforçait, à Versailles, d'oublier les *patriotes* tout en gardant rancune à la Prusse. Le 21 septembre, M. de Montmorin sonnait le glas funèbre de la cause républicaine en répondant à M. de Saint-Priest que les événements obligeaient à rester à Bruxelles. « Ne perdez aucune occasion de montrer le plus grand désir de notre part de venir au secours de la province de Hollande. Il s'agit d'en trouver les moyens; je les crois difficiles, même impossibles pour le moment. Mais le printemps peut et doit nous donner des facultés qui nous manquent quant à présent. L'idée d'une diversion dans les États du roi de Prusse me paraît absolument impraticable[1]. »

Ségur, fils du ministre de la guerre, et qui était alors ministre de France en Russie. Il affirme que M. de Brienne, connaissant la sympathie du Roi pour Malesherbes et le goût qu'avait Malesherbes à raconter des anecdotes, « se servit de cet étrange et presque ridicule moyen, » pour retarder la discussion sur les affaires de Hollande. Chaque fois qu'elle allait s'engager, M. de Brienne excitait Malesherbes, et le vertueux ministre tombait dans le piége tendu par le prélat peu vertueux. « On aura peine à croire, continue M. de Ségur, que quatre séances, c'est-à-dire quinze jours, se perdirent ainsi. La discussion des moyens à prendre ne venait que d'être terminée lorsqu'on apprit la prompte invasion du duc de Brunswick, la terreur des Hollandais, la défection du prince de Salm. » « Cette anecdote, dit encore M. de Ségur, peut servir à apprendre à ceux qui veulent écrire l'histoire, sans en avoir connu les acteurs et sans les avoir pris dans l'intérieur des coulisses, quelles sont souvent les causes légères et presque puériles qui influent sur les affaires de la plus haute importance. » M. DE SÉGUR, *Mémoires*, 3e édition, t. III, p. 241 et suiv.

[1] Montmorin à Saint-Priest. Hollande, 374, n° 135.

C'était trop compter sur la bonne volonté du duc de Brunswick que de s'en remettre au printemps, pour retrouver les facultés qui manquaient à la France. La dernière ressource employée par les *patriotes* devait leur faire défaut comme le secours de leur allié. Les digues et les écluses étaient rompues, mais la mer n'avançait pas ; elle avait couvert des plaines fertiles, elle ne barrait pas la route à l'invasion, et les vents favorables ne se décidaient pas à souffler. Le sacrifice héroïque qui avait pu défendre les Pays-Bas contre Philippe II et Louis XIV était impuissant contre Frédéric-Guillaume. Le duc de Brunswick ne s'était pas contenté de préparer avec soin son expédition militaire, il avait prévu le cas d'une inondation et calculé sur les quartiers de la lune la date précise de son entrée en campagne. Si le courrier, chargé de porter à Berlin la dernière réponse des États de Hollande, avait pu faire en quelques heures une traite qui demandait quelques jours, c'est qu'il fallait profiter des basses marées. Le général de Pfau, qui a donné en 1790, sur cette tournée des armées prussiennes, un récit très-complet et très-détaillé, digne d'être comparé aux dernières publications du grand état-major allemand, fait remarquer avec soin cette preuve de la prudence du duc de Brunswick[1]. Il

---

[1] Th. Ph. DE PFAU, *Geschiedenis van der veldtogt der Pruissen in Holland in* 1787. Amsterdam, 1792. Il existe une traduction française de cet ouvrage publié à Berlin.

insiste, non sans lourdeur, sur la précision géométrique de ces opérations militaires. Ces éloges sont mérités ; pendant qu'on se livrait au simulacre de négociations pacifiques, le duc de Brunswick combinait tous ses mouvements, avec la précision d'un homme de guerre qui serait mathématicien. Grâce à de nombreux espions partout répandus, grâce surtout aux renseignements minutieux que pouvaient lui donner la princesse d'Orange et les officiers du Stathouder, il réglait dans leurs moindres détails l'ordre et la marche de ses troupes, préparait les approvisionnements, organisait les magasins et les hôpitaux[1]. Instruit du nombre, de la valeur, de la disposition des soldats hollandais, il savait que sur les neuf à dix mille hommes qui lui seraient opposés, beaucoup ne demandaient qu'à se soumettre ; que les *corps francs,* plus énergiques, étaient moins disciplinés ; que le Rhingrave n'était pas très-courageux, et que sa fidélité était au-dessous de son courage[2]. Envelopper dans un

---

[1] Le baron de Trosschke remarque, non sans raison, que le duc de Brunswick avait adopté certaines mesures que l'on croit avoir inventées depuis lors : entre autres, les hôpitaux flottants. Il avait fait organiser huit grands vaisseaux du Rhin pour les malades et les blessés. Un neuvième servait au transport des médecins, des gardes et des remèdes.

[2] M. de Trosschke, comme M. de Clausewitz, exagère de beaucoup la force des *patriotes* et les difficultés vaincues par les Prussiens. Il évalue à vingt mille hommes environ les soldats que la Hollande pouvait opposer au duc de Brunswick. Il porte ce chiffre à quarante mille, en y joignant les auxiliaires et les milices, et

mouvement rapide la province de Hollande et la ville d'Utrecht, leur couper tout secours possible, s'emparer de toutes les places fortes du cordon, réunir contre Amsterdam toutes les troupes envoyées d'abord dans des directions diverses, tel était son projet primitif, tel fut le plan qu'il exécuta.

Son armée, divisée en trois corps, s'ébranla comme pour la parade. La première division comptait sept bataillons d'infanterie, deux escadrons de hussards, deux batteries d'artillerie. Il s'en réserva le commandement, avec le général Knobelsdorff

déclare ne pas compter dans cette addition les compagnies bourgeoises dont Amsterdam seul pouvait fournir plus de soixante.

La *Revue d'Édimbourg* a raison de dire : « Nous soupçonnons que les difficultés de l'entreprise ont été très-exagérées dans le temps, elles ne le sont certainement pas moins dans le récit du baron de Trosschke. » Les forces hollandaises étaient très-inférieures aux appréciations des historiens allemands. Paulus, fiscal de l'amirauté, évalue à dix mille hommes environ les troupes sur l'appui desquelles la France peut compter, en cas d'une guerre avec la Prusse. D'après un autre mémoire envoyé à M. de Montmorin, le 24 août 1787, la Hollande peut compter sur la fidélité « du moins apparente » d'un peu plus de 3,000 hommes d'infanterie et d'environ 1,000 cavaliers, auxquels il faut joindre 1,400 à 1,500 hommes de la légion de Salm et deux compagnies d'artillerie. Les bourgeoisies armées de Hollande peuvent donner 5 à 6,000 hommes; celles d'Overyssel, 3,000 environ. Utrecht est défendue par 3,000 bourgeois On est bien loin des 40,000 hommes du baron de Trosschke. Un « état des forces de la province de Hollande, le 16 septembre 1787 », conservé aux affaires étrangères, donne comme total 8,766 hommes. En fixant à 10,000 hommes le chiffre des troupes régulières que la Hollande pouvait mettre en avant, on n'est certainement pas au-dessous de la vérité, et M. Paulus était mieux placé que personne pour la connaître.

sous ses ordres. Knobelsdorff devait partir de Nimègue, passer le Waal sur un pont de bateaux, suivre son cours jusqu'à Thuil, envoyer un détachement attaquer Gorcum, se diriger vers le Leck, s'emparer de la grande écluse d'Ameyden, et s'y trouver de façon à pouvoir secourir la seconde colonne, qui devait enlever Vianen. La seconde colonne, composée de onze bataillons, cinq escadrons, une batterie et quatre-vingts chasseurs, avait à sa tête le général Gaudi; son point de départ était Arnheim. Elle suivrait le Leck sur ses deux rives, entrerait dans Vianen, malgré une résistance probablement assez vive, occuperait l'embouchure du grand canal du Vecht après un combat violent, sans doute; se réunirait au second corps pour descendre jusqu'aux bouches du Leck, non sans avoir pris possession de Schoonhoven et de Nieupoort. Rotterdam et la Haye recevraient, au besoin, des garnisons. L'occupation du canal du Vecht aurait pour avantage d'ouvrir la route sur Utrecht et Amsterdam, de faciliter les transports et de neutraliser l'action de la flotte. Le troisième corps, sous les ordres du général comte Lottum, et fort de quinze escadrons, cinq bataillons, une batterie de grosse artillerie et vingt chasseurs, devait exécuter une de ces manœuvres de cavalerie qui sont devenues trop célèbres. Cinq escadrons surveilleraient la province d'Overyssel et la ville de Deventer; dix escadrons se jetteraient dans le Gooiland, courraient sur Amersfoort et camperaient dans les plaines fertiles de cette région où les mouvements sont faciles, où les fourrages sont abondants. La présence de ces troupes à douze lieues d'Amsterdam inquiéterait et troublerait les *patriotes*. Deux bataillons devaient rester à Wezel, un à Arnheim, un à Nimègue pour assurer les derrières de l'armée d'occupation. Le Stathouder, avec ses soldats, marcherait sur Utrecht et s'efforcerait d'empêcher la rupture des digues[1].

Pour bien comprendre la marche du duc de Brunswick, la rapidité, la sécurité de ses mouvements, il faut se rappeler que la Hollande, bien que très-peuplée, n'occupe qu'une étendue peu considérable ; que toutes les grandes villes très-rapprochées sont mises en communication par des canaux, par des routes sans nombre; que la distance entre Rotterdam et la Haye n'est que de cinq lieues, qu'elle n'est que de trois lieues entre la Haye et Leyde, de sept lieues entre Leyde et Haerlem, de cinq lieues entre Haerlem et Amsterdam, qu'entre Utrecht et Amsterdam même on n'a que huit lieues à parcourir.

Le 15 septembre, après un repos d'un jour, l'armée du duc de Brunswick reprit sa marche en avant; les différents corps d'armée se dirigèrent vers les quartiers qui leur étaient assignés. Les sol-

---

[1] Général DE PFAU, *Geschiedenis*, etc.

dats avaient une confiance absolue en leur général, une foi aveugle dans son succès. Le temps, jusqu'alors fort beau, se mit à la pluie; les routes devinrent plus difficiles. Raison de plus pour terminer rapidement une promenade militaire qui devait donner de la gloire. Le 16 septembre, une nouvelle se répandit qui mit le comble à leur enthousiasme; le rhingrave de Salm avait abandonné, dans la nuit, la ville d'Utrecht qu'il devait défendre. Suivi de sa légion, il se retirait sur Amsterdam, soi-disant pour y mourir, et semait partout sur sa route le désordre et la confusion. Utrecht était livré à l'anarchie; les *corps francs* erraient au hasard; les bourgeois terrifiés brisaient leurs armes, affolés par la colère et par la crainte. Seuls, quelques officiers français, aidés de miliciens peu nombreux, s'efforçaient d'organiser une résistance inutile. « Le Rhingrave a évacué Utrecht », écrivait sir James Harris, « enclouant cent quarante canons qu'il était obligé de laisser, détruisant dans la mesure possible les poudres et les approvisionnements. Le prince d'Orange est entré dans la ville au matin, s'est emparé le même jour de Montfort et de l'entrée du canal; la province d'Utrecht tout entière est entre ses mains[1]. » Le 18 septembre, M. de Saint-Priest, arrivé jusqu'à Anvers, apprenait qu'il devait s'arrêter encore. Un sieur

---

[1] Sir James Harris au marquis de Carmarthen. La Haye, 18 septembre 1787. *Diaries*, II, 374.

Leclercq, major du régiment du prince de Salm dans l'Empire, lui annonçait la retraite de son chef. « On a abandonné toute l'artillerie à Woerden; la Commission de L. H. P. partait aussi pour Amsterdam. J'ai appris à Rotterdam que Gorcum était rendu [1]. » « Le chemin est ouvert à présent jusqu'à la Haye », écrivait de son côté M. Caillard, « et rien ne peut plus arrêter les Prussiens. J'imagine qu'ils arriveront dans la journée de demain. En attendant, la fermentation est au comble depuis ce matin parmi la populace. Elle inonde les rues de la Haye chamarrée de rubans orange et insultant les passants qui n'arborent pas cette couleur. Nous nous attendons à une soirée très-orageuse et à des excès de toute espèce. M. le Grand Pensionnaire m'a prié de me rendre chez lui, ce matin à sept heures. Son discours m'a paru porter sur des principes si contradictoires, que j'ai jugé qu'il commençait à perdre la tête, ou qu'il voulait tâcher d'ajuster sa conduite sur les circonstances [2]. » M. Van Bleiswyck n'était pas le seul à perdre la tête, et bien des gens se préparaient à ajuster leur conduite sur les circonstances. L'évacuation soudaine et inattendue d'Utrecht, la fuite du Rhingrave, la reddition, au premier feu, de Gorcum qui, bien

---

[1] Copie de la déclaration faite par M. Leclercq. Hollande, 574, n° 113.

[2] Caillard à Montmorin, 18 septembre 1787. Hollande, 574, n° 114.

défendu, eût pu tenir trois semaines et qui couvrait la Hollande; des coups si brusques, si répétés, si terribles, avaient troublé toutes les âmes.

Amsterdam seul restait debout dans ce désastre. La Commission de Woerden s'y était retirée, ainsi que les Pensionnaires et les membres des États encore fidèles à la cause des *patriotes*. On y préparait tout pour la résistance. Le rhingrave de Salm se présenta devant la ville; on lui en ferma les portes comme à un traître. Il disparut soudain de la scène, sans que l'on pût savoir où il avait caché sa honte. C'était bien la honte qu'il méritait[1].
« La friponnerie de cet aventurier poltron », comme disait Lafayette, avait dépassé toute mesure. Utrecht eût pu résister plusieurs semaines, d'après M. de Bellonet, l'un des officiers français envoyés pour le défendre. Le Rhingrave l'avait abandonné sans combat. Revêtu, grâce à ses intrigues, d'un commandement suprême qu'il feignit de n'accepter qu'à regret, il avait préparé de longue main une retraite qui ressemblait à une trahison. Dès le mois d'août, le bruit s'était répandu que les commissaires de Woerden, soucieux seulement du sort de la Hollande, avaient envoyé au Rhingrave l'ordre formel d'évacuer Utrecht. La Commission avait

[1] Les archives des affaires étrangères contiennent plusieurs mémoires écrasants pour le Rhingrave, rédigés par MM. de Ternant et de Frescheville. Le Rhingrave a essayé de leur répondre par diverses lettres assez déclamatoires, mais qui ne peuvent le laver du soupçon de trahison ou de lâcheté.

protesté contre ces allégations. Le 13 septembre, le Rhingrave lui donna connaissance de la marche en avant de l'armée prussienne. Les circonstances étaient critiques. Les communications entre Utrecht et Woerden deviendraient bientôt impossibles. Un général en chef ne pouvait attendre sans cesse des instructions qui ne lui parviendraient pas peut-être. Le rhingrave de Salm insista; il menaça de se retirer. Les commissaires, vu le danger pressant, lui remirent une sorte de blanc seing non daté qui lui permettrait de se diriger suivant les cas. Le Rhingrave n'attendit pas pour s'en servir. Il se retira sans combattre, et sa retraite précipitée se changea bientôt en déroute. « Il est impossible de concevoir et d'exécuter un projet comme notre évacuation d'Utrecht », a dit M. de Frescheville, l'un des officiers envoyés en Hollande; « on nous a laissés, nous autres Français, dans la ville, sans nous faire marcher et sans relever les postes. Nous avons fait une demi-lieue sans rencontrer personne[1]. » La joie des stathoudériens n'était pas moins grande que le trouble des *patriotes*, mais le désordre n'y perdait rien. M. de Valence, l'un des attachés du comte de Saint-Priest qui avait pu pénétrer jusqu'à Rotterdam, « rencontrait dans les chemins des troupes de paysans les parcourant avec des fusils et le sabre dans la main, criant sans

---

[1] Extrait du journal de M. de Frescheville en Hollande depuis le 13 septembre jusqu'au 4 octobre 1787. Hollande, 575, n° 1.

cesse : Vive le prince d'Orange! » Son courrier, en venant de la Haye, « voyait beaucoup de maisons pillées... et n'arrivait qu'en descendant plusieurs fois, en buvant avec le peuple et se couvrant de rubans orange ». A Delft, « il y avait beaucoup plus de meurtres et de pillage qu'à Rotterdam[1] ». Partout les clochers, les maisons, les vaisseaux même étaient couverts de pavillons stathoudériens. « On a cassé les fenêtres et détruit les maisons de plusieurs patriotes », reconnaissait sir James Harris lui-même, qui se hâtait d'ajouter : « Ma maison est assaillie de hurrahs et d'acclamations. Je suis content de voir que les habitants de la Haye me considèrent comme leur ami[2]. » Le surlendemain, 20 septembre, le ministre d'Angleterre était encore plus joyeux. « Son Altesse le prince d'Orange est entré à la Haye aujourd'hui à deux heures, au milieu des acclamations de la populace; ses chevaux ont été dételés à un mille de la ville. Il a été traîné par les corps de bourgeois orangistes. » La joie de sir James Harris devenait bientôt de l'enthousiasme. « Je ne puis vous exprimer mes sentiments en ce jour le plus beau que je voie certainement jamais », s'écriait-il le 21 septembre. « Jamais la politique et le sentiment n'ont été si intimement unis. Les acclamations et les bé-

---

[1] M. de Valence à M. de Saint-Priest. Rotterdam, 20 septembre, huit heures du matin.
[2] Sir James Harris au marquis de Carmarthen. *Diaries*, II, 377.

nédictions qui me suivent quand je parais dans les rues, la reconnaissance de la classe supérieure, l'attachement de la garnison m'ont vraiment accablé... Je ne suis guère versé dans le mode sentimental, mais mes yeux se sont mouillés de pleurs quand j'ai rencontré le prince[1]. » Le jour même de son entrée à la Haye, Guillaume V accordait à l'envoyé de George III une demi-heure d'entretien particulier, et lui peignait dans « les termes les plus énergiques » sa gratitude envers l'Angleterre. Quant aux affaires de Hollande, Son Altesse trouvait « qu'il fallait tirer de la circonstance tout ce qu'elle pouvait donner, et obliger Amsterdam à la raison ». Toute médaille a son revers. Le triomphe des orangistes ne se passait pas sans excès. « Il est impossible », dit une dépêche de Caillard à Montmorin, « de représenter les effets de la rage forcenée de la populace. On ne sait pas encore combien de maisons sont détruites, combien il y a de personnes massacrées. La consternation est générale dans la Hollande. C'est une scène universelle d'horreur et de désolation[2]. »

La révolution était complète; comme toute révolution, elle avait ses côtés hideux. Les mauvaises passions de la foule se donnaient libre carrière, on

---

[1] Sir James Harris au marquis de Carmarthen, 21 septembre 1787. *Diaries*, II, 380.
[2] Caillard à Montmorin. La Haye, 20 septembre 1787. Hollande, 574, n° 122.

ne cherchait pas à les arrêter. L'armée prussienne continuait sa marche victorieuse à travers le pays, moins brutale dans ses agressions que les stathoudériens soulevés sur son passage. Le duc de Brunswick s'étonnait lui-même de trouver une résistance si faible; en parcourant les murs de Gorcum, il déclarait que cette place eût dû tenir pendant longtemps[1]. Le colonel de Capellen, qui la commandait, avait été abandonné par ses hommes; il n'en subissait pas moins de la part de ses vainqueurs un si brutal traitement qu'il devait en mourir bientôt. A Gorcum, comme partout ailleurs, les conseils de régence étaient changés, dès l'arrivée des troupes. Les magistrats orangistes prenaient la place des *patriotes* et se hâtaient de modifier leur députation aux États. Cette mesure politique s'exécutait comme un mouvement militaire; elle faisait partie du plan d'invasion. Le 17, Nieupoort et Schoonhaven étaient occupés sans combat; les républicains les plus compromis s'étaient retirés; on faisait de tous côtés des prisonniers; des détachements sans officiers venaient se jeter sur les avant-gardes prussiennes qui les désarmaient sans lutte.

La colonne du général Gaudi trouvait les approches de Vianen abandonnées, les routes défoncées et les ponts détruits; le général Von Ebem,

---

[1] Général de Pfau.

chargé d'enlever la ville, voyait avant d'y arriver le drapeau orange flotter sur les murs de la citadelle. Quelques grenadiers, avec deux pièces de campagne, s'emparaient d'une frégate qui croisait sur le grand canal; le capitaine chargé de la défendre cédait sans même tirer un coup de canon, et les soldats improvisés marins remplaçaient les matelots hollandais qu'on internait à Vianen. La division du comte Von Lottum rencontrait plus de difficultés. Parvenue rapidement jusqu'à Amersfoort, elle occupait Soest et Soestdyck. Hilversum, défendu un moment par les *patriotes*, était pris sans grand combat, mais Naerden opposait une résistance plus vive : « Nous avons tellement canonné les Prussiens qu'ils ont disparu au point du jour », écrivait, le 19 septembre au matin, M. de Frescheville à Caillard; « nous sommes on ne peut mieux disposés à les attendre[1]. » Le fort d'Hinderham ne tombait qu'après un assaut où l'ennemi éprouvait des pertes sérieuses; une partie de la garnison, plutôt que de se rendre, sautait dans les fossés et se retirait à Amsterdam, vainement poursuivie par le vainqueur. Nieuwersluys arrêtait pendant deux jours le comte de Kalkreuth qui faisait sommer la place. La garnison aurait libre passage, mais, dès que le premier coup de canon serait tiré,

[1] *Post-scriptum* d'une lettre de Caillard à Martin. « Extrait d'une lettre que je reçois à l'instant de M. de Frescheville, un de nos ingénieurs, datée de Naerden, le 19 septembre 1787. »

ce serait en vain qu'elle battrait la chamade et qu'elle demanderait quartier. M. d'Averhoult, qui commandait, répondit par un refus. Une tentative du comte de Kalkreuth contre un corps de *patriotes* échoua. Il adressa une nouvelle sommation. Les assiégés, cernés de toutes parts, ne pouvaient espérer aucun secours. D'Averhoult réunit un conseil de guerre, qui fut d'avis de se rendre; on lui accorda les honneurs militaires; les officiers et les soldats obtinrent le droit de conserver leur bagage. Plus l'armée d'invasion s'approchait d'Amsterdam, plus la résistance devenait honorable et sérieuse; les points stratégiques protégeant la ville étaient tous défendus; une ardeur patriotique animait les habitants de la grande cité; mais, dans tout le reste de la province comme en Overyssel, comme en Groningue, les tentatives de courage étaient aussi rares qu'inutiles. Un Boileau prussien eût pu faire une nouvelle ode, pour flatter le monarque allemand qui croyait imiter Louis XIV. Les forteresses armées des noms les plus barbares abaissaient leurs ponts-levis devant les trompettes du duc de Brunswick. La conscience des casuistes timides, comme celle des poltrons effarés, devait bientôt se trouver à l'aise. Sur le conseil de sir James Harris, les États de Hollande, incomplets et modifiés, bénissaient la Providence d'avoir rétabli l'ordre troublé. Tout était pour le mieux, et le roi de Prusse était un sauveur. Amsterdam seul et les derniers *patrio-*

tes troublaient ce concert de louanges et se révoltaient contre des bienfaits si précieux. Le ministre anglais n'avait garde d'oublier une telle fausse note. Dans une lettre dithyrambique adressée au duc de Brunswick[1], « libérateur de la nation batave », il mêlait ses conseils à ses éloges. Ce n'était pas tout que d'avoir délivré « d'une manière prompte, sage et glorieuse » le peuple « du joug d'oppression sous lequel il gémissait ». Il fallait achever ce salutaire ouvrage. « Il s'écroulera infailliblement, si le repliement des troupes se fait avant que le nouvel ordre de choses produit par leur approche soit plus solidement établi. Amsterdam, le foyer de la cabale, et où tous ceux qui ont commis l'attentat contre l'auguste personne de Son Altesse Royale madame la princesse d'Orange sont réfugiés, continue de protester et de s'inscrire en faux contre toutes les résolutions prises dans ce moment par Leurs N. et G. Puissances. » Le duc n'avait pas à craindre l'intervention française, « le langage menaçant de la cour de France n'aboutirait à rien ». M. de Montmorin pouvait s'exprimer d'un ton très-fort et déclarer que le roi de France se verrait

---

[1] M. Grenville, plus tard lord Grenville et secrétaire d'État aux affaires étrangères, qui venait d'être chargé d'une mission conciliatrice auprès de la cour de France, écrivait, le 21 septembre, à sir James Harris : « J'espère que le duc de Brunswick ira vite. Je puis vous donner l'assurance la plus formelle que notre gouvernement ne reculera devant aucune extrémité, s'il le faut. » *The first earl of Malmesbury*, I, 493.

obligé d'accorder l'assistance requise; on devait être « parfaitement tranquillisé » sur ce point. Les démonstrations de l'Angleterre, « jointes à une réponse ferme et énergique », ne permettaient pas l'inquiétude. Le roi George faisait « accélérer l'équipement d'une flotte très-considérable ». Le général Fawcett, envoyé à Berlin, allait « presser la conclusion de la besogne dont il était chargé ». La mission à Berlin du général Fawcett n'était pas sans importance. Il devait assurer à Frédéric-Guillaume, outre l'appui de la marine britannique, un secours de trente-cinq mille hommes dont quinze mille seraient tirés de l'Angleterre même[1]. Le duc de Brunswick ne répondit que quelques lignes à sir James Harris; « il sentait la nécessité de ce qui lui était conseillé, et était déterminé à l'essayer ».

Pour enlever au roi Louis XVI et à ses ministres toute dernière velléité de s'opposer à l'attaque contre Amsterdam, les nouveaux États de Hollande donnaient l'ordre aux ambassadeurs des Provinces à Paris de transmettre au ministre des affaires étrangères un récit des heureux événements arrivés dans leur patrie. M. de Montmorin, qui, quelques jours auparavant, affirmait à ces mêmes diplomates que le Roi trouvait « l'invasion prussienne contraire à l'équité et soutiendrait la Hollande de toutes ses

---

[1] Sir James Harris au duc de Brunswick, 22 septembre 1787. *Diaries*, II, 381.

forces[1] », recevait une lettre pour lui apprendre que « les difficultés entre cette province et le seigneur prince Stathouder héréditaire étaient terminées, que l'affaire de la satisfaction était sur le point d'être aplanie avec la cour de Prusse; que, par conséquent, il ne se trouvait plus d'ennemis... L. H. P. ne doutent pas que Sa Majesté ne prenne à l'heureux rétablissement de la tranquillité la part qu'elle a toujours témoigné de prendre à l'apaisement des troubles et à l'avancement de la prospérité de la province[2]. »

Que répondre à ces déclarations aussi polies qu'ironiques? Que répondre également aux émouvantes supplications qu'adressait au Roi la ville d'Amsterdam, « cette ville qui ne saurait être indifférente à l'Europe comme étant le soutien des Provinces-Unies »? Elle « réclamait avec le plus grand empressement l'assistance de Sa Majesté, dans un moment où elle devait soutenir toutes les attaques de l'armée prussienne[3] ». La France avait laissé passer toute occasion favorable de venir en aide aux *patriotes;* les préparatifs tardifs qu'elle faisait pour soutenir son honneur ne pouvaient pas plus sauver Amsterdam que la Hollande.

Le 25 septembre, en arrivant à Leymuiden, le

---

[1] Dépêche secrète de Brantzen et Lestevenon, 20 septembre 1787. Archives royales des Pays-Bas.

[2] Brantzen et Lestevenon à Montmorin. Archives royales des Pays-Bas.

[3] Lettre d'Amsterdam au Roi. Hollande, 554, 130.

duc de Brunswick y trouva deux députations : l'une des États-Généraux, pour le prier de venir à la Haye recevoir des remercîments publics ; l'autre de la ville d'Amsterdam, pour discuter un accord. Le duc reçut d'abord les délégués des États, au-devant desquels il s'avança. Il fit appeler auprès de lui ceux d'Amsterdam. M. Abbema, membre du comité de défense, et M. Goll étaient envoyés par le Conseil ; la bourgeoisie avait deux représentants. La ville, par une déclaration écrite, se disait prête à accéder aux résolutions des autres cités de la province, telles qu'elles étaient énoncées dans sa missive. Le duc, après en avoir pris connaissance, répondit que les conditions proposées par Amsterdam n'étaient pas conformes à celles exigées par son maître et adoptées par les États. Il ne se refusait pas à accorder une trêve au Conseil, pour lui permettre d'envoyer une députation auprès de la princesse d'Orange, qui venait de rentrer à la Haye. Le 24, sur la promesse formelle des États de lui offrir toutes les satisfactions demandées, Wilhelmine de Prusse avait été solennellement reçue à la Haye. Comme le prince, elle y avait fait une entrée triomphale. Des bandes de femmes s'étaient attelées à son carrosse et l'avaient traînée à travers les rues principales, au milieu des cris de joie d'une foule enthousiaste. On avait pillé encore quelques maisons de *patriotes*.

Le 28 eut lieu, dans la chambre même de la

princesse, une réunion des principaux chefs orangistes. Le Stathouder n'en était pas exclu. Sir James Harris et M. Van der Spiegel y représentaient l'un l'Angleterre, l'autre la Zélande. Le duc de Brunswick arriva sur les dix heures du matin. Il avait été reconnaitre les approches d'Amsterdam, s'avançant jusqu'au pied des batteries qui défendaient la ville. Les difficultés du siége lui paraissaient grandes ; le temps était menaçant ; l'automne commençait ; les inondations avaient réussi dans la région. D'étroites chaussées, très-fortifiées et couvertes d'une nombreuse artillerie, offraient seules un périlleux passage. Il fallait se hâter pour réussir. Sir James Harris s'opposa nettement à de plus longues négociations. Les pièces remises par M. Abbema différaient essentiellement de l'ultimatum imposé par M. de Thulemeyer. La commission donnée au duc par Sa Majesté Prussienne était claire et explicite : obtenir satisfaction dans les termes exigés, ou employer la force. La responsabilité du siége devait retomber sur les huit ou dix factieux qui, pour les motifs les moins justifiables, ne craignaient pas d'exposer aux horreurs de la guerre une ville peuplée, riche et commerçante. Il fallait sommer Amsterdam, dès que la tréve serait expirée ; en cas de refus, l'attaquer sur l'heure. L'opinion du ministre anglais prévalut encore une fois[1]. Le duc

---

[1] Sir James Harris au marquis de Carmarthen, 28 septembre 1787. *Diaries*, II, 387.

repartit à cinq heures du soir pour exécuter ces instructions. Avant de quitter la Haye, il confia à sir James Harris qu'en cas de conflit avec la France, Frédéric-Guillaume réunirait, dans le duché de Clèves, une armée de soixante-cinq mille hommes.

Amsterdam allait succomber. C'est en vain que le chevalier de Ternant, officier français aussi brave qu'intelligent, s'efforçait d'organiser la défense. Le courage ne manquait pas, la patience faisait défaut. Un investissement de quelques jours étonnait les descendants des héros de Leyde et d'Haerlem. « Le désordre et la confusion étaient à leur comble dès mon arrivée ici », écrivait M. de Ternant le 25 septembre. « Tous mes efforts sont vains, et ma vie à la merci d'une populace effrénée[1]. »

Le 29 septembre, la députation d'Amsterdam allait trouver la princesse d'Orange, pour lui soumettre les propositions du Conseil; la princesse refusait d'y accéder; elle congédiait les députés, non sans hauteur, après une vive discussion, et envoyait sur l'heure l'ordre au duc de Brunswick de recommencer l'attaque. Le duc lui-même, auquel les députés demandaient une dernière entrevue, ne consentait à les recevoir que déjà en marche, et au milieu de ses officiers assemblés. Il les renvoyait les yeux bandés et sous forte escorte. « Je regarde la trêve comme expirée, dès ce soir entre les sept

---

[1] De M. de Ternant. Amsterdam, 23 septembre 1787.

et huit heures. Je suis fermement résolu d'aller en avant et d'exécuter mes ordres, à moins que Son Altesse Royale n'intercède pour m'engager à retirer les troupes. »

Dans la nuit du 30 septembre au 1ᵉʳ octobre, l'armée prussienne se mit en mouvement. Le 1ᵉʳ octobre, au matin, la grande écluse, connue sous le nom de Halfweg, fut attaquée. Située entre le lac d'Haerlem et les étangs formés par l'Y, elle n'offrait qu'un étroit passage et se trouvait l'un des points les plus importants de la défense. Le jour n'était pas levé encore. Les soldats prussiens s'avancèrent en silence, la baïonnette au fusil, pour surprendre les Hollandais. Un coup fut déchargé par mégarde. Les *patriotes* réveillés en sursaut dans le village courent aux armes et commencent à travers les fenêtres un feu nourri contre l'ennemi. Le désordre est au comble. Un canonnier hollandais court pour servir sa pièce et tombe sur les Prussiens, qui l'arrêtent. Il crie : « A l'ennemi ! » Son appel est entendu. Le capitaine de Richaud, commandant les artilleurs français, dirige sa batterie contre les assaillants, qui l'attaquent à la baïonnette. Le retranchement est enlevé ; le capitaine de Richaud est fait prisonnier, après avoir reçu deux blessures. L'assaut de la redoute même d'Halfweg a lieu aussitôt. Elle est emportée presque sans combat. Un détachement prussien l'a tournée, avec des barques, et s'en empare facilement. Un mouvement offensif des troupes hollandaises est repoussé : soixante dragons de la légion de Salm tournent pendant l'affaire aux cris de : « Vive Frédéric-Guillaume ! »

Le même jour avait lieu une attaque plus considérable contre la position d'Amstelveen, qui couvrait le centre de la ville. A cinq heures du matin, sur un signal donné par trois coups de canon, les troupes prussiennes se mettaient en marche, sous le commandement du duc de Brunswick. Il devait lui-même aborder Amstelveen de front. Une autre division le prendrait sur les derrières : sept batteries placées sur des points différents ouvrirent aussitôt un feu nourri auquel les Hollandais répondirent par de nombreuses décharges. Les chasseurs, sur l'ordre du duc, qui, après les avoir suivis, se mettait bientôt à leur tête, se jetaient avec impétuosité sur les palissades des premiers retranchements, qu'ils emportaient après une courte résistance. Le colonel de Porte, qui défendait Amstelveen, arrêtait leur élan par le tir serré de ses pièces. Le duc de Brunswick fit avancer une batterie pour soutenir l'attaque. Sous sa protection, le village fut emporté ; mais le colonel de Porte tenait toujours, encourageant ses hommes par une bravoure héroïque, empêchant par tous les moyens la marche en avant de son adversaire. Pour réduire l'artillerie ennemie au silence, il avait fait traîner ses canons sur le haut du rempart. Les troupes prussiennes ne reculèrent pas. Pendant cinq heures, elles restèrent en place, fermes et impassibles sous le feu des *patriotes*. Les officiers donnaient l'exemple de l'indifférence. Le prince d'Anhalt ne bougeait pas du point le plus exposé aux balles; les soldats riaient du danger et voyaient tomber leurs camarades, sans sourciller. Un homme a l'œil crevé; il ne se trouble point : « Le mal n'est pas grand, dit-il; il n'était déjà pas si bon. » Il court faire panser sa blessure et revient prendre son poste. Cependant le duc de Brunswick attendait avec impatience le signal qui devait lui apprendre le succès du mouvement tournant, et n'était pas sans inquiétude sur l'issue de cette manœuvre. La division qui devait l'exécuter avait rencontré, elle aussi, une résistance sérieuse. Les habitants de la région, soulevés contre l'envahisseur, avaient joint leurs efforts à ceux des *patriotes*. Les Prussiens, plusieurs fois repoussés, avaient éprouvé des pertes sérieuses [1], mais leurs forces supérieures devaient enfin l'emporter, tous les postes étaient tombés entre leurs mains. Amstelveen était entouré. Le lieutenant-colonel Gordon[2], officier anglais, qui accompagnait l'expédition, s'élança aussitôt pour en prévenir le duc.

[1] Les Prussiens perdirent dans cette affaire quatre officiers et soixante-deux hommes, d'après Troschke.
[2] Le colonel Gordon servait dans la brigade écossaise maintenue au service des États, mais avait pris parti pour le Stathouder, pour lequel son dévouement était absolu. Lors de l'attaque d'Halweg, il avait rendu au duc de Brunswick un service signalé, en faisant

Les hommes du colonel de Porte commençaient à faiblir. Il se retira, suivi de ses artilleurs.

Le duc de Brunswick était maitre de toute la contrée entre l'Amstel et le lac d'Haerlem; les principales routes d'Amsterdam lui étaient ouvertes. L'avant-garde de l'armée prussienne vint camper à Overtom, à trois kilomètres d'Amsterdam. La victoire était complète. Amsterdam demanda une nouvelle trêve. Les députés vinrent trouver encore le duc de Brunswick. La ville préparait une résolution donnant pleine satisfaction à la princesse. Une suspension d'armes de trois jours fut accordée. Le 1er octobre, à onze heures du soir, le conseil d'Amsterdam fit connaitre ses propositions nouvelles. Il refusait encore de reconnaitre la légalité des États de Hollande et la validité des mesures prises depuis le début de l'invasion. La conférence se termina sans amener d'accord. Sir James Harris reprit sa tâche belliqueuse. Brunswick reçut une lettre de Berlin pour lui reprocher sa mollesse et sa facilité. Les mauvaises nouvelles accablaient Amsterdam. La réponse négative de la cour de France venait d'arriver. Avant que la trêve fût expirée, une députation se présenta aux États de Hollande pour s'incliner devant leur légalité au nom d'Amsterdam. Toutes les mesures prises de-

---

préparer des barques pour porter les soldats prussiens, et avait parcouru lui-même le lac d'Haerlem en bateau, pour s'assurer que les Hollandais n'y avaient point de flottille.

puis l'entrée des Prussiens étaient approuvées sans condition. Une députation de Leurs Grandes Puissances se rendit aussitôt auprès de la princesse. Les États lui exprimaient leurs profonds regrets de ce qui était arrivé. Ils priaient Son Altesse Royale de bien vouloir indiquer les satisfactions qu'elle exigeait. Sir James Harris, appelé par la princesse, lui conseilla des mesures de rigueur. « Il fallait répandre une atmosphère de terreur autour des principaux factieux », quitte à ne pas abuser des conditions obtenues. La princesse était toute prête à adopter cette opinion. Elle avait fini par croire elle-même aux outrages dont son frère avait su faire un si bon usage. Elle déclara toutefois ne pas exiger la vie des coupables, mais sans prétendre les garantir contre les châtiments qu'ils pourraient mériter d'ailleurs [1]. Elle demandait qu'on les privât de tout emploi, qu'on les proclamât incapables à jamais de servir la République. Sur une nouvelle question des États, elle dressa elle-même la liste des fauteurs et instigateurs de l'attentat commis envers sa personne. Les commissaires de Woerden y occupaient la première place. MM. Camerling, Van Forcest, Jean de Witt, Block et Van Toulon furent proclamés « démis et destitués à jamais de toutes les places de régence et d'administration,

---

[1] « J'ai particulièrement demandé l'insertion de cette dernière clause », dit sir James Harris. *Diaries*, II, 395.

comme ils sont démis et destitués par la présente[1] ». Les principaux membres du conseil d'Amsterdam étaient aussi frappés, ainsi que M. de Gyzelaer. « La cour stathoudérienne, d'après Caillard, n'avait pas laissé échapper une si belle occasion d'étendre la proscription aux membres les plus distingués du parti républicain. »

Amsterdam pourtant n'avait pas ouvert encore ses portes. La ville répugnait à se soumettre, et ne voulait pas laisser l'ennemi pénétrer dans ses murs. L'armée d'invasion l'entourait de toutes parts. Muyden, dernière place restée fidèle à sa cause, venait de se rendre, après une défense honorable[2]. Le 9 octobre, le duc de Brunswick fit établir ses batteries. Le bombardement devait commencer à midi. On lui fit connaître l'accord formé à la Haye, il consentit à attendre. Le 10 au matin, il signa la capitulation, et prit possession dans la soirée de la principale porte d'Amsterdam. Le 12,

[1] Cette mesure de proscription ne devait pas empêcher les *patriotes* de rentrer bientôt dans leur patrie, d'où Guillaume V devait s'enfuir pour se réfugier en Angleterre. On parlait à cette époque d'envoyer Jean de Witt comme représentant de la République batave auprès de la cour de Saint-James. — « Cela ne manquerait pas de piquant pour la maison d'Orange », observait-on. VREEDE, *Geschiedenis der diplomatice van de bataefsche republick*, I, 73.

[2] Les Prussiens trouvèrent à Muyden trente-trois canons. Ils en avaient déjà trouvé beaucoup dans différentes places fortes. « Nous avons pris une douzaine de canons en nous promenant », disait le comte Kalkreuth. — TROSCHKE, *Feldzug in Holland*, page 87.

sur la proposition du conseil renouvelé par les orangistes victorieux, les troupes stathoudériennes entraient dans la ville et désarmaient les *corps francs*. La révolution était terminée.

Quelques jours plus tard, malgré les déclarations formelles de son manifeste au moment de l'entrée en campagne, malgré le texte également net de la capitulation d'Amsterdam, le roi de Prusse annonçait au duc de Brunswick que la cité rebelle devait payer tous les frais de l'expédition. Une telle demande pourrait servir de morale au récit de cette aventure. Elle fut retirée, sur le conseil du duc, et remplacée par la requête d'une large gratification accordée aux troupes[1]. S'il faut en croire M. de Pfau, elles n'avaient perdu que deux cent onze hommes durant leur promenade militaire. Est-il besoin

[1] « Cette mesure ternissait la gloire des armes prussiennes », déclarait le duc de Brunswick à sir James Harris. « Elle ferait de la République une ennemie irréconciliable pour Sa Majesté. » Sir James Harris lui-même blâmait fort le projet de gratification aux troupes, qui, disait-il, « enlevait tant de mérite à la conduite du roi de Prusse et serait regardée par toutes les classes comme une exaction et un acte d'oppression ». *Diaries*, II, 402. — Il n'est pas sans intérêt de comparer cette appréciation avec le récit du baron de Troschke, qui donne cette gratification comme une preuve de la bienveillance et de la reconnaissance des Provinces. M. de Troschke donne un tableau intéressant des récompenses offertes aux soldats prussiens, à l'aide de cette gratification d'un demi-million de florins. Les généraux Lottum, Knobelsdorff, Kalkreuth et Eben eurent de 4 à 6,000 florins. Tout chef de compagnie eut 500 florins; tout lieutenant, 50. Les sous-officiers eurent 10 florins, et les hommes 3 florins. TROSCHKE, *Feldzug in Holland*, p. 89.

de dire la joie de Guillaume V et de la princesse, l'enthousiasme des stathoudériens, l'orgueil profond de sir James Harris?

On devine les fêtes données aux vainqueurs de la Hollande. Une médaille frappée en l'honneur du duc de Brunswick lui fut remise par les États. Ses principaux officiers la reçurent. Par décision royale, ils furent autorisés à porter sur leur justaucorps un ruban orange [1]. Les *patriotes*, au contraire, persécutés dans la plupart des villes, fuyaient en grand nombre une patrie où ils ne trouvaient plus la sécurité; la populace déchaînée s'unissait aux soldats prussiens, jusqu'alors retenus par la discipline, pour piller et dévaster les propriétés abandonnées; la petite ville de Zierikzee, en Zélande, était aux trois quarts détruite par les bandes ameutées contre elle. A Amsterdam même, les *patriotes* étaient menacés. Les commissaires de Woerden eurent une dernière réunion chez M. de Witt, qui allait partir pour la France. Avant de se séparer, ils attestèrent que toujours ils avaient été d'accord, que toutes leurs résolutions n'avaient été inspirées que par l'amour de leur malheureux pays. MM. de Capellen, de Pallandt, Bicker, Abbema suivirent l'exemple de M. de Witt. Le nombre des émigrés hollandais en France fut si considérable qu'on dut songer à créer des régiments nouveaux, pour em-

---

[1] Un assez grand nombre d'officiers, parmi lesquels M. de Pfau, reçurent en outre l'ordre « pour le mérite ».

ployer les officiers et les soldats sans ressource.
Toutes les classes de la société étaient représentées
parmi les fugitifs. Pour atténuer le déplorable échec
de la politique française, on accorda des secours
importants aux victimes les plus malheureuses de
cette politique. La liberté religieuse leur fut promise, on les autorisa à construire des temples. On
espérait rappeler ainsi dans leur ancienne patrie
les descendants des proscrits de l'édit de Nantes [1].
C'était se consoler trop facilement d'une situation
très-fâcheuse et ne pas prévoir assez les très-graves
conséquences d'une politique indécise et déjà troublée par les idées révolutionnaires. La marche victorieuse et rapide de l'armée prussienne, le siége
d'Amsterdam où, prétendait-on, vingt mille personnes avaient succombé, devaient produire dans

[1] L'émigration hollandaise en France eut une sérieuse influence sur l'édit de novembre 1787, qui rendait l'état civil aux protestants. Tous les documents relatifs à cette émigration le constatent. « La privation du culte protestant serait très-sensible aux Hollandais », disait un mémoire envoyé par Saint-Priest à Montmorin. « Il paraîtrait de la justice du Roi, disait encore ce mémoire, de déclarer qu'un nombre de familles hollandaises pouvait ouvrir une chapelle intérieure du culte protestant dans le royaume... et qu'un plus grand nombre de protestants seraient autorisés à bâtir des temples s'ils en avaient les moyens pécuniaires... Qui sait si les petits-fils de Français réfugiés en Hollande après la révocation de l'édit de Nantes, aujourd'hui persécutés dans leur patrie adoptive, ne viendraient pas rapporter en France leur industrie et leurs capitaux, lorsqu'ils pourraient pratiquer ouvertement cette même religion, seule cause de l'expatriation de leurs pères? »
Il est difficile d'évaluer exactement le chiffre des émigrés hol-

l'Europe entière une impression aussi funeste que durable. « La France est tombée, je doute bien qu'elle se relève », avait dit l'empereur Joseph en apprenant les faciles succès de Frédéric-Guillaume. La France n'était pas tombée, mais elle était bien malade.

Le 27 octobre, la cour de Londres faisait remettre une déclaration à celle de Versailles pour l'inviter à la cessation commune des armements. « Les événements qui ont eu lieu dans la république des Provinces-Unies ne peuvent plus laisser aucun sujet de discussion, encore moins de contestation entre les deux cours. » La réponse de la France fut catégorique : « L'intention de Sa Majesté n'est pas et n'a jamais été de s'immiscer par la force dans les affaires de la république... Elle ne conserve aucune vue hostile relativement à ce qui s'est passé. » La conséquence de ce langage était facile à prévoir. Le 4 avril 1788 était signée l'al-

---

landais, mais il était très-considérable. Quant aux officiers, au mois d'avril 1788, ils comprenaient : un général commandant, huit colonels, quatre lieutenants-colonels, trois majors, vingt-quatre capitaines, trente-huit lieutenants, quarante-trois sous-lieutenants et vingt officiers sans brevets, plus un certain nombre d'officiers de marine.

En mai 1788, cent quarante officiers furent admis définitivement au service de France ; sur ces cent quarante, soixante-dix-neuf perdirent un grade.

En 1792, lors de l'invasion de la France par les Prussiens, un grand nombre de réfugiés hollandais s'engagèrent dans l'armée de Dumouriez, et l'on pensa à appeler la « légion étrangère », « légion batave ».

liance offensive et défensive de la Prusse et des Pays-Bas. Le 15 avril de la même année, un traité presque analogue était conclu entre les Pays-Bas et l'Angleterre.

Ce n'est pas à l'étranger seulement que le gouvernement de Louis XVI devait ressentir les déplorables effets d'une politique hésitante et imprévoyante. En France même, l'opinion publique n'accueillait pas sans indignation cette humiliation nationale; Mirabeau n'était pas le seul à protester contre l'oubli des traditions glorieuses de la monarchie, et les apôtres encore timides des idées révolutionnaires se trouvaient encouragés par les preuves trop évidentes d'une faiblesse qui devait perdre le pouvoir royal, après en avoir compromis la dignité.

Le 9 octobre 1787, M. de Lafayette avait écrit à Washington pour lui apprendre « les funestes événements de la Hollande ». « L'entrée des troupes prussiennes a été également contraire aux lois de l'honneur, puisqu'on négociait, et à la politique. Nous avons été surpris, le roi de Prusse a été mal dirigé, les Hollandais sont ruinés, et l'Angleterre se trouve la seule puissance qui ait vraiment gagné au marché. »

Ni la France, ni l'Angleterre, ni la Prusse n'avaient vraiment gagné au marché.

La France devait se ressentir longtemps de l'erreur qu'elle avait commise en laissant s'engager une lutte qu'elle ne voulait ou ne pouvait pas soutenir.

La Prusse, trompée par notre apparente faiblesse, croyait la nation française plus malade qu'elle ne l'était en réalité, et le duc de Brunswick devait apprendre, en 1792, que les défilés de l'Argonne s'enlevaient moins facilement que les écluses d'Amsterdam.

L'Angleterre elle-même avait-elle suivi une politique sage et prudente, en montrant aux soldats prussiens la route à suivre, pour occuper en moins de cinq jours la moitié des Pays-Bas ?

Frédéric le Grand, il n'y a guère plus d'un siècle, terminait par ces lignes quelque peu sceptiques son *Histoire de la guerre de Sept ans* : « C'est là le propre de l'esprit humain que les exemples ne corrigent personne, les sottises des pères sont perdues pour les enfants. Il faut que chaque génération fasse les siennes. »

L'avenir prouvera, je l'espère, que Frédéric le Grand s'est trompé.

FIN.

TABLE DES MATIÈRES

Introduction XVII

CHAPITRE PREMIER

Frédéric le Grand et sa nièce. — La princesse Wilhelmine de Prusse croit monter sur le trône en devenant la femme du Stathouder. — Le Stathoudérat héréditaire. — Portrait de la princesse d'Orange et de son mari. — Rôle joué par le duc de Brunswick, tuteur du prince. — L'influence anglaise devient souveraine aux Pays-Bas. — M. de la Vauguyon, ambassadeur de France à la Haye, s'efforce de reconstituer un parti français. — Succès de cette tentative. — Le duc de Brunswick doit quitter la Hollande. — La question de Maëstricht et de l'Escaut 1

CHAPITRE DEUXIÈME

Le marquis de Vérac et sir James Harris. — Plan de sir James Harris pour détruire l'influence française aux Pays-Bas. — Le rhingrave de Salm, sa jeunesse agitée, son rôle politique. — Les difficultés entre l'Empereur et les Provinces-Unies sont aplanies, grâce à l'intervention de la France. — Le *pourboire* donné à l'Empereur. — Traité d'alliance offensive et défensive entre la France et les Provinces-Unies. — Efforts de sir James Harris pour empêcher la ratification de ce traité. — Succès de la politique française.................... 24

CHAPITRE TROISIÈME

Trouble général dans la république des Provinces-Unies. — Le Stathouder quitte la Haye. — Conversation de la princesse d'Orange avec sir James Harris. — Le rhingrave de Salm porte à Paris les observations des patriotes. — Importance d'Amsterdam. — Le commandement de la garnison de la Haye. — La porte stathoudérienne. — Violente émeute orangiste. — Le commandement de la Haye est retiré au Stathouder. — Découragement des orangistes. — Mort de Frédéric le Grand.................................... 57

CHAPITRE QUATRIÈME

Impression produite par la mort de Frédéric le Grand. — Frédéric-Guillaume II. — Attitude nouvelle prise par la Prusse dans les affaires de Hollande. — Troubles en Gueldre. — Le Stathouder fait occuper militairement deux villes de cette province. — Le règlement de 1674 et la ville d'Utrecht. — Les États de Hollande donnent l'ordre aux troupes à leur solde de se réunir pour la défense de la province. — Le Stathouder est suspendu *provisionnellement* de ses fonctions. — Indignation des orangistes. — Tentatives d'accommodement. — Le cabinet anglais ne veut pas d'une rupture avec la France. — Indécision de la politique prussienne.............. 83

CHAPITRE CINQUIÈME

Frédéric-Guillaume II et mademoiselle de Voss. — Mission de M. de Rayneval à la Haye. — Ses négociations avec la princesse d'Orange et le comte de Goertz. — Le prince d'Orange refuse de consentir aux conditions proposées par M. de Rayneval. — La cour de France accentue son hostilité envers le Stathouder. — Le cabinet britannique est divisé quant à la politique à suivre aux Pays-Bas. — Le roi de Prusse blâme la conduite de son beau-frère. — Découragement des orangistes. — Négociations secrètes entre le baron de Reede, ambassadeur des États-Généraux à Berlin, et Mirabeau. — Mirabeau n'obtient pas d'être envoyé en Hollande. — Frédéric-Guillaume semble négliger les affaires des Pays-Bas................... 124

CHAPITRE SIXIÈME

Rivalité constante des agents de la France et de l'Angleterre à l'étranger. — Le Stathouder « dénonce » aux États-Généraux la correspondance entre Rayneval et Goertz. — Protestations de la cour de France. — Les deux assemblées des États d'Utrecht. — Mort de Vergennes. Il est remplacé par M. de Montmorin. — Instructions envoyées au marquis de Vérac par M. de Montmorin. — Importance de la question des « bourgeoisies » dans la province de Hollande. — Sir James Harris s'efforce de conclure un accord entre le Stathouder et les patriciens d'Amsterdam. — Échec de cette combinaison. — Le rhingrave de Salm est envoyé à Versailles, pour traiter la question des « bourgeoisies ». — Mémoires de Rayneval : « Le Roi ne livrera pas la Hollande à la démocratie. » — Grande manifestation des bourgeois d'Amsterdam. — Violente discussion aux États de Hollande. — Succès des patriotes. 169

CHAPITRE SEPTIÈME

Le Stathouder se décide à attaquer la ville d'Utrecht. — Victoire des *patriotes*. — La province de Hollande donne l'ordre à ses troupes de défendre Utrecht. — L'acte d'union se trouve rompu par l'attaque du Stathouder. — La cour de France blâme la précipitation de la Hollande et se refuse à offrir sa médiation. — Le Roi n'en est pas moins décidé à soutenir ses amis et se décide à des sacrifices pécuniaires. — Sir James Harris part pour l'Angleterre. — Il persuade M. Pitt de la nécessité d'une action hardie. — George III consent à avancer de l'argent, pour défendre la cause stathoudérienne. — L'Angleterre prend nettement parti pour Guillaume V. — Troubles nombreux dans les Pays-Bas. — Le roi de Prusse, encouragé par l'attitude de l'Angleterre, semble vouloir soutenir son beau-frère. — Les États de Hollande donnent à une commission souveraine des pouvoirs dictatoriaux. — Colère inspirée au rhingrave de Salm par cette mesure. — La commission des États organise la défense dans la province de Hollande et la ville d'Utrecht............................. 195

CHAPITRE HUITIÈME

Départ soudain de la princesse d'Orange pour la Haye. — Son voyage est interrompu. — La princesse et M. de Witt. — Retour de la princesse à Nimègue. — Émoi des stathoudériens, craintes de sir James Harris. — La cour de Prusse proteste contre le prétendu emprisonnement de la princesse d'Orange. — La France approuve la conduite des *patriotes*. — Mobilisation des troupes prussiennes. — L'Angleterre promet de soutenir la Prusse jusqu'au bout. — La cour de France annonce la formation d'un camp à Givet. — Projets de médiation. — Le gouvernement français conseille aux *patriotes* d'apaiser le roi de Prusse. — Rappel de M. de Vérac. — Coup terrible porté à la cause des *patriotes* par ce rappel. — Les États de Hollande se décident à la démarche pacifique conseillée par la cour de France. — Nouvel *ultimatum* déposé par le ministre de France. — Brusque invasion de la Hollande par les Prussiens.................................. 221

CHAPITRE NEUVIÈME

L'armée prussienne envahit le territoire des Provinces-Unies. — Mesures prises par les patriotes pour repousser cette invasion. — M. de Lafayette. — Les canonniers français. — Plans d'intervention armée de la part de la France. — La rupture des digues. Plan de campagne du duc de Brunswick. — Le rhingrave de Salm abandonne Utrecht. — Soulèvements populaires en faveur du prince d'Orange. — Entrée de Guillaume V à la Haye. — Marche en avant des Prussiens. — Prise de Gorcum. — Résistance d'Amsterdam. — Combat d'Half-weg. — Les États de Hollande informent la cour de Versailles de la révolution nouvelle. — Le duc de Brunswick devant Amsterdam. — Capitulation d'Amsterdam. — Violences exercées par les orangistes. — Exil des principaux *patriotes*, dont beaucoup se retirent en France. — Alliance des Provinces-Unies de l'Angleterre et de la Prusse. — Conséquences fâcheuses de l'invasion de la Hollande par les Prussiens............ 260

FIN DE LA TABLE DES MATIÈRES.

www.ingramcontent.com/pod-product-compliance
Lightning Source LLC
Chambersburg PA
CBHW030010240426

43672CB00007B/898